COORDENAÇÃO EDITORIAL
Luciano Amato

DIVERSIDADE E INCLUSÃO
E SUAS DIMENSÕES

© LITERARE BOOKS INTERNATIONAL LTDA, 2022.
Todos os direitos desta edição são reservados à Literare Books International Ltda.

PRESIDENTE
Mauricio Sita

VICE-PRESIDENTE
Alessandra Ksenhuck

DIRETORA EXECUTIVA
Julyana Rosa

DIRETORA DE PROJETOS
Gleide Santos

RELACIONAMENTO COM O CLIENTE
Claudia Pires

EDITOR
Enrico Giglio de Oliveira

ASSISTENTE EDITORIAL
Luis Gustavo da Silva Barboza

REVISORES
Sergio Ricardo do Nascimento

DESCRIAÇÃO DAS IMAGENS
Edson Luiz Defendi

CONSULTORIA E REVISÃO DAS DESCRIÇÕES
Ademilson Conceição da Costa

CAPA
Victor Prado

DESIGNER EDITORIAL
Lucas Yamauchi

IMPRESSÃO
Gráfica Paym

Dados Internacionais de Catalogação na Publicação (CIP)
(eDOC BRASIL, Belo Horizonte/MG)

A488d Amato, Luciano.
Diversidade e inclusão em suas dimensões / Coordenadora Luciano Amato. – São Paulo, SP: Literare Books International, 2022.
312p. : il. ; 15,8 x 23 cm

Inclui bibliografia
ISBN 978-65-5922-305-3

1. Literatura de não-ficção. 2. Diversidade cultural. 3. Inclusão social. I. Título.

CDD 306

Elaborado por Maurício Amormino Júnior – CRB6/2422

LITERARE BOOKS INTERNATIONAL LTDA.
Rua Antônio Augusto Covello, 472
Vila Mariana — São Paulo, SP. CEP 01550-060
+55 11 2659-0968 | www.literarebooks.com.br
contato@literarebooks.com.br

SUMÁRIO

7   PREFÁCIO
Luciano Amato

9   DIVERSIDADE NAS ORGANIZAÇÕES: CONCEITOS E HISTÓRICO
Ricardo Sales

17   A IMPORTÂNCIA DA DIVERSIDADE E DA INCLUSÃO NAS ORGANIZAÇÕES
Reinaldo Bulgarelli

25   D&I É SÓ UMA ESTRATÉGIA OU FAZ PARTE DA CULTURA DA SUA EMPRESA?
Thays Toyofuku

33   COMUNICAÇÃO INCLUSIVA
Debora Gepp

41   LIDERANÇA INCLUSIVA: O FUTURO CHEGOU. ELE É DIVERSO E PRECISA TAMBÉM SER INCLUSIVO
Esabela Cruz

49   O QUE FAZEM E QUEM SÃO AS PESSOAS NO CARGO DE CDO (*CHIEF DIVERSITY OFFICER*)
Daniele Botaro

57   O VALOR DOS GRUPOS VOLUNTÁRIOS DE DIVERSIDADE
Luana Gimenez

65   NEUROCIÊNCIA
Adriano Bandini

71   VIESES INCONSCIENTES
Cris Kerr

79   PRECONCEITO E DIVERSIDADE
Carolina Ignarra

87   REPRESENTATIVIDADE DE DIVERSIDADES: CONCEITO E APLICAÇÕES
Guilherme Gobato

95	UMA ESTRADA QUE ME LEVOU A ENXERGAR ALÉM **Leila Luz**
103	*GENERATION ORACLE:* QUEM VÊ CARA NÃO VÊ POTÊNCIAL **Taciane Kanashiro e Isabelle Christina**
109	APRENDER A CADA DEGRAU **Almir Silva**
115	TECNOLOGIA PARA ACELERAR A INCLUSÃO, COM RESULTADOS PARA EMPRESAS E PESSOAS **Sergio C. Serapião**
123	ONDE ESTÃO AS MULHERES? **Neivia Justa**
129	A HISTÓRIA QUE PODEMOS ESCREVER JUNTOS **Angela Castro**
135	O FUTURO É FEMININO **Letícia Kissu**
143	GERENCIANDO A MULTIPLICIDADE NO AMBIENTE DE TRABALHO **Cris Sabbag**
151	O DILEMA DA ATRAÇÃO E CONQUISTA DE JOVENS NO MERCADO DE TRABALHO **Luciano Amato**
159	DIVERSIDADE GERACIONAL: BEM-VINDES AO FUTURO DO TRABALHO **Sergio C. Serapião**
169	LUTANDO PARA ENVELHECER E SER RECONHECIDO COMO SE É **Jordhan Lessa**
177	TODOS SOMOS A DIVERSIDADE **Márcia Rocha**
185	CAMINHOS PARA A EQUIDADE LGBTQIAP+ NAS EMPRESAS **Paulo Henrique Curzio**
193	DESAFIOS E ESTRATÉGIAS PARA INCLUSÃO DE PROFISSIONAIS LGBTQIAP+ NO TRABALHO **Edson Luiz Defendi e Walleria Suri**
201	SEXUALIDADE HUMANA E A COMUNIDADE LGBTQIAP+ **Joseph Kuga**

209   PESSOA COM DEFICIÊNCIA: CONHECER PARA INCLUIR
Marinalva Cruz

215   ACESSIBILIDADE E TECNOLOGIAS ASSISTIVAS PARA O SUCESSO DA INCLUSÃO DE PESSOAS COM DEFICIÊNCIA NO TRABALHO
Lilia Halas

223   A IMPORTÂNCIA DOS PROGRAMAS DE CONSCIENTIZAÇÃO
Lilian Cury

231   MELHORES PRÁTICAS DE INCLUSÃO DE PESSOAS COM DEFICIÊNCIA NO MERCADO DE TRABALHO BRASILEIRO
Luiza Nunes

239   DIVERSIDADE RELIGIOSA E ESPIRITUALIDADE NAS ORGANIZAÇÕES
Cristiane Santos e Diego Castro

245   CORPOS E CORPAS
Pri Bertucci

253   GORDOFOBIA
Pá Falcão

261   A ESCRAVIDÃO, AS LEGISLAÇÕES E O RACISMO NO PROCESSO DE CONSTRUÇÃO DAS DESIGUALDADES E DISCRIMINAÇÕES NO BRASIL
Melissa Carvalho Cassimiro

267   RACISMO INSTITUCIONAL E ESTRUTURAL E SUAS CONSEQUÊNCIAS
Luanny Faustino

277   DIVERSIDADE ÉTNICO-RACIAL, UMA JORNADA DE DESAFIOS
Patrícia Santos

283   IMIGRANTES NA SUA EMPRESA: UM GANHO ALÉM DA INTERCULTURALIDADE
Keyllen Nieto

291   PESSOAS EGRESSAS DO SISTEMA PRISIONAL: DA MARGINALIZAÇÃO SOCIAL À INSERÇÃO NO MUNDO DO TRABALHO
Catarina Cesarino e Karine Vieira

299   O GANHA-GANHA DA INCLUSÃO DE JOVENS EM VULNERABILIDADE SOCIAL NAS EMPRESAS
Kelly Christine Lopes e Salomão Cunha Lima

305   ESG: TENDÊNCIA DE DIVERSIDADE TRANSVERSAL
Angela Donaggio

PREFÁCIO

Diversidade, no seu conceito mais amplo, remete à pluralidade ao considerar os seres humanos em todas as suas características, raças, etnias, culturas, gêneros e contextos em que vivem. Percebemos então o quanto o ser humano é diverso em sua essência.

A mera compreensão desse contexto deveria fazer com que a sociedade lidasse melhor com as diferenças, inclusive usufruindo os benefícios de tamanha riqueza.

Em contrapartida, a sociedade foi construída por meio de uma cultura de privilégios na qual alguns grupos foram priorizados em detrimento de outros e gradativamente a "balança" foi pendendo mais para um lado do que para outros, tornando-a desigual.

Precisamos pensar sobre diversidade todos os dias e em todos os ambientes: empresas, escolas, famílias, comunidades, entre outros; reconstruir uma sociedade de maneira mais ampla, na qual a equidade prevaleça e os muros deem lugar as pontes.

A proposta deste livro é focar a diversidade no âmbito organizacional, mas, considerando que o ser humano é indivisível, os conteúdos apresentados serão reverberados em outros contextos.

Cada vez mais as empresas estão entendendo a necessidade de adotar políticas de inclusão e de diversidade efetivas, que façam sentido para os colaboradores e que corroborem para a construção de uma sociedade mais justa, mas quais são os melhores caminhos para atingir esses objetivos?

Este projeto nasce da ideia de reunir profissionais de larga experiência e vivência em Diversidade, seja no âmbito profissional ou pessoal, com a finalidade de construir um material consistente, amplo e orientativo de boas práticas em Diversidade para as organizações.

Um projeto que foi pensado cuidadosamente e levou mais de um ano para ser maturado, até que encontrasse momento, parceiros e coautores competentes para garantir seu sucesso, tendo em vista a responsabilidade que o tema traz em sua essência por lidar com histórias de vidas, histórias e vidas.

Justamente por esse motivo a obra foi pensada num contexto de diversidade não somente em seu conteúdo, mas na sua concepção, ao prever a representatividade dos coautores, acessibilidade digital e reconhecer a importância da linguagem neutra e inclusiva, orientando os coautores a construirem seus textos usando a linguagem inclusiva, ou seja, buscando palavras no português que não marquem nenhum gênero gramatical.

Tenho orgulho e gratidão muito grande em estar à frente dessa missão com pessoas tão especiais, que conheci nestes 17 anos de atuação com Diversidade e que tanto admiro e pude reunir. Pessoas que confiaram na grandiosidade deste projeto, comprometidas com as causas e que reverberam, exalam, emanam diversidade em seu dia a dia. Pessoas que têm o desafio de criar reflexões, tocar os corações, construir uma sociedade mais justa e inclusiva num momento em que a intolerância tenta ganhar espaço.

Este livro abordará a Diversidade em toda sua amplitude, trazendo temas transversais sobre os principais conceitos, história e a importância da implantação de programas de Diversidade estruturados nas organizações.

Mostrará caminhos para a criação de um ambiente organizacional acolhedor, por meio do desenvolvimento de líderes inclusivos, profissionais de recursos humanos, de diversidade e grupos de afinidade como guardiões da cultura e da comunicação inclusiva, de forma que prevaleça o respeito e a empatia pela diversidade.

Tratará de temas como neurociência, vieses inconscientes, preconceito, representatividade, interseccionalidade, tão presentes e importantes de serem considerados, além de trazer *cases* importantes de empresas como Oracle, Salesforce e Labora, que encontraram caminhos possíveis e inovadores.

Navegará pela realidade dos grupos minorizados, abordando a diversidade de gênero, geracional, religiosa, LGBTQIAP+, pessoas com deficiência, corpos, gordofobia, raça e etnia, refugiados e migrantes, egressos do sistema prisional e como criar ações efetivas em cada um desses núcleos.

Por fim, trará as mais novas tendências em se tratando de diversidade, governança, sustentabilidade e responsabilidade social (ESG).

Ao finalizar a leitura, se você refletir, tiver *insights* que ajudem na implementação de ações dentro de sua organização e/ou tiver assimilado maiores conhecimentos sobre o tema Diversidade, esta obra terá cumprido seus objetivos.

Desejo uma leitura de grande aprendizado e que este livro possa colaborar para que sua empresa encontre caminhos inclusivos.

1

DIVERSIDADE NAS ORGANIZAÇÕES
CONCEITOS E HISTÓRICO

A questão da diversidade nas organizações é tema de interesse de executivos da área de Recursos Humanos há alguns anos. Nem todo mundo, porém, consegue localizar a origem dessas práticas. O objetivo deste capítulo é apresentar o início das políticas de diversidade no ambiente de trabalho, associando sua origem às lutas sociais iniciadas nos EUA nos anos 1960.

RICARDO SALES

Ricardo Sales

Consultor de diversidade, pesquisador, conselheiro consultivo e sócio-fundador da consultoria Mais Diversidade. Formado em Comunicação Social pela USP, onde também realizou mestrado sobre diversidade nas organizações. Atua para algumas das maiores empresas do país. É conselheiro do Comitê de Diversidade do Itaú, palestrante, professor da Fundação Dom Cabral, colunista da revista Você S/A e do Estadão, além de membro-fundador do grupo de estudos em diversidade e interculturalidade da ECA-USP.

Contato
ricardo@maisdiversidade.com.br
Instagram:

Descrição: Ricardo é um homem pardo de cabelos lisos, curtos e pretos. Tem olhos castanho-escuros, usa barba e sorri na foto.

A questão da diversidade no ambiente de trabalho tem mobilizado as organizações nos últimos anos. A maior presença nas empresas – mas também o registro de ausências – de mulheres, negros, pessoas com deficiências, população LGBT (Lésbicas, Gays, Bissexuais, Travestis e Transexuais), diferentes gerações e outros grupos ensejam discussões sobre preconceito e igualdade de oportunidades.

Diversidade e inclusão são palavras utilizadas lado a lado no contexto das empresas. Nem todo mundo, porém, faz a devida distinção entre essas ideias.

Pensar em diversidade é refletir sobre o conjunto de características que nos torna únicos. Refiro-me aqui, por exemplo, aos marcadores de raça, gênero, orientação sexual, identidade de gênero, condição de deficiência, idade, entre outros. A diversidade é relacional. Somos diversos em relação ao outro, na mesma medida em que o inverso é verdadeiro. A diversidade também é contextual. Dependendo do cenário e do grupo em que estamos inseridos, somos percebidos como diferentes em proporção maior ou menor. No mundo do trabalho, pode-se afirmar que uma empresa é diversa quando guarda semelhanças com a demografia da sociedade em que está inserida.

A inclusão, por sua vez, corresponde à valorização de nossas singularidades e características e ao esforço deliberado para inserção econômica, política e social de pessoas que estejam ausentes dos espaços de oportunidade, prestígio e tomada de decisão na sociedade. Nas organizações, inclusão pode ser interpretada como um desafio qualitativo, percebido a partir das relações, traços culturais e perfil da liderança, por exemplo.

Se diversidade é a foto, inclusão é o filme. Se diversidade é contar pessoas, inclusão é levá-las em conta. Uma não é mais importante que a outra, tampouco cabe hierarquizar os conceitos. São ambos desafios igualmente relevantes que se apresentam com intensidade ainda maior no momento de acentuação das desigualdades, advento de novas gerações e maior expectativa da sociedade e de investidores em torno das pautas de Direitos Humanos e Sustentabilidade.

Políticas de diversidade nas organizações: breve histórico

O debate em torno da questão da diversidade nas organizações ganhou fôlego no Brasil nos últimos anos. Publicações da área de negócios, além de eventos e congressos empresariais, passaram a falar com mais intensidade da valorização da diversidade como um diferencial competitivo, uma hipótese que já é discutida nos EUA desde a década de 1980 (THOMAS, 1996).

Apesar de ganhar espaço agora na agenda de executivos brasileiros, nem todos os interessados no tema conseguem localizar a origem histórica do assunto e é comum atribuir a gênese das políticas de diversidade a iniciativas voluntárias das organizações, desconsiderando os processos históricos, mudanças na sociedade e reivindicações de movimentos sociais. Porém, o início das políticas de diversidade nas empresas está diretamente relacionado a aspectos contextuais e pressões diversas a que as organizações foram submetidas.

Hawken (2007) assinala o ano de 1955 como o início simbólico da luta antissegregacionista nos Estados Unidos. Naquele ano, em episódio que ficou conhecido como Boicote aos Ônibus de Montgomery, a costureira negra Rosa Parks se recusou a ceder seu assento a um homem branco, contrariando as regras estabelecidas.

A partir dali, diversos acontecimentos nos anos seguintes passaram a contestar o racismo institucionalizado que predominava no país. Os anos 1960 podem ser lembrados como a década em que vários grupos se organizaram e passaram a demandar visibilidade e respeito às suas demandas específicas.

A pauta era extensa, envolvia a denúncia de preconceitos e alcançava diversos setores da sociedade, inclusive o mundo do trabalho.

Nos Estados Unidos, negros, mulheres e pessoas LGBT exigiam mais oportunidades, questionavam a ausência de seus iguais nos espaços de poder e privilégios, denunciavam o racismo, o machismo e a LGBTfobia. Manifestações, passeatas e alguns episódios de confronto ganharam as ruas do país.

Pressionado, o governo norte-americano aprovou na década de 1960 a *Affirmative Action*, conjunto de ações afirmativas que determinava, entre outras coisas, que todas as empresas que trabalhassem para o governo contratassem um número proporcional de empregados não brancos. Em 1964, foi aprovada a Lei dos Direitos Civis, que pôs fim à segregação racial com a conivência do Estado norte-americano.

Um efeito prático das ações afirmativas dos anos 1960 foi obrigar as empresas a se adequarem a um novo cenário, pós-racismo institucionalizado. Foram contratados profissionais especializados em equidade e criados departamentos específicos para tratar do assunto, ainda que a lógica preponderante fosse a do cumprimento das leis.

A maior preocupação das organizações estava no nível do *compliance* e a questão era evitar processos judiciais movidos por discriminação. Nesse período, o foco recaía principalmente sobre treinamentos que ensinavam o que fazer e, principalmente, que comportamentos evitar em relação às diferenças.

Se havia avanços nos Estados Unidos, por outro lado, no Brasil, a década de 1960 foi marcada pela ascensão e endurecimento da Ditadura Militar (1964-1985). O regime dificultava a organização de grupos sociais e não abria espaço para reivindicações como aquelas que ganhavam as ruas em países centrais. Esse fato atrasou as conquistas de grupos minorizados no Brasil.

As mudanças nos modelos de produção dos países centrais nos anos 1970, o crescimento da economia de serviços e a maior autonomia conquistada pelas mulheres fizeram aumentar a representatividade de grupos minorizados no mercado de trabalho, intensificando o cenário de diversidade nas organizações.

Entretanto, foi a partir dos anos 1980 que o tema passou a ser tratado como ferramenta de gestão e surgiram preocupações com a representatividade de determinados grupos nas posições de comando e associação mais imediata da presença da diversidade nas organizações a incremento de resultados, aumento da criatividade, inovação, diminuição da rotatividade e melhoria do clima organizacional.

Segundo Pereira (2008), um dos fatores mais relevantes para o surgimento da diversidade como tecnologia de gestão foi o contexto econômico nos Estados Unidos. As políticas neoliberais do governo de Ronald Reagan deram menos atenção às ações afirmativas aprovadas duas décadas antes, o que gerou nas empresas a necessidade de encontrar formas de lidar com o assunto. O presidente Reagan chegou a tentar limitar as ações afirmativas, mas foi impedido pelo Congresso (DOBBIN; KALEV, 2014).

Como resposta às pressões do governo conservador, os especialistas em equidade que já atuavam nas organizações redesenharam seus departamentos, batizando-os de gestão da diversidade, cujo objetivo seria obter "vantagem estratégica auxiliando empregados de diferentes grupos a trabalharem com todo seu potencial" (DOBBIN; KALEV, 2014, p. 266, tradução minha). Foi nesse momento que os especialistas em equidade viraram consultores em gestão da diversidade.

Com a virada para os anos 1990 e o avanço da globalização econômica, as organizações se viram diante do desafio de se relacionar com diferentes públicos, sejam eles empregados das filiais ao redor do mundo, consumidores, fornecedores ou comunidades afetadas por sua atuação.

Além disso, o avanço das políticas neoliberais gerou uma redefinição do papel do Estado, que passou a convocar parcerias com a iniciativa privada. Esse movimento levou ao fortalecimento do discurso da responsabilidade social, ainda hoje bastante atrelado às políticas de diversidade (TEIXEIRA, 2011).

Surgimento das políticas de diversidade no brasil

As políticas de diversidade chegaram ao Brasil nos anos 1990, inicialmente em filiais de multinacionais norte-americanas, que passaram a reproduzir localmente as práticas desenvolvidas nas matrizes.

Teixeira (2011) assinala dois motivos que impulsionaram as políticas de diversidade no Brasil naquela década: a pressão dos representantes de grupos minorizados, que haviam se articulado um pouco antes, no processo de redemocratização e redação da Constituição Federal de 1988, e as crescentes denúncias de sindicalistas, que passaram a expor em fóruns internacionais o descumprimento da Convenção nº 111 da Organização Internacional do Trabalho, que aborda discriminação nas relações de emprego.

Seguindo a tendência inaugurada nos anos 1990, foram as multinacionais, sobretudo norte-americanas, que lideram as discussões sobre diversidade no Brasil (SALES, 2008; 2017). As empresas brasileiras dedicaram mais atenção ao tema a partir dos anos 2010, período em que o meio empresarial avança em torno de iniciativas coletivas, sendo o Fórum de Empresas e Direitos LGBTI+ o maior expoente desse movimento.

Ainda nesse período, cresce no Brasil a atuação de consultorias especializadas e profissionais voltadas ao endereçamento de políticas e práticas de inclusão. A academia também passa a se interessar mais pelo tema, antes praticamente restrito aos estudos de gestão (SALES, 2015).

Pedro Jaime (2016) propõe compreender a questão da diversidade a partir da ideia de "tradução". As diferentes agendas e reivindicações dos movimentos sociais, origem das políticas de diversidade, seriam traduzidas em políticas de gestão, o que implica tanto no risco de despolitização quanto no de individualização de questões estruturais.

Assim, corre-se o risco de o racismo, o machismo e a LGBTfobia, por exemplo, sejam tratados ao nível das questões administrativas, ignorando a complexidade dessas opressões e o contexto sociocultural em que elas ocorrem.

Da maneira como vejo, diversidade é um tema de gestão, mas com nuances e peculiaridades que devem ser levadas em conta. Refiro-me aqui tanto a uma perspectiva individual, no sentido de que aqueles que trabalham com o tema o façam com compromisso ético e moral com a transformação social, quanto a uma perspectiva estrutural, que não pense a organização como um ente apartado da sociedade e suas contradições.

Considerações finais

Neste breve artigo tratei de resgatar a origem e o desenvolvimento das políticas de diversidade nas organizações nos Estados Unidos e mostrar como o tema foi introduzido no Brasil.

Busquei associar o surgimento dessas práticas às pressões de grupos minorizados – sobretudo negros e mulheres – que culminaram na aprovação de ações afirmativas e consequente necessidade de adaptação de parte das organizações.

No Brasil, percebe-se uma negação do contexto social em que as políticas de diversidade surgiram e sua associação, desde o início, a práticas de gestão. Buscou-se, no país, justificar por que valeria a pena investir em políticas de atração, desenvolvimento e retenção de empregados de diferentes origens e características, chegando à conclusão de que o resultado seria mais eficácia e eficiência para as empresas.

Acredito que o debate ganhou espaço no país, mas é preciso que mais organizações, de diferentes portes e regiões, se engajem nas discussões sobre equidade no mundo do trabalho.

Mais do que estratégia de gestão ou aposta em retornos financeiros, trata-se de uma obrigação ética num país notadamente desigual, machista, racista e LGBTfóbico.

Referências

ALVES, M. A; GALEÃO-SILVA, L. G. (2002, outubro). A crítica do conceito de diversidade nas organizações. In: *Encontro de estudos organizacionais*. Recife, PE, Brasil.

COX, T. *Cultural diversity in organizations: theory, research and practice*. São Francisco: Berrett-Koehler Publishers, 1994.

DONOVAN, M; KAPLAN, M. *The inclusion dividend*. Massachussets: Bibliomotion, 2013.

DOBBIN, F; KALEV, A. The Origins and Effects of Corporate Diversity Programs. In: *The Oxford Handbook of Diversity and Work*. Nova York: Oxford Library, 2014.

JAIME, Pedro. Nem vantagem competitiva nem ideologia: gestão da diversidade como tradução. In: *Anais do XL Encontro da ANPAD*. Costa do Sauípe, Bahia, Brasil, 2016.

PEREIRA, J. B. C. *A relação entre as dimensões de justiça organizacional e as atitudes dos indivíduos diante da diversidade*. Tese de doutorado. Universidade Presbiteriana Mackenzie, São Paulo, 2008.

SALES, R. G. de. *Políticas de respeito à diversidade sexual no ambiente de trabalho: análise das percepções sobre o papel da comunicação em organizações participantes do Fórum de Empresas e Direitos LGBT*. 134 f. Dissertação (Mestrado em Ciências da Comunicação) – Escola de Comunicações e Artes, Universidade de São Paulo, São Paulo, 2017.

SALES, R. G. de. Diversidade no trabalho: valores organizacionais e adesão às normas em organizações participantes do Fórum Empresas e Direitos LGBT. In: *Anais do XXXVIII Congresso Brasileiro de Ciências da Comunicação*, Rio de Janeiro, Brasil, 2015.

SALES, R. G. de. *Multiculturalismo nas organizações: o papel das relações públicas na gestão da diversidade*. 98f. Monografia (Trabalho de Conclusão de Curso) – Escola de Comunicações e Artes, Universidade de São Paulo, São Paulo, 2008.

TEIXEIRA, K. C. S. Discursos e práticas sobre a valorização da diversidade no âmbito empresarial: um estudo de caso. *Gênero*. Niterói, 12 (1), 81-108, 2011.

2

A IMPORTÂNCIA DA DIVERSIDADE E DA INCLUSÃO NAS ORGANIZAÇÕES

Por que o tema diversidade e inclusão (D&I) é importante para as empresas? Ele é de fato importante? Como podemos responder a estas questões considerando interlocutores tão diferentes? Como convencer colegas e a liderança para agirem a favor de D&I? O capítulo sobre a importância de D&I deve contribuir para isso e para que você pense sobre sua empresa, desafios e possibilidades no tema.

REINALDO BULGARELLI

Reinaldo Bulgarelli

Reinaldo Bulgarelli criou, em 2001, a Txai Consultoria e Educação, da qual é sócio-diretor. Escreveu, em 2008, *Diversos Somos Todos – valorização, promoção e gestão da diversidade nas organizações*, livro referência no tema, que precisa ser relançado e logo será. Contribuiu na constituição de organizações empresariais em torno de cinco temas priorizados na década de 2011 a 2020: mulheres, pessoas com deficiência, pessoas LGBTI+, pessoas negras e gerações. É secretário executivo de uma delas: o Fórum de Empresas e Direitos LGBTI+. É professor e coordenador de cursos em variadas escolas de negócio e universidades do país. Tem sido convidado para ser conselheiro em diversas organizações não governamentais. Recebeu muitas indicações a prêmios ou reconhecimentos relacionados à sua atuação na agenda de sustentabilidade e responsabilidade social, mas sua maior alegria é ser avô do Lelê, com quem troca muitas ideias sobre o mundo em que vivemos e o mundo em que ele viverá.

Contato
reinaldo@txaiconsultoria.com.br

Descrição: Reinaldo é um homem branco, 60 anos, sem cabelos e usa óculos. Está de braços cruzados e aparecem os dedos segurando o braço. Usa paletó, blusa e camisa social.

Eu vinha de uma experiência empresarial maravilhosa quando me tornei consultor. Havia trabalhado com direitos humanos a vida toda e ser um executivo no *BankBoston* foi uma realização. Em nenhum momento o presidente pediu que eu apresentasse o *business case*, evidências e provas de adição de valor para poder implantar o programa de diversidade e inclusão (D&I). Era a coisa certa a ser feita e os resultados do programa deveriam ser buscados cotidianamente e monitorados a partir de KPIs definidos em nosso comitê, com representantes de diferentes áreas, segmentos da população e muito diálogo com a matriz.

Quando abri a consultoria, em 2001, segui com clientes como Banco Real, BASF e *Whirlpool*, que também não pediram para eu provar que investir em D&I traria resultados para a empresa. Apenas pediam para contribuir com a construção de um programa consistente. Convivi (e convivo) com lideranças como Fabio Barbosa, que nos fala que resultado, como o nome diz, é o que resulta de uma dinâmica interna e da gestão das relações com diferentes *stakeholders*. "Dar certo, fazendo a coisa certa", enfatiza ele, entre outros mantras que sedimentaram o caminho das práticas de sustentabilidade e responsabilidade social empresarial no Brasil.

Apesar de estudar profundamente cada novo relatório internacional e os poucos nacionais que tratavam de ROI e IBIT a partir do investimento em D&I, jamais abri uma reunião sobre o tema, nem mesmo no primeiro contato, citando dados de adição de valor. Não queria convencer ninguém a partir desses números, mas a partir de uma visão mais ampla sobre negócios sustentáveis, éticos e socialmente responsáveis.

Eu via até com desconfiança quem me pedia para trazer números para a conversa. Entendia o que estava pedindo, mas evitava por acreditar que o apreço por D&I era o fator determinante para o sucesso, a busca por resultados e o melhor desempenho da empresa. Jamais, ao longo de vinte anos de consultoria, vi alguma liderança empresarial se mover efetivamente na direção da D&I com base em dados de adição de valor.

Se queriam números, levava a pesquisa do Instituto Ethos, da qual participo como especialista desde 2001, que mostra o perfil social, racial e de gênero das 500 maiores empresas do Brasil. Entendi que esses números bastariam para mostrar o tamanho do desafio e a importância de agir.

No entanto, o tema evoluiu, há mais empresas engajadas no tema, muitas consultorias e organizações falando de D&I. A busca inicial por negócios conduzidos com critérios éticos, o que exige uma reinvenção na maneira de se organizar e de se relacionar no mundo, perde-se em discursos que parecem ser favoráveis, mas não são.

Vejo lideranças dizendo que não importa nada, se dá ou não resultado, apenas investir em D&I como a coisa certa a ser feita. Na prática, essas afirmações criam dois mundos ou dois momentos na empresa: o momento de trabalhar, fazer o mesmo de sempre na gestão dos negócios e o momento de investir em práticas éticas, o que não é interessante.

É preciso não fugir da responsabilidade de repensar as práticas tradicionais de negócio. Não é nada interessante abrir uma portinha no fundo da empresa para contratar as chamadas minorias e manter a porta principal contratando os mesmos de sempre, sem repensar valores e compromissos com a transformação do todo, que todas as pessoas devem ter para que o negócio dê certo, fazendo a coisa certa.

Podemos fazer transformações relevantes quando integramos direitos humanos na maneira de ser, de fazer e de se relacionar da empresa com seus diferentes públicos ou *stakeholders*. Não se trata de um projeto isolado, mas de uma cultura que envolve o cuidado com a qualidade da demografia, o cuidado com a qualidade das relações e o cuidado com a qualidade dos resultados, observando os impactos positivos que isso deve gerar na sociedade.

Prestei mais atenção, conforme o tema foi ganhando maior amplitude e apresentando maior consistência no meio empresarial. Tanto no começo do programa como após resultados mais efetivos, inverti as coisas e o consultor é que passou a perguntar sobre os motivos do investimento em D&I e quais crenças embasavam a motivação.

Encontrei quatro respostas sobre a importância de se investir em D&I. São motivos integrados, que se articulam para inspirar as ações, dar os contornos, limites e demonstrar que, no centro de tudo, está a questão ética, incluindo melhor desempenho financeiro da empresa.

Veja a seguir as quatro respostas integradas que obtenho com a minha pergunta sobre a importância de investir em diversidade e inclusão.

É a coisa certa a ser feita

Não é preciso uma pesquisa mostrando quanto a empresa passa a ganhar por não discriminar a mulher, por exemplo. Algo mudaria se surgirem pesquisas mostrando o quanto a empresa ganharia com a discriminação da mulher?

Promover oportunidades iguais, tratamento justo e respeitoso para todas as pessoas deve ser o básico para qualquer empresa. É preciso dizer *não* para a discriminação e dizer *sim* para a diversidade e para a inclusão. É compromisso de todas as pessoas da empresa, e não apenas de uma área de D&I. É compromisso com a transformação do todo, com as ações de D&I atuando a serviço da cultura, e não como um projeto paralelo.

Como estamos numa organização, devemos fazer com que tudo se estruture a partir desse princípio básico de respeitar todas as pessoas, fazer com que a gestão considere nossas muitas características no cumprimento da missão, o que promove resultados melhores.

A vida como ela é oferece desafios para as empresas. Que tipo de resultado é obtido a partir da exclusão de desafios que tratam da vida? Não somos *experts* em gestão? Não é nossa tarefa colocar a gestão a serviço de soluções que respeitem, considerem, aprendam e tenham resultados superiores exatamente por conta disso? Como não querer lidar com a gravidez com a mesma sabedoria com que lidamos com outras questões?

A discriminação não tem lógica alguma. A população mundial está envelhecendo e, no Brasil, discriminamos pessoas a partir dos 35 anos. Os homens tiram mais licença e ficam mais tempo afastados do trabalho do que as mulheres, mas isso não gera o pânico que a possibilidade da gravidez ainda gera. Além de tudo, gestão exige lógica, mas as ideologias da discriminação sequestram nossa inteligência.

Se é a coisa certa a ser feita, devemos inserir nas práticas de gestão os desafios que a vida oferece. No entanto, isso implica mudar a maneira de enxergar a gestão de pessoas e de relacionamentos com outros *stakeholders*. O mundo das empresas estava acostumado a tratar os empregados como mão de obra. O uniforme é para ser utilizado do lado de dentro e não apenas do lado de fora nesse mundo de "tanto faz, o importante é trabalhar". Empresas de "mão de obra" também tendem a tratar clientes e consumidores sem a menor consideração pelas suas muitas características. Processos de compra tratam igual todos os fornecedores, seja ele pequeno ou uma grande multinacional.

Tratar todo mundo igual não é sinal de respeito, muito menos de justiça. É uma forma de massificar e ignorar a vida, desrespeitando características e transformando-as em motivo para desigualdades e violências de todo tipo. Igualdade que ignora pessoas e suas singularidades é apenas mais uma face da opressão à diversidade humana.

Mudou o paradigma. Não somos mão de obra. Somos pessoas e queremos trabalhar ou interagir com empresas que respeitem e considerem nossas singularidades. Antes, havia como que um cabide do lado de fora da empresa para que ficasse ali tudo que diz respeito à vida: a lágrima e o sorriso, o medo e a coragem, a vontade e a possibilidade de contribuir.

As pessoas, pelo contrário, querem se expressar, mostrar suas singularidades e ver que são respeitadas. Também querem se sentir parte da equipe, parte do todo. O senso de pertencimento produzirá resultados relevantes para a produtividade, mais do que a lógica do comando e do controle.

É o que deve ser feito

Na identidade organizacional – em geral definidas como missão, visão e valores –, a empresa encontrará a inspiração e os limites para agir a favor da D&I. Nas grandes empresas, assim como deve acontecer nas demais, a definição da identidade mantém sintonia com os valores universais de direitos humanos, inspirando ações na linha da "coisa certa a ser feita". Ao mesmo tempo, a identidade funciona como filtro por meio do qual o tema entra na empresa, no tal DNA, ou seja, a cultura empresarial.

Como é um tema universal, que chega à empresa de fora para dentro, é por meio da identidade que a empresa expressa sua motivação de dentro para fora. A identidade favorece a escolha de temas prioritários, por exemplo, além daqueles exigidos em lei ou priorizados na sociedade. Identidade define o código de conduta, as estratégias de negócio e de relacionamentos, definindo também a maneira como D&I será vivida e aplicada na prática.

É o que precisa ser feito

Empresas engajadas se desafiam a responder a duas perguntas: o que podem fazer por D&I? O que D&I pode fazer por elas, suas pessoas, suas áreas e seus negócios? É a identidade organizacional, e não opiniões isoladas, internas ou externas, que darão consistência às respostas.

Quando olhamos para dentro, encontramos motivações relacionadas à conexão com o tempo e lugar no qual a empresa realiza suas atividades. Pessoas, em sua pluralidade, nos colocam em contato com diferentes perspectivas, expectativas, tendências, riscos e oportunidades.

Por meio da valorização da diversidade e da promoção da inclusão, a empresa investe em pluralidade de talentos para evitar a mesmice e afasta-se da ideia de mão de obra para abraçar os bons desafios da vida. Investe em competências organizacionais por meio de equipes que convivem, colaboram e produzem soluções mais criativas e inovadoras.

É preciso gerar impactos positivos na sociedade e motivos não faltam para investir em D&I quando olhamos em volta. Dois desafios se destacam: desigualdade e violência. Os dois desafios se articulam para destacar o Brasil como um dos países mais desiguais e um dos mais violentos do mundo. O modelo de negócio consegue ficar indiferente a isso?

A desvalorização da diversidade explica em grande parte a desigualdade e a violência. Transformamos características em motivo para desigualdades e violências. Diversidade não é um problema, é solução para enfrentarmos os desafios da vida.

A empresa pode gerar um grande e positivo impacto social quando se dedica não apenas a contratar pessoas de diferentes segmentos, sobretudo segmentos da população em situação de vulnerabilidade e exclusão. No entanto, ao fazer isso, também deve investir em dizer *não* à discriminação, às ideologias que sustentam a desigualdade e à violência, elevando o patamar civilizatório da sociedade ao respeitar e promover direitos humanos como algo básico. Responsabilidade social é a responsabilidade pelo todo.

É a melhor coisa a ser feita

Estudos e pesquisas demonstram que valorizar, promover e fazer a gestão da D&I resultam em desempenho superior em relação a empresas indiferentes ao tema. A McKinsey, por exemplo, realiza estudos e pesquisas frequentes oferecendo números sobre adição de valor. A empresa ganha mesmo e muito!

Parece óbvio que respeitar as pessoas, entendê-las melhor para atendê-las melhor, produz relações de confiança, colaboração, inovação e resultados positivos para as pessoas, os negócios e a sociedade, tudo junto e ao mesmo tempo. No entanto, a discriminação estrutura a sociedade e as relações de poder, interesses e hierarquizações, que atuam para tornar óbvio o desrespeito e a discriminação. Quem tem resultado positivo, saiu dessa lógica perversa.

Para ter resultados positivos, é preciso ter vontade de praticar o que é certo, o que é dever e o que é preciso, assumindo compromissos concretos com o enfrentamento da discriminação e dizendo sim à diversidade como valor.

Nos estudos está dito como as empresas chegam a resultados superiores. Elas têm foco na dinâmica a ser promovida por meio de práticas de gestão, o que inclui questões como respeito e consideração pelas pessoas em sua rica pluralidade de características.

O mundo atual exige atenção e consideração às muitas características ou marcadores identitários que nos tornam únicos e ao mesmo tempo que expressam nossa pluralidade cultural. A igualdade na condição de pessoas (ideia essencial contida no artigo primeiro da Declaração Universal dos Direitos Humanos: "Todas as pessoas nascem livres e iguais em dignidade e direitos") inspira práticas de promoção da equidade, que consideram as diferenças e as desigualdades. Equidade é essencial para deixar a mesmice de lado.

Enfrentando aspectos negativos da nossa cultura, aprendemos coisas novas, criamos organizações atraentes para todos os *stakeholders* e contribuímos para o desenvolvimento sustentável. Empresas são parte do problema e podem se empenhar para ser também parte da solução. Precisa de mais motivos para explicar por que investir em D&I?

Referência

CASTILHO, P. *Diversity matters: América Latina*. Disponível em:<https://www.mckinsey.com/br/our-insights/diversity-matters-america-latina>. Acesso em: 22 fev. de 2022.

3

D&I É SÓ UMA ESTRATÉGIA OU FAZ PARTE DA CULTURA DA SUA EMPRESA?

Apesar dos esforços empreendidos em Diversidade & Inclusão, poucos têm sido os resultados capazes de gerar mudanças significativas. Portanto, o objetivo deste capítulo é trazer alguns elementos essenciais e refletir sobre caminhos possíveis para que D&I deixe de ser uma estratégia isolada e passe a ser parte da cultura corporativa.

THAYS TOYOFUKU

Thays Toyofuku

Formada em Psicologia pela Universidade São Marcos e pós-graduada em Gestão Estratégica da Sustentabilidade pela FIA (Fundação Instituto de Administração). Desenvolveu sua carreira na área de Recursos Humanos e, desde 2012, atua com Diversidade e Inclusão, sendo responsável por liderar estratégias e programas que promovam inclusão social, diversidade, desenvolvimento sustentável e bem-estar no mundo corporativo. Além disso, participa como palestrante em congressos, fóruns e eventos relacionados à inclusão, diversidade e responsabilidade social corporativa. É uma das idealizadoras do projeto #AGORAVAI, desenvolvido em parceria com a Transempregos, que visa contribuir para aumentar a empregabilidade de pessoas trans. Em 2020, recebeu o Prêmio de Excelência Individual do *Out & Equal Brazil* pelo trabalho que desenvolve em prol da inclusão de pessoas LGBTI+ no mercado de trabalho.

Contatos
thaystoyofuku@gmail.com
LinkedIn: https://br.linkedin.com/in/thaystoyofuku

Descrição: Thays é uma mulher cis, de pele amarela e descendência japonesa, cabelos castanhos na altura dos ombros e olhos castanhos esverdeados. Ela aparece na imagem da cintura pra cima, veste uma camiseta preta com os dizeres Juntas & Juntos & Juntxs & Juntes. Está de braços cruzados e sorrindo para a foto.

A cultura come a estratégia no café da manhã.
PETER DRUCKER

Certa vez, conversando com o CEO de uma empresa multinacional, me deparei com o seguinte questionamento: *é possível ter uma cultura organizacional forte e ainda ter diversidade?* Confesso que gostei desta pergunta pois, além de ter sido bastante pertinente, ela demonstra o quão preocupado ele estava em gerar transformações reais em sua empresa. A boa notícia é que ele não está sozinho.

O grupo *CEO Action for Diversity & Inclusion*, lançado em 2017, atualmente conta com o compromisso de quase 2000 líderes de diferentes indústrias. Além disso, não é de hoje que D&I é a principal prioridade de CEOs no que se refere à gestão de talentos (GARTNER, 2019b).

São vários os estudos que demonstram que, quando uma empresa investe em D&I, ela atrai e retém mais talentos com diferentes experiências e perspectivas, aumenta sua capacidade de adaptação e inovação, gerando mais produtividade e retorno financeiro, por exemplo. Em outras palavras, parece já haver um bom entendimento de que D&I é um diferencial para os negócios.

Todavia, os acontecimentos de 2020, como a pandemia de Covid-19 e a morte de George Floyd, colocaram muitos programas à prova, mobilizando organizações e líderes empresariais para que fossem além do usual, assumindo de vez a responsabilidade de combater as desigualdades sociais e promover o bem-estar de seus funcionários.

Não à toa que cerca de 94% de CEOs apontam que diversidade, equidade e inclusão são prioridade estratégica pessoal e 90% querem que suas empresas se tornem referência em seu setor (FORTUNE/DELOITE, 2021). Porém, ainda assim, as empresas têm encontrado dificuldades em obter resultados tangíveis.

Apenas 36% da liderança de D&I relata que sua organização tem sido eficaz na construção de equipes diversas. Enquanto 91% da liderança de D&I afirmam que suas empresas possuem uma estratégia, somente 27% das pessoas sentem que sua organização traz informações sobre como promover D&I em seu dia a dia (GARTNER, 2019a).

Dito isso, a pergunta que fica é: se a liderança executiva está comprometida, se existe uma estratégia de D&I e ações contínuas, por que há esse descompasso entre os esforços empreendidos e a falta de resultados perceptíveis?

Então, voltando ao questionamento inicial, a resposta é: sim, é possível ter uma cultura forte e ainda ter diversidade, uma vez que ter uma cultura forte não necessariamente significa ter equipes homogêneas. Por outro lado, isso também não quer dizer que toda cultura organizacional, seja ela forte ou fraca, é capaz de ter diversidade.

Isso porque o que faz a empresa ter ou não sucesso em sua estratégia de D&I não depende somente dos princípios que regem sua cultura. De fato, vai depender do quanto D&I faz ou não parte da sua cultura.

Já adianto que não existe "receita de bolo", mas há alguns elementos-chave que contribuem para incorporar D&I à cultura da empresa. Assim, o objetivo deste capítulo é compartilhar o que aprendi ao longo da minha experiência e, com você, refletir sobre caminhos possíveis.

Pertencimento e segurança psicológica

A frase da Vernã Myers, "diversidade é chamar para o baile, inclusão é convidar para dançar", correu o mundo e durante muito tempo foi usada para ilustrar que a representação demográfica é importante, mas não suficiente; temos que cuidar também das relações para que as pessoas se sintam bem-vindas e valorizadas por serem quem são. Ou seja, precisamos cultivar o **pertencimento**.

Pertencimento é o sentimento de aceitação que faz com que as pessoas sintam que podem ser elas mesmas e reconhecidas por suas perspectivas singulares, além de possibilitar que se identifiquem como sendo parte de uma comunidade.

Assim, um conceito que caminha próximo ao senso de pertencimento é o de **segurança psicológica**. Isso porque um espaço psicologicamente seguro permite que as pessoas se sintam confiantes o suficiente para expressar suas ideias, dúvidas, preocupações ou erros, sem receio de serem punidas, julgadas ou humilhadas (EDMONDSON, 2014).

Considerando que se sentir parte de um grupo é uma necessidade humana tão essencial quanto comer, é comum as pessoas esconderem parte de si mesmas, com receio de não se "encaixarem".

Uma pesquisa revela que 61% das pessoas escondem ao menos uma dimensão de si mesmas no trabalho, sendo mais frequente quando se é parte de um grupo minorizado[1]. No caso de pessoas LGBTI+, o percentual aumenta para 83%, 79% para pessoas negras e 66% para mulheres, por exemplo. Além disso, 53% relatam sentir que a liderança espera (conscientemente ou não) que escondam partes de si, impactando no modo como 51% percebem as oportunidades disponíveis e 50% sentem seu compromisso com a empresa (DELOITE, 2019).

Em contrapartida, a segurança psicológica é um componente fundamental na formação de times de alto desempenho. Sendo que os membros de equipes psicologicamente seguras são duas vezes mais eficazes, geram mais receitas e têm menos probabilidades de deixarem a companhia (RE:WORK WITH GOOGLE, 2016).

Amy C. Edmondson (2014), professora de Liderança e Gestão em Harvard, sugere três coisas que podemos fazer para desenvolver segurança psicológica:

- Considerar o trabalho como um problema de aprendizado em vez de um problema de execução.
- Reconhecer que errar faz parte e que todas as pessoas podem falhar em algum momento, incluindo você.
- Estimular a curiosidade e fazer muitas perguntas, mesmo que pareçam óbvias.

---

[1] Termo usado para se referir a grupos sociais historicamente excluídos e que possuem pouca representação social, econômica e política, independentemente de sua quantidade numérica.

Além disso, cultivar o pertencimento, independentemente de características individuais, pode ser crucial para engajar mais pessoas aliadas e impulsionar as iniciativas de D&I. Isso porque cria oportunidades de dialogar e reconhecer nossa humanidade compartilhada (a discussão deixa de ficar dividida entre "nós" e "as outras pessoas"), gerando maior empatia e inclusão para grupos minorizados.

Portanto, promover pertencimento e segurança psicológica significa olhar para os vários aspectos que, parafraseando Pat Wadors, nos fazem sentir parte de uma comunidade e, ao mesmo tempo, liberam nossos autênticos superpoderes.

Sistema de governança

Se vamos colocar D&I como parte da cultura corporativa, precisamos partir do pressuposto que essa não pode ser responsabilidade de uma única área ou pessoa, mas sim de toda a empresa.

Uma forma de compartilhar essa responsabilidade é criar um **sistema de governança**, que desenvolva os mecanismos pelos quais a empresa vai se organizar para que D&I seja parte de sua estratégia, bem como defina como gerará valor para as partes interessadas.

Para isso, é importante considerar:

- Quais serão as instâncias que já existem ou serão criadas?
- Quais serão as responsabilidades de cada instância?
- Como essas instâncias vão se relacionar entre si e quais serão as linhas de reporte?
- Quem fará parte e quais serão as regras de participação?
- Quais serão os canais de comunicação e escuta ativa para cada parte interessada?
- Quais serão as métricas, indicadores de desempenho e como serão mensurados?

As duas instâncias mais comuns são o Comitê de D&I e os grupos de afinidades, mas pode haver outras como Embaixadores de D&I ou *Squads* de D&I, por exemplo.

Em geral, o Comitê de D&I é formado por líderes de diferentes áreas e tem como responsabilidade definir como a estratégia se conecta com as prioridades da empresa, além de desenvolver o plano de ação, monitorar o andamento das iniciativas e indicadores. Embora não haja uma regra, é importante ter representantes de áreas de negócios, a fim de garantir uma visão sistêmica, dividir responsabilidades e, ao mesmo tempo, colocar D&I na estratégia e no dia a dia da empresa.

Já os grupos de afinidades são redes internas formadas por voluntários em torno de um propósito e interesses comuns como gênero, pessoas negras, pessoas com deficiência, pessoas LGBTI+, gerações ou qualquer outro marcador social compartilhado pelo grupo. Eles têm como objetivo conectar pessoas, compartilhar experiências e colaborar com as iniciativas da empresa, além de fomentar a empresa com demandas da sociedade.

Em suma, independentemente de como será o sistema de governança, é preciso que os esforços sejam contínuos e alinhados às estratégias de negócio. Na prática, significa compreender quais são as suas demandas, internas e externas, e como incorporá-las em tudo o que a empresa faz.

Conscientização e responsabilidade compartilhada

Por mais importante que seja reconhecer que diversidade é sobre todas as pessoas, vivemos em uma sociedade em que, ao longo da história, transformou algumas diferenças em motivos para criar desigualdades. Logo, não podemos esperar que "naturalmente" as pessoas saibam como romper com esse mecanismo social que sistematiza e reproduz a exclusão.

Considerando que muitas vezes as crenças e atitudes preconceituosas são causadas por falta de conhecimento, é preciso promover conscientização sobre o tema, principalmente de forma que as pessoas saibam o que é esperado delas.

Vale dizer que não existe uma única forma de fazer isso. Pelo contrário, é uma combinação de várias pequenas ações e envolve, até mesmo, programas corporativos, tais como cartilhas, manuais, treinamentos, palestras, campanhas em datas específicas, trilhas de liderança e comunicação inclusivas etc.

Além disso, com base na experiência da Adobe, a Gartner (2019a) sistematizou quatro pilares para que as pessoas se apropriem dos esforços de D&I, os quais preveem:

- **Simplificar a estratégia para que possa ser reconhecida por todas as pessoas:** significa desenvolver pilares fáceis de serem identificados, usar termos que as pessoas possam se relacionar e atrelar as iniciativas aos pilares para que facilite a visualização do progresso de D&I.
- **Comunicar estratégia para aumentar conscientização sobre os esforços de D&I:** envolve comunicar para todas as pessoas, com frequência, por meio de uma variedade de canais, de forma autêntica e genuína.
- **Inspirar funcionários a se engajarem:** por meio de uma comunicação inclusiva, convidar e informar sobre como podem apoiar as iniciativas da companhia.
- **Responsabilizar líderes pelo progresso:** envolve criar mais transparência em relação às métricas e progressos, além de definir e acompanhar os objetivos junto aos líderes.

Ao longo da jornada de D&I, nem sempre vamos conseguir mudar crenças, porém, pelo menos dessa forma, as pessoas passam a entender quais são seus papéis e como podem efetivamente contribuir para que D&I seja uma realidade.

Conclusão

Conforme vimos, são muitos os desafios e esforços empreendidos para obter resultados e desfrutar de todo potencial que uma empresa inclusiva e diversa pode alcançar, além de responder às demandas de uma sociedade cada vez mais consciente e exigente.

Embora algumas iniciativas pontuais aparentem trazer resultados, sem que D&I seja um componente-chave na cultura corporativa, sempre ficará como uma discussão apartada da estratégia da empresa. Enquanto sendo parte da cultura, D&I se torna a regra e não a exceção, ou seja, tanto os elementos visíveis como invisíveis de uma cultura passam a refletir D&I.

Como falei no início, não existe uma "receita de bolo" e cada empresa terá que encontrar o próprio caminho. Contudo, ao cultivar o pertencimento, criar espaços psicologicamente seguros, estabelecer um sistema de governança, conscientizar e dividir essa responsabilidade com todas as pessoas, esse caminho estará bem pavimentado.

Por fim, lembre-se de escutar. Crie oportunidades de escutar ativamente tanto o que as pessoas da sua organização como os movimentos sociais têm a dizer. Nem sempre será uma escuta fácil ou menos conflituosa, mas é fora da nossa zona de conforto que temos a oportunidade de evoluir e, em última instância, uma cultura inclusiva e diversa é sobre isso: ficar confortável em estar desconfortável.

Referências

CEO ACTION FOR DIVERSITY & INCLUSION. Disponível em: <https://www.ceoaction.com>. Acesso em: 02 ago. de 2021.

DELOITTE. *Inclusion survey: uncovering talent.* 2019. Disponível em: <https://www2.deloitte.com/us/en/pages/about-deloitte/articles/covering-in-the-workplace.html>. Acesso em: 17 ago. de 2021.

EDMONDSON, A. C. *Building a psychologically safe workplace.* Youtube, 5 maio de 2014. Disponível em: <https://www.youtube.com/watch?v=LhoLuui9gX8&t=174s>. Acesso em: 15 ago. de 2021.

FORTUNE/DELLOITE. *2021 Fortune/Deloitte CEO Survey.* 2021. Disponível em: <https://www2.deloitte.com/us/en/pages/chief-executive-officer/articles/ceo-survey.html>. Acesso em: 01 ago. de 2021.

GARNTER. *Building Sustainable D&I.* 2019a. 108p.

GARTNER. *Five things inclusive leaders do differently.* 2019b. Disponível em: <https://www.gartner.com/en/human-resources/trends/raconteur-diversity-inclusion>. Acesso em: 01 ago. de 2021.

RE:WORK WITH GOOGLE. Guide: *Understand team effectiveness..* Disponível em: <https://rework.withgoogle.com/print/guides/5721312655835136/>. Acesso em: 15 ago. de 2021.

4

COMUNICAÇÃO INCLUSIVA

A comunicação não se limita apenas a um meio para troca de informações entre dois ou mais interlocutores, ela tem o potencial de significar valor para pessoas, grupos e demais categorias sociais. Sendo assim, ela tem a missão de não perpetuar a discriminação e apoiar a transformação para uma sociedade mais justa e inclusiva para todas as pessoas.

DEBORA GEPP

Debora Gepp

Debora Gepp é socióloga pela Universidade Federal de São Paulo e certificada pela *Stanford University* no LGBTQ *Executive Leadership Program*. Trabalha com Diversidade e Inclusão no setor privado há 7 anos, é cofundadora da Rede Brasileira de Mulheres LBTQ+, líder do Comitê de Mulheres LBTQ+ do Grupo Mulheres do Brasil e integra o Comitê de Diversidade e Inclusão da Associação Brasileira de Profissionais de RH (ABPRH). Em 2020, recebeu o prêmio de excelência individual do *Out and Equal Workplace Advocates*, por seu trabalho para a inclusão da população LGBTQIA+ no mercado de trabalho.

Contatos
debora@deboragepp.com
LinkedIn: https://www.linkedin.com/in/deboragepp/

Descrição: Débora é uma mulher de pele branca, 32 anos, cabelos castanhos, sorrindo com mão sob o queixo.

O que é comunicação inclusiva?

A comunicação não se limita apenas a um meio para troca de informações entre dois ou mais interlocutores, ela tem o potencial de significar valor para pessoas, grupos e demais categorias sociais. Assim como outros campos estruturantes da nossa sociedade, a comunicação foi construída com base em conceitos e crenças, dentre eles os fenômenos excludentes, discriminatórios e que invisibilizam grupos minorizados, como o capacitismo, classismo, colonialismo, etarismo, etnocentrismo, gordofobia, heterocisnormatividade, LGBTQIAPfobia, machismo, racismo, sexismo, entre outros.

Sendo a comunicação um organismo vivo e um dos fatores-chave que moldam a cultura da sociedade e das organizações, precisamos ter um olhar empático e intencional a fim de rever a forma como nos comunicamos e como podemos desconstruir esse meio, de forma a valorizar a diversidade humana e não reproduzir violências, opressões e a perpetuação de sistemas de discriminação negativa.

O nome desse processo é a **comunicação inclusiva**, um guarda-chuva que visa orientar pessoas, organizações e a sociedade, a celebrar e valorizar a diversidade humana por meio de uma comunicação empática, que respeite e visibilize grupos minorizados: LGBTQIAPs, mulheres, pessoas negras, pessoas indígenas, pessoas refugiadas, pessoas com deficiência, pessoas com mais de 50 anos, pessoas em vulnerabilidade socioeconômica, entre outros.

Fatores-chave: conhecimento e empatia

A comunicação inclusiva é um processo de constante descoberta que exige uma escuta ativa e empática. A empatia é a habilidade de desenvolver a capacidade de sentir aproximadamente o que sentiria outra pessoa caso estivesse na mesma situação vivenciada por ela. Essa competência é fundamental, na medida em que ela, atrelada à educação no tema, facilita o entendimento dos impactos negativos que uma comunicação pode ter contra uma pessoa ou grupo.

Em empresas, a abordagem deve se dar por meio do compartilhamento com as pessoas colaboradoras de orientações práticas, por exemplo, como costumamos nos comunicar, o que podemos manter, o que devemos parar de fazer e o que devemos começar a fazer. Além disso, a geração de empatia é fundamental para gerar compreensão emocional e profunda sobre a necessidade dessa mudança que, na prática, pode ser realizada com depoimentos ou palestras de pessoas de grupos minorizados, falando o quanto uma comunicação excludente acaba por impactar negativamente a vida dessas pessoas.

Qual é o papel das empresas?

As empresas têm papel fundamental no que se refere à promoção da diversidade, equidade, inclusão e, consequentemente, da comunicação inclusiva. As organizações são importantes agentes dessa transformação, não só do comportamento humano, mas também da sua influência para que demais empresas e instituições sigam o mesmo caminho. As empresas e demais organizações têm como responsabilidade:

- Promover a educação e o engajamento interno e externo.
- Aumentar a representatividade interna de grupos minorizados, sobretudo nas áreas de comunicação e marketing.
- Influenciar parceiros de comunicação, como agências e produtoras, a terem times diversos, com representatividade de grupos minorizados.
- Garantir o lugar de fala de grupos minorizados no desenvolvimento de campanhas de comunicação, produtos e serviços. Por exemplo, é fundamental ter pessoas negras envolvidas no desenvolvimento de uma campanha de comunicação sobre racismo.
- Adequar todas as formas e plataformas de comunicação a fim de torná-las inclusivas e acessíveis.
- Ser intencional e vanguardista. Não agir de forma reativa e esperar outras empresas começarem a se comunicar de forma inclusiva, mas liderar a mudança e engajar demais empresas com o seu comprometimento.

Por que o respeito ao lugar de fala é fundamental para uma comunicação inclusiva?

O conceito de lugar de fala surge do incômodo dos grupos minorizados por não serem ouvidos quando o assunto é sobre questões que dizem respeito a eles próprios. Por exemplo, pessoas brancas falando sobre os desafios que as pessoas negras enfrentam por conta do racismo ou pessoas cisgênero falando sobre questões do cotidiano de pessoas transgênero e assim por diante. O problema aqui não é o simples fato de pessoas não pertencentes a um grupo minorizado falarem sobre uma questão de um grupo minorizado, é a falta de cuidado ao ocupar esses espaços de fala e perpetuar um silenciamento dessas populações, quando essas têm maior legitimidade no que trazem e são as protagonistas das próprias histórias. Sendo assim, quando falamos do lugar de fala dentro de uma proposta de comunicação inclusiva, é importante sempre tentarmos garantir a participação dessas populações dentro dos processos de criação e desenvolvimento de campanhas de comunicação. Por exemplo, se a sua empresa for desenvolver um vídeo para falar sobre o Dia da Consciência Negra, é muito importante que pessoas negras estejam envolvidas no processo de desenvolvimento do roteiro, da criação etc. É importante frisar que pessoas não pertencentes aos grupos minorizados não estão impedidas de falar sobre questões desses ou a desenvolver comunicações a respeito, mas é importante que tenhamos consciência da importância do lugar de fala e do nosso papel para não perpetuar o silenciamento dos grupos minorizados.

Orientações práticas para uma comunicação inclusiva com os grupos minorizados

Conforme mencionado, o nosso objetivo com a comunicação inclusiva é gerar respeito, visibilidade e imagem positiva dos grupos minorizados, para isso é importante ter conhecimento e engajamento por meio de ações intencionais. Há diversas expressões e termos discriminatórios historicamente naturalizados na língua portuguesa, que acabam por perpetuar violências contra os grupos minorizados, além de, muitas vezes, reforçar estereótipos negativos e a própria invisibilidade.

Equidade de gênero

O machismo, o sexismo e o patriarcado influenciaram a forma como nos comunicamos criando duas principais barreiras na promoção da equidade de gênero: a discriminação contra mulheres, que inferiorizam e cerceiam o espaço de ocupação das mulheres, e os estereótipos de gênero que determinam as características e os papéis sociais de homens e mulheres, como, por exemplo, os homens trabalham e as mulheres cuidam dos afazeres domésticos. Sendo assim, como podemos praticar uma comunicação inclusiva que promova a equidade de gênero?

1. Educando sobre a importância de não reproduzir e perpetuar o machismo e o sexismo na comunicação. Há diversas expressões e termos que devemos parar de utilizar, como: "Vai dar conta de conciliar seus filhos, casa e vida profissional?" ou "Homem não chora."
2. Não reproduzindo estereótipos de gênero e criando comunicações que desconstroem a lógica sexista, ou seja, que também represente mulheres em posições de liderança, em ocupações tidas como masculinas, e os homens ocupando tarefas domésticas, cuidando de filhos, por exemplo.
3. Educando e conscientizando sobre *bropriating, gaslighting, mansplaining* e *manterrupting*. Na prática, conscientize os homens para perceber quando isso acontece, intervenha.

- *Manterrupting*: quando um homem interrompe constantemente uma mulher, de forma desnecessária, impedindo que ela consiga concluir sua fala.
- *Mansplaining*: quando um homem explica algo óbvio a uma mulher, de forma como se ela não fosse capaz de entender.
- *Bropriating*: quando um homem se apropria da ideia já sugerida por uma mulher, levando os créditos por ela.
- *Gaslighting*: é um tipo de abuso psicológico que leva a mulher a achar que enlouqueceu ou está equivocada, sendo que está certa. É um mecanismo que faz com que a mulher duvide de seu raciocínio, memórias e sanidade.

4. Garanta representatividade de mulheres e pessoas não binárias nas comunicações.

Orientação afetivo-sexual e identidade de gênero

Quando falamos de questões relacionadas à orientação sexual e identidade de gênero em nossa comunicação, destacamos a importância de uma comunicação que não reproduza a violência, a invisibilidade e os estereótipos da população LGBTQIAP+.

1. Comunique e eduque sobre quem são as pessoas LGBTQIAP+ (Lésbicas, Gays, Bissexuais, Pessoas Transgênero, Travestis, Assexuais e Pansexuais).
2. Não reproduza a heterocisnormatividade, ou seja, comunicações que só representam pessoas heterossexuais e cisgênero.
3. Muitas vezes, em diálogos, podemos ser heteronormativos, ou seja, não considerar que as pessoas podem ter outros tipos de orientações afetivo-sexuais.
4. Se você não sabe a identidade de gênero, nome ou pronomes de gênero de uma pessoa, pergunte.
5. Leve em consideração as diversas identidades de gênero que podem ter as pessoas com as quais você se comunica, as principais identidades de gênero são: mulher, homem e pessoa não binária. Essas pessoas podem utilizar os pronomes *ela*, *ele*, *ile* ou *elu*.
6. Coloque e incentive as pessoas a colocarem seus pronomes de gênero sempre acompanhado do seu nome.
7. Sempre represente todas as formas de composição familiar.

Linguagem neutra e inclusiva

É cada vez mais comum a discussão sobre o uso da linguagem neutra e/ou inclusiva na comunicação, pois a generalização no masculino invisibiliza tanto mulheres como pessoas não binárias. Há duas formas inclusivas de generalizar o gênero:

    ✗   ✓   ✓

1. Linguagem inclusiva: compor uma frase com palavras que não indiquem o gênero;
2. Linguagem neutra: utilizar o sistema "ile".

Evite usar a generalização no masculino	Busque generalizar utilizando a linguagem inclusiva	Busque generalizar utilizando a linguagem neutra
Todos	Todas as pessoas	Todes

Descrição: Equivalente textual da imagem: Linguagem neutra e inclusiva. É cada vez mais comum a discussão sobre o uso da linguagem neutra e/ou inclusiva na comunicação, pois a generalização no masculino invisibiliza tanto mulheres como pessoas não binárias. Há duas formas inclusivas de generalizar o gênero: 1. Linguagem inclusiva: compor uma frase com palavras que não indiquem o gênero; 2. Linguagem neutra: utilizar o sistema "ile". Evite usar a generalização no masculino – Todos /Busque generalizar utilizando a linguagem inclusiva – Todas as pessoas / Busque generalizar utilizando a linguagem neutra - Todes. Pri Bertucci, pioneiro e precursor da linguagem neutra na língua portuguesa, afirma que a sua proposta é "um convite para ver o mundo de forma diferente, abrindo um espaço mais amplo. Necessitamos de uma linguagem mais abrangente, onde todes possam se sentir incluides".

Pri Bertucci, pioneiro e precursor da linguagem neutra na língua portuguesa, afirma que a sua proposta é "um convite para ver o mundo de forma diferente, abrindo um espaço mais amplo. Necessitamos de uma linguagem mais abrangente, onde todes possam se sentir incluides".

Raça e etnia

O racismo permeia a nossa comunicação invisibilizando minorias étnico-raciais, reproduzindo a violência por meio de palavras intencionalmente discriminatórias e, também, as que foram naturalizadas ao longo dos anos. É importante um olhar atento para nosso vocabulário e a forma como nos comunicamos a fim de eliminar o racismo da nossa comunicação. Sendo assim, é orientado:

1. Na comunicação, sempre reproduza uma imagem positiva e não estereotipada de minorias étnico-raciais como pessoas negras, indígenas, latinas, refugiadas entre outras.
2. Eduque sobre e construa comunicações sem termos e expressões que discriminam minorias étnico-raciais, como: "lista negra", "judiação", "programa de índio", dentre outras.
3. Represente minorias étnico-raciais em posições de liderança e espaços de poder, sobretudo, com um pensamento interseccional, representando, por exemplo, mulheres negras na liderança.
4. Garanta representatividade étnico-racial nas comunicações.

Condição física, mental e intelectual

Quando falamos de condição física, mental e intelectual, podemos destacar duas principais formas de discriminação que estão presentes na nossa comunicação, o capacitismo e a gordofobia. O capacitismo é a discriminação contra pessoas com deficiência e a gordofobia contra pessoas gordas. Sendo assim, precisamos rever a forma como nos comunicamos:

1. Na comunicação, sempre reproduza uma imagem positiva e não estereotipada de pessoas com deficiência e de pessoas gordas.
2. Eduque sobre e construa comunicações sem termos e expressões que discriminam pessoas com deficiência e pessoas gordas, como: "mancada", "João sem braço", "gordice", "coisa de gordo", dentre outras.
3. Represente pessoas com deficiência e pessoas gordas em posições de liderança e espaços de poder.
4. Garanta representatividade de pessoas com deficiência e de pessoas gordas nas comunicações.
5. Promova uma comunicação acessível visando garantir que todas as pessoas possam acessar, compreender, utilizar, interagir e contribuir com igualdade de condições. A tecnologia assistiva é uma grande aliada que apoia, sobretudo, as pessoas com deficiência a navegarem em meios digitais. No capítulo 28 deste livro, você encontrará orientações.

Idade

O etarismo também marca a forma como nos comunicamos, discriminando, principalmente, pessoas com mais de 50 anos. Para incluir essa população na forma como nos comunicamos, é orientado que:

1. Na comunicação, sempre reproduza uma imagem positiva e não estereotipada de pessoas com mais de 50 anos.
2. Eduque sobre e construa comunicações sem termos e expressões que discriminam pessoas com mais de 50 anos, como: "coisa de velho", "a idade chegou, não entendo de tecnologia", "você nem parece ter a idade que tem", dentre outras.
3. Garanta representatividade de pessoas com mais de 50 anos nas comunicações.

Condição socioeconômica

O elitismo provoca a discriminação e a invisibilidade de pessoas em situação de vulnerabilidade socioeconômica. Ele também é responsável por não termos uma comunicação inclusiva para essa população. Sendo assim, é importante considerar:

1. Na comunicação, sempre reproduza uma imagem positiva e não estereotipada das populações periféricas e em vulnerabilidade socioeconômica.
2. Eduque sobre e construa comunicações sem termos e expressões que discriminam pessoas em vulnerabilidade socioeconômica, como "mendigo", "pedinte", "favelado" (de forma negativa), dentre outros.

A construção de uma comunicação inclusiva é uma jornada. Cada dia aprendemos mais e o mais importante é que isso seja um processo intencional de transformação da forma como nos comunicamos a fim de reparar os equívocos e a utilizar a comunicação como ferramenta de transformação cultural e social para uma sociedade mais justa e inclusiva.

5

LIDERANÇA INCLUSIVA
O FUTURO CHEGOU. ELE É DIVERSO E PRECISA TAMBÉM SER INCLUSIVO

Diante de um mundo em constante transformação, a liderança inclusiva está emergindo como uma habilidade essencial ajudando as empresas a se adaptarem a clientes, mercados e talentos. A liderança inclusiva é uma liderança, acima de tudo, corajosa, questionadora e inconformada, que tem características comuns, como empatia, escuta ativa e disponibilidade para aprender continuamente e construir espaços seguros onde cada pessoa possa ser sua melhor versão, contribuindo com sua experiência singular.

ESABELA CRUZ

Esabela Cruz

Esabela Cruz é apaixonada pelas relações humana. Carioca da gema, mãe do Tatá, psicóloga, mestre em Inclusão Social e Diversidade Cultural, especialista em Gestão de Pessoas, pós-graduada em Relações Étnico Raciais, tradutora/interprete da Língua Brasileira de Sinais. Lidera projetos estratégicos apoiando grandes organizações nos temas de inclusão e diversidade desde 2014. É mentora de carreira para desenvolvimento da Gestão Inclusiva de Pessoas. É educadora parental, *trainer* em Disciplina Positiva para empoderar pessoas no ambiente de trabalho e facilitadora do *workshop* Criando crianças para o mundo que queremos com a Disciplina Positiva. Foi reconhecida pela *Out&Equal* como líder no apoio à igualdade LGBTQIA+ no mercado. Autora do *e-book: Quem quer ser profissional de "Inclusão e Diversidade"*?

Contato
LinkedIn: https://bit.ly/3Io5bDX

Descrição: Esabela Cruz, mulher branca, cabelos cacheados abaixo dos ombros. Aparece sentada, sorrindo e segurando um livro aberto.

O foco em pessoas e em como criar um ambiente de trabalho que acompanha as transformações tem sido palco de debates constantes na agenda das organizações. Como trabalhamos, como nos relacionamos, o que é importante para nós e como equilibramos nossa jornada de trabalho com a família e autocuidado têm se tornado temas essenciais e urgentes.

Nesse cenário de mudanças rápidas e inesperadas, a liderança inclusiva está emergindo como uma habilidade essencial, ajudando as organizações a se desenvolverem e se adaptarem a cenários complexos e competitivos de clientes, mercados e talentos cada vez mais exigentes pelo reconhecimento das suas demandas. A diversidade humana influencia todas as dinâmicas empresariais, portanto é necessário que as organizações implementem políticas e práticas que apoiem e incluam todos os indivíduos (BOURKE; GARR; BERKEL; WONG, 2017).

Além disso, desenvolver um estilo de liderança inclusiva da diversidade promove engajamento dos colaboradores, gerando maior desempenho individual e organizacional, permitindo o alcance da vantagem competitiva (DOWNEY; WERFF; THOMAS; PLAUT, 2014).

Trabalhadores altamente engajados costumam superar os demais em 10% na avaliação de clientes, em 21% na produtividade e 22% na rentabilidade. No geral, empresas com uma força de trabalho altamente engajada superam as concorrentes em 147% (SORENSON, 2013).

Um estudo realizado por Juliet Bourke e Andrea Titus para a *Harvard Business Review*, em 2020, demonstrou que o que os líderes dizem e fazem impacta em até 70% a sensação de inclusão. O mesmo estudo mostrou que equipes com líderes inclusivos têm 17% mais probabilidade de relatar que têm alto desempenho, 20% mais probabilidade de dizer que tomam decisões de alta qualidade e 29% mais probabilidade de relatar comportamento colaborativo. Além disso, foi identificado que a melhoria nas percepções de inclusão aumenta a frequência ao trabalho em quase 1 dia por ano por funcionário, reduzindo o custo do absenteísmo; em última análise, estamos demonstrando que um ambiente inclusivo impacta positivamente no desempenho da empresa.

E se você ainda está se perguntando porque deve se comprometer com Diversidade, Equidade e Inclusão desenvolvendo a habilidade de liderança inclusiva, Stefanie Johnson (2020) explica de forma objetiva que "lideranças inclusivas têm um melhor relacionamento com seus times, conseguem maior produtividade das equipes e criam um ambiente mais positivo para todas as pessoas", a autora ainda afirma que, "liderar de forma inclusiva pode mudar a empresa ao possibilitar que perspectivas singulares sejam ouvidas, contribuindo para que soluções criativas venham à tona e promovam inovação, ao mesmo tempo que criam um ambiente positivo no qual todas as pessoas estão realmente engajadas." (JHONSON, 2020).

Como chegar lá?

Diversas habilidades corporativas precisam ser desenvolvidas e exercitadas, como autogestão, gestão de equipes, visão sistêmica e entendimento de negócio. A liderança inclusiva se torna um imperativo uma vez que a criaçao de ambientes inclusivos está positivamente relacionada com o desempenho e o engajamento dos colaboradores. Nesse contexto, Diversidade, Equidade e Inclusão (DEI) ganham destaque e convidam as lideranças para assumirem o protagonismo na gestão de pessoas.

Algo muito importante a saber para falarmos a respeito de liderança inclusiva é sobre duas necessidades básicas do ser humano: a busca por ser único e por pertencer. Queremos ao mesmo tempo ser valorizados e reconhecidos pelo nosso jeito único e singular e nos sentirmos pertencentes nos contextos onde convivemos. Ou seja, a preservação da própria identidade, do que me torna uma versão única de ser humano e de fazer parte do grupo. Os estudos em psicologia ratificam essa equação:

Sensação de inclusão = ser único + pertencer

Além disso, a sensação de inclusão advém também do senso de tratamento justo e respeitoso, além da missão, políticas e práticas da organização que devem ser coerentes com o discurso de Diversidade, Equidade e Inclusão.

Segundo Stefanie Johnson (2020), ser uma liderança que consegue promover o encontro do *eu* com o *nós* consegue promover a sensação de inclusão no ambiente de trabalho. Mas parece que estamos longe dessa realidade. Pela minha trajetória, o que tenho identificado é uma maioria de profissionais que ocupa cargo de liderança e segue na contramão da construçao de relações inclusivas.

Qual a chave para se tornar uma liderança inclusiva?

A gestão de pessoas, portanto da diversidade, é o primeiro passo para a criação de ambientes inclusivos. No entanto, enquanto a gestão da diversidade se foca na demografia organizacional, a inclusão deve preconizar a remoção de barreiras para permitir um alto desempenho de todas as pessoas.

A liderança inclusiva preza pela coerência, porque quem se propõe a tratar dos assuntos de DEI assume a responsabilidade de transformar estruturas cristalizadas e romper com barreiras para promover mudanças estruturais e estruturantes nas organizações.

Que habilidades compõem o desenvolvimento de uma liderança inclusiva? Que ações específicas as lideranças podem realizar para serem mais inclusivas?

Ser uma liderança em tempos de grandes transformações, incertezas e ambiguidades, exige empatia com os interesses, expectativas e sentimentos das pessoas, escuta ativa para entender e discutir desafios relacionados à diversidade e disponibilidade de aprender constantemente para conhecer e se relacionar com pessoas de forma autêntica, valorizando seu jeito único e despertanto o potencial de cada pessoa.

1. Empatia: reconheça que começa com você, mas não é sobre você

Ser uma liderança inclusiva exige empatia para iniciar diálogos humanizados, conversas difíceis que requerem reconhecer e acolher emoções, construir confiança e agir para promover um ambiente seguro. Eu gosto de pensar a empatia como um músculo que precisamos exercitar. No início, é dolorido; depois, vamos moldando nosso modelo mental para atuar de forma a buscar uma conexão cada vez mais profunda nas relações. Acredite, não vai ser fácil, mas vai ser transformador.

Como colocar a empatia em prática?

Busque conexão. Ao conversar com uma pessoa, esteja focado no presente. Observe sem avaliar ou julgar, busque identificar os sentimentos e sensações por trás das palavras e, assim, capturar a necessidade da pessoa. Lembre-se: o foco é a outra pessoa. Mantenha a cabeça e o coração abertos. Acolha.

> *O essencial é termos consciência de nossos modos de funcionamento, sem nos julgarmos, pois todo julgamento acabará reforçando as tendências em vez de nos libertar delas.*
> MARSHALL ROSENBERG

Exercite-se

Reflita e identifique uma de suas crenças/preconceitos que influencia sua habilidade de liderança inclusiva e da qual você acha que seria benéfico se desfazer. Ao identificá-la, ensine seu cérebro a formar uma nova rota, uma nova percepção, construindo um novo modo de funcionamento.

Algumas dicas para ampliar o seu poder de empatia:

- Aumente o contato com pessoas que são diferentes de você, que pensam diferente de você.
- Mude a maneira como você faz as coisas. Muitas vezes, ficamos presos em determinadas crenças sem perceber.
- Cuide de si mesmo. Nossa capacidade de conexão é mais baixa quando estamos mental ou fisicamente exaustos ou estressados.

2. Escutatória: desenvolva a escuta ativa

Em tempos de tanto barulho, pratique a escuta como forma de ajudar seu cérebro a exercitar a concentração. Lideranças precisam ouvir, principalmente o que muitas pessoas não querem, e ouvir com interesse. Se comprometa com a curiosidade que te levará a perceber que existe um mundo além dos seus padrões, das suas crenças.

A capacidade de uma liderança de ouvir além dos fatos não apenas cria conexões mais fortes, mas um ambiente em que as pessoas se sentem valorizadas porque realmente são compreendidas.

Ao ouvir com presença, entramos no estágio de curiosidade genuína sobre o outro, temos mais facilidade em manter uma mentalidade aberta e tomamos consciência de que a forma que pensamos é apenas uma forma de pensar e começamos a compreender aqueles que nos rodeiam pela perspectiva deles, e não nossa.

Como colocar a escuta ativa em prática?

Mantenha o foco. A escuta ativa torna o diálogo mais eficiente ao tratar de compreender as necessidades da pessoa, mais do que satisfazê-las ou ignorá-las. Gera confiança, diminui conflitos e aumenta o sentimento de pertencimento.

Exercite-se

Peça a uma pessoa que te conte uma notícia por 2 minutos. Você terá que somente ouvir e, ao final, não emitirá nenhum comentário. Repita o exercício quantas vezes achar necessário. O avanço nessa habilidade requer treino e repetição.

Algumas dicas para ampliar o seu poder de escuta:

- Crie um espaço em que a pessoa possa estar à vontade para se expressar.
- Esteja disposto a desapegar dos filtros pessoais, busque entender exatamente o que a pessoa disse, e não aquilo que você acha que ela disse.
- Ao final, faça perguntas, tomando como partida as palavras usadas pela pessoa.

3. Aprender constantemente: uma arte para toda a vida

Evoluímos quando aprendemos constantemente. E a aprendizagem contínua é um caminho para a liderança atual, que necessita acompanhar de perto as mudanças exponenciais e se reinventar.

Quando falamos em desenvolver uma habilidade, precisamos nos dar conta de que não sabemos de muitas coisas. E, muitas vezes, esse é o ponto mais difícil. Reconhecer que o mundo nos desafia a lidar com o desconforto da ambiguidade, do desconhecido, do novo.

Para seguirmos atualizados, precisamos reconhecer que não sabemos muitas coisas e despertar para a necessidade e prontidão pelo saber. A busca constante por aprender estabelece uma comunicação aberta e na gestão de pessoas cria senso de engajamento e pertencimento para promover a tão desejada inovação e manter a sua empresa competitiva no mercado.

Como colocar a aprendizagem contínua em prática?

Crie uma lista permanente de coisas que você deseja ou precisa aprender, inclua liderança inclusiva no topo. Mantenha-se inconformado e busque novas informações e conhecimentos colocando em teste as suas certezas.

> *O analfabeto do século XXI não é aquele que não sabe ler e escrever, e sim aquele que não consegue aprender, desaprender para então reaprender.*
> ALVIN TOFFLER

Exercite-se

Busque por uma informação que você não sabia que não sabia, assista a um documentário que você não escolheria habitualmente, por exemplo.
Algumas dicas para ampliar o seu poder de aprender constantemente:

- Conheça como o seu cérebro aprende. Você é mais visual, auditivo, precisa anotar para aprender melhor, aprende bem com leituras e vídeos ou precisa de acompanhamento?
- O melhor momento para aprender é agora. Não tem dia, nem lugar.
- Compartilhe os seus aprendizados. Um percentual importante do processo de aprendizagem está em contar para as pessoas o que você aprendeu e, nesse processo, novos *insights* vão surgir e vão favorecer a fixação da informação aprendida.

No final das contas, liderança inclusiva é sobre...

Dar o tom assumindo a responsabilidade pela criação de um ambiente inclusivo e incentivar seus pares, superiores e equipes a construírem juntos esses espaços de respeito, segurança e pertencimento como parte do seu papel na organização. Promover conversas sobre privilégios, justiça social, equidade e combater ativamente situações de violência e microagressões. Ou seja, reconhecer o valor da diversidade, bem como agir de forma a promover a inclusão.

Começar pela coragem de aprender, deixando para trás conceitos inadequados, assumindo o protagonismo e reconhecendo que será uma jornada, que existem crenças cristalizadas que nos movem, compreendendo que muitos dos erros que cometemos até aqui reforçaram estereótipos e muito preconceito, piadas e brincadeiras.

Você não se sentirá confortável antes de se sentir desconfortável. Siga em frente, você está mudando a história, salvando vidas e inspirando muitos a seguirem a sombra da sua liderança.

Em resumo, deixo 3 pontos para assumir o protagonismo como liderança inclusiva:

- Lembre-se que liderança inclusiva é também sobre sustentabilidade dos negócios, a demanda de relações de respeito e valorização da diversidade não é somente das pessoas que trabalham nas nossas empresas, é também, na mesma medida, dos consumidores e dos nossos clientes.
- Aprenda, desaprenda e reaprenda – tenha mais perguntas do que respostas, mais dúvidas do que certezas. O ser humano é múltiplo, cabe um mundo dentro de cada um de nós. Se deixe surpreender pela singularidade e unicidade de cada pessoa.
- Aja como uma liderança Inclusiva. Não basta não discriminar, é preciso se posicionar pela Diversidade, Equidade e inclusão para todas as pessoas. Sua atitude inclusiva pode transformar uma vida, o ambiente de trabalho, sua casa, a comunidade ou até o mundo; se cada um transformar suas atitudes, pouco a pouco, um dia de cada vez.

Referências

BOURKE, J.; GARR, S.; VAN BERKEL, A.; WONG, J. *Diversity and Inclusion: The reality gap*. Deloitte Insights, 28 fev. 2017. Disponível em: <https://www2.deloitte.com/us/en/insights/focus/human-capital-trends/2017/diversity-and-inclusion-at-the-workplace.html>. Acesso em: 22 fev. de 2022.

BOURKE, J.; TITUS, A. The key to inclusive leadership. *Harvard Business Review*, 2020.

DOWNEY, S. N.; VAN DER WERFF, L.; THOMAS, K. M.; PLAUT, V. C. The role of diversity practices and inclusion in promoting trust and employee engagement. *Journal of Applied Social Psychology*, 23-24 jul. 2014, 45(1), 35–44. Disponível em: <https://doi.org/10.1111/jasp.12273 3>. Acesso em: 22 fev. de 2022.

JOHNSON, S. K. *Inclusifique: como a inclusão e a diversidade podem trazer mais inovação à sua empresa*. São Paulo: Benvirá, 2020.

SORENSON, S. How employee engagement drives growth. *Gallup Business Journal*, 20 jun. 2013. Disponível em: <https://www.dyckerhoff-bdu.de/images/Downloads/Dyckerhoff_Gallup_Studie_How%20_Employee_Engagement_Drives_Growth.pdf>. Acesso em: 22 fev. de 2022.

6

O QUE FAZEM E QUEM SÃO AS PESSOAS NO CARGO DE CDO (*CHIEF DIVERSITY OFFICER*)

Diversidade e inclusão têm se tornado cada vez mais presentes nas áreas de RH, mas ainda são poucas as empresas que possuem a posição de *Chief Diversity Officer* (CDO), com profissionais dedicados e com alto nível de senioridade sobre o tema. Ainda há escassez de profissionais capacitados e com experiência para atuar nesse papel, bem como muitas dúvidas sobre as competências que devem ter esses profissionais.

DANIELE BOTARO

Daniele Botaro

Head of Diversidade e Inclusão Latam na *Oracle*. Com vasta experiência na implementação de programas de diversidade e inclusão em empresas brasileiras e multinacionais de diversos setores. Atualmente é responsável, na *Oracle,* pela estratégia de D&I em oito países da América Latina. O programa inclui cinco pilares principais: gênero, LGBTQ, raça e etnia, pessoas com deficiência e gerações. Em parceria com a equipe de diversidade global da *Oracle*, lidera a implementação de práticas e políticas de inclusão, atração de talentos diversos por meio de *Employer Branding* inclusivo e desenvolvimento de todas as ações de treinamento e conscientização para líderes na região. É colunista da MIT *Sloan Management Review Brazil, TED x Speaker* e palestrante sobre temas como empoderamento feminino, vieses inconscientes, benefícios da diversidade entre outros. Há 8 anos é uma das mães de Rafaella e quer fazer do mundo um lugar de oportunidades iguais para sua filha e outras crianças.

Contatos
danibot13@gmail.com
LinkedIn: linkedin.com/in/dbotaro
Instagram: @dbotaro

Descrição: Dani Botaro, mulher branca, cabelos lisos, castanhos-escuros, na altura dos ombros. Veste um casaco, e por baixo dele uma camiseta. Está sorrindo.

Por que as empresas precisam de CDOs?

A área de Recursos Humanos está mais do que nunca focada na criação de uma cultura na qual o objetivo é ter um melhor ambiente de trabalho para todos, todas e todes. O que antes era considerado custo, agora significa valor. Assim, os times de RH têm sido chave na transformação cultural das empresas, porém cada vez mais sobrecarregados de novas demandas, como estar mais próximo do negócio e basear-se em dados para tomar melhores decisões sobre pessoas. Dessa maneira, a contratação de uma pessoa dedicada para liderar a estratégia de D&I, ou seja, o CDO (Chief Diversity Officer), é uma maneira de ter uma pessoa 100% comprometida e qualificada para assumir esse desafio.

O número de profissionais dedicados à diversidade vem crescendo exponencialmente, apesar de uma pesquisa da consultoria ZoomInfo revelar que menos de 40% das 500 maiores empresas da Fortune ter uma pessoa exclusivamente dedicada ao tema de D&I. A quantidade de empregos para profissionais especializados em diversidade e inclusão cresceu 107% nos últimos cinco anos nos perfis da rede social LinkedIn, que reuniu dados globais de 2015 até 2020. O que tem impulsionado a busca por esses profissionais é a demanda tanto das empresas quando da sociedade sobre questões relacionadas a discriminação, assédio e falta de acesso a oportunidades por diferentes grupos.

O principal valor de tornar a posição de CDO estratégica dentro de uma organização e mantê-la próxima ao time de liderança executiva é que, quanto mais se entende sobre os desafios e melhores práticas a serem implementadas, mais maduras as marcas podem se tornar em relação à D&I. O estudo *"Chief Diversity Officers* hoje: pavimentando o caminho para o sucesso na diversidade e inclusão" mostrou que, na maioria das empresas, as interações da pessoa no cargo de CDO com a alta liderança são frequentes, com pelo menos um encontro por mês com o CEO e cerca de 10 por ano com o Conselho de Administração.

Questões de diversidade, equidade e inclusão estão presentes em todas as áreas e níveis de uma organização. A função dos CDOs é a de alinhar os objetivos de inclusão com os resultados de negócios e ser capaz de responder às mudanças que ocorrem fora da organização, mas que afetam a cultura interna.

Que experiências e competências definem o perfil de CDOs?

A pesquisa "*Chief Diversity Officers* hoje: pavimentando o caminho para o sucesso na diversidade e inclusão", feita com 500 profissionais que ocupam posições de gerência sênior em temas de inclusão e diversidade, mostrou que 74% deles vêm de outras posições internas da organização. Ou seja, atuavam em outras áreas ou já faziam o trabalho de D&I parte do tempo, combinado à outra função. Das 500 maiores empresas da S&P (principal índice do mercado financeiro mundial, que reúne ações das 500 maiores empresas dos Estados Unidos de diversos setores), 234 delas têm um CDO e, aproximadamente, metade deles, ainda tem um cargo compartilhado com outra função, geralmente relacionado a recursos humanos ou responsabilidade social corporativa (PAIKEDAY, 2019).

Segundo a mesma pesquisa, os CDOs vêm de uma variedade de planos de carreira antes de assumirem seus cargos e que o melhor ajuste de perfil dependerá dos objetivos da organização e do estágio atual em sua jornada de D&I. O que não pode faltar é experiência e conhecimento em temas de D&I (incluindo questões legais) e algumas competências indispensáveis para a função, tais como:

- Habilidade de construir uma estratégia abrangente de D&I, e não apenas lançar programas isolados. Ser capaz de liderar iniciativas de mudança organizacional e alta habilidade de execução, gerenciamento de projetos, equipes e orçamentos.
- Bons contadores de histórias com experiência em dados, para inspirar, educar e mobilizar pessoas por meio de histórias convincentes e baseadas em evidências. Importante também ter capacidade de adotar uma abordagem baseada em métricas e estabelecer KPIs.
- Capacidade de comunicar-se tanto interna quanto externamente em nome da organização e, ao mesmo tempo, ser capaz de fazer perguntas difíceis e aceitar *feedback* direto.
- Pessoas capazes de influenciar mudanças em toda a organização e manter os líderes responsáveis pelas métricas, mesmo sem a autoridade ou hierarquia necessárias.
- Ousadia suficiente para questionar o *status quo* e os preconceitos compartilhados para criar oportunidades reais de inclusão. É também indispensável ter sabedoria o suficiente para saber quando desacelerar o ritmo de mudança e se concentrar nas prioridades essenciais.

O que fazem os CDOs?

A principal função da pessoa no cargo de CDO é garantir que a cultura da organização valorize a diversidade e a inclusão. Os CDOs são estrategistas do tema no nível executivo, ou seja, é quem conecta os pontos entre os esforços de D&I e todo o resto da organização. Parte disso é a responsabilidade de desenvolver um plano estratégico de diversidade e inclusão, pensar as táticas de implementação e definir metas a serem alcançadas.

Além disso, os CDOs têm a tarefa de serem responsáveis pela conformidade e educação da empresa em relação aos temas que envolvem D&I. As responsabilidades dos CDOs incluem:

- Criar e implementar novos programas de diversidade, de acordo com a realidade das diferentes áreas de negócio, customizando KPIs para cada cenário.
- Elaborar mensagens de D&I para toda a organização, colaborando com a equipe de comunicação corporativa para aumentar a consciência sobre a comunicação inclusiva.
- Compreender como medir os avanços de diversidade utilizando métricas apropriadas, monitorar e avaliar o impacto e o ROI (retorno sobre investimento) das iniciativas, desenvolver relatórios sobre a eficácia dos programas e fazer recomendações para aprimoramento e melhorias.
- Promover a colaboração entre as equipes de liderança e as diferentes áreas.
- Dar suporte ao time que recebe e investiga reclamações de discriminação e assédio, fazer recomendações estratégicas e proativas baseadas em seus conhecimentos sobre o tema.
- Criar e apoiar estratégias de recrutamento de talentos diversos.
- Atuar como um dos principais especialistas em programas educacionais de D&I para os colaboradores.
- Colaborar com HRBPs para desenvolver objetivos específicos de diversidade e planos de ação alinhados com os objetivos de cada linha de negócio.
- Garantir que ações de D&I sejam transversais e alcancem outras práticas, como os materiais de marketing, a política de fornecedores e os projetos que impactem a comunidade.
- Representar a empresa externamente em relação às questões de diversidade para construir a marca inclusiva da organização e a reputação a respeito do tema.

Quais os desafios dos CDO?

Embora os *Chief Diversity Officers* (CDOs) venham conquistando papel cada vez mais relevante dentro da estratégia de negócios das companhias, muitos deles têm relatado pouco alinhamento com a estratégia de negócios. Um estudo mostrou que, em cada 10 profissionais de D&I, 39% acreditam que estão bem alinhados com a estratégia geral de negócios, enquanto que quase metade deles (46%) considera que estão pouco alinhados e 14% estão desalinhados. O alinhamento da estratégia de D&I com a de negócios oferece às organizações várias vantagens, por exemplo, melhorar a reputação da empresa e impactar positivamente o desempenho financeiro.

Embora esse seja um trabalho nobre, não é tarefa fácil. Em primeiro lugar, existem muitos tipos de diversidade com os quais os CDOs precisam lidar e cada dimensão requer uma abordagem diferente. Além disso, a diversidade em si é difícil de medir, tornando difícil estabelecer se uma pessoa no cargo de CDO está fazendo um bom trabalho ou não. É importante lembrar que mudar a cultura de uma organização é algo que depende de vários fatores e mesmo que uma pessoa possa encabeçar essa mudança, ela sozinha levará muito tempo para atingir os objetivos.

Outro ponto importante que falei no meu artigo "Como CDOs encaram os gatilhos emocionais?", no *MIT Sloan Management Review Brasil*, é a fadiga da compaixão que o trabalho de CDO pode causar. Esses profissionais lidam diariamente com histórias de pessoas que se sentiram discriminadas ou passaram por situações desagradáveis, muitas vezes cometidas por líderes ou pessoas que são admiradas. Cabe aos CDOs separarem bem os sentimentos, sem deixar de ter empatia pelas pessoas, focando sua energia em promover as transformações necessárias. Além disso, como ainda são pequenos os times de D&I, a pessoa no cargo de CDO se sente solitária dentro das organizações.

O que fazer antes e depois da contração do CDO?

É comum que muitas empresas contratem CDOs após a ocorrência de uma crise. Essa prática pode afetar o processo de construção da credibilidade e o suporte para as ações que esse profissional pretende implementar. Embora os CDOs sejam especialistas em gerenciamento de mudanças, uma contratação repentina e sem planejamento pode soar como uma caça às bruxas e fazer com que qualquer iniciativa criada tenha baixa adesão e gere desconfiança entre os colaboradores.

Assim, é importante alinhar o objetivo central do porquê ter alguém na posição de CDO, baseado em análises que a empresa já tenha realizado sobre seus dados de representatividade, de como as pessoas percebem a cultura, assim como é a imagem externa da empresa em relação ao tema. Se você precisa urgentemente gerenciar uma crise de marca por algo que a empresa ou uma liderança tenha feito, terá que adotar uma abordagem diferente de uma empresa que está buscando CDOs para consolidar seus planos estratégicos de longo prazo.

Qualquer que seja a situação, é fundamental ter o apoio e o entendimento dessa necessidade com a alta liderança da empresa. Essa liderança precisa estar disposta a promover mudanças profundas na cultura e nas práticas e será cobrada por isso. A seguir, uma lista com algumas perguntas que podem ser úteis nesse momento de pré-contratação de uma pessoa para o cargo de CDO.

1. Quais são os principais pontos de dor relacionados à diversidade e inclusão em sua organização?
2. A liderança entende a necessidade de contratar alguém para essa função? Eles estão dispostos a promover as mudanças que a pessoa no cargo de CDO pretende implementar?
3. A pessoa no cargo de CDO terá liberdade para criar uma estratégia de D&I ou apenas cumprirá uma estratégia existente?
4. Qual perfil, senioridade e estilo de CDO é mais apropriado para sua organização nesse momento?
5. A quem a função se reportará?

Lembre-se de que a função de CDO vai muito além de ter alguém para falar ou representar movimentos como o empoderamento feminino ou #vidasnegrasimportam. Assim, a pessoa que assumirá a posição não deve ser escolhida com critérios baseados somente na representatividade ou no fato de ela ser aliada de uma causa. Por exemplo, não podemos contratar aquele executivo negro como CDO porque ele defende a causa racial, se ele não tem conhecimento sobre o tema de D&I. Essa pessoa terá que interagir com vários parceiros para desenvolver planos estratégicos, identificar recursos que sejam mais adequados para cada desafio, estabelecer as parcerias necessárias e desenvolver um plano de monitoramento para garantir o progresso contínuo e a entrega dos resultados.

De maneira geral, vários estudos têm comprovado a necessidade de ter um profissional dedicado aos temas de D&I. Essa pessoa no cargo de CDO precisa ter qualificação e experiência sobre o tema, além de representar a causa ou ter afinidade com o tema. Para potencializar os resultados, é preciso medir a evolução e é imprescindível alinhar as metas de D&I com as metas de negócio. Por fim, a alta da liderança desempenha papel fundamental nessa transformação e é ela que vai estar lado a lado com os CDOs para construir uma organização mais inclusiva para todos, todas e todes.

Referências

BOTARO, D. Como CDOs encaram os gatilhos emocionais? *MIT Sloan Management Review Brasil*, 2021. Disponível em: <https://mitsloanreview.com.br/post/como-cdos-encaram-os-gatilhos-emocionais>. Acesso em: 18 ago. de 2021.

PAIKEDAY, T. S. *A leader's guide: finding and keeping your next chief diversity officer*. Russell Reynolds Associates, 01 mar. 2019. Disponível em: <https://www.russellreynolds.com/en/insights/reports-surveys/a-leaders-guide-finding-and-keeping-your-next-chief-diversity-officer>. Acesso em: 23 jul. de 2021.

WEBER SHANDWICK. *Chief Diversity Officers Today: Paving the Way for Diversity & Inclusion Success*. Weber Shandwick, United Minds and KRC Research, 2019. Disponível em: <https://www.webershandwick.com/wp-content/uploads/2019/09/Chief-Diversity-Officers-Today-report.pdf>. Acesso em: 20 jul. de 2021.

WEBER SHANDWICK. *Has corporate America reached a diversity tipping point?* Weber Shandwick, United Minds and KRC Research, 2019. Disponível em: <https://zoominfo.medium.com/has-corporate-america-reached-a-diversity-tipping-point-fabe8ff6f07c>. Acesso em: 26 jul. de 2021.

7

O VALOR DOS GRUPOS VOLUNTÁRIOS DE DIVERSIDADE

Grupos voluntários de diversidade são essenciais na estratégia de diversidade de uma empresa e importantes recursos que influenciam as áreas de recrutamento, retenção e desenvolvimento de talentos, voluntariado, *design* de produtos ou serviços e fornecem *insights* sobre políticas internas. Como se formam, governança, alinhamento com a liderança e exemplos de iniciativas serão os temas trazidos aqui.

LUANA GIMENEZ

Luana Gimenez

Luana Gimenez tem mais de 16 anos de experiência profissional nos setores financeiro e de tecnologia. Após 6 anos liderando voluntariamente esforços de D&I, ela mudou de função e se tornou recrutadora sênior focada em diversidade para a América Latina. Ela é vice-presidente global do grupo Salesforce Women's Network, uma iniciativa de empoderamento para mulheres, e é responsável pelos Programas de Impacto Brasil do grupo Outforce (LGBTQIAP+). Luana lidera programas de Diversidade, Equidade e Inclusão no Brasil e na América Latina e é uma palestrante conhecida sobre grupos de afinidade e como se conectam à estratégia corporativa. Luana é formada em Direito com experiência no exterior estudando na Polônia, Espanha e Inglaterra. É certificada em People Analytics pela Universidade de Cambridge e em Diversidade e Inclusão para Excelência Organizacional pela Universidade de Stanford. Atualmente, está focada em discussões relativas ao Futuro do Trabalho.

Contato
LinkedIn: https://bit.ly/3sGEX9c

Descrição: Luana Gimenez, mulher cis, 37 anos, de pele branca, cabelos castanhos na altura dos ombros, olhos castanhos e um *piercing* no nariz. Na imagem, aparece sorrindo, com brincos grandes em formato de argolas, vestindo uma camiseta e blazer por cima, com dois pequenos broches coloridos afixados no blazer.

O que são?

Grupos de diversidade, ou grupos de afinidade, é a nomenclatura adaptada para o português de *Employee Resource Groups* (ERG), termo criado para definir os grupos internos liderados voluntariamente por pessoas colaboradoras em uma empresa. É possível também encontrar o termo *Business Resource Groups* ou grupos de recursos de negócios.

Os grupos comumente são formações de pessoas conectadas por um mesmo objetivo e/ou caraterísticas semelhantes que, de maneira organizada, promovem ações internas e externas sobre uma ou mais pautas identitárias ou causas sociais. Além disso, os grupos também estão alinhados com a visão, valores, missão e objetivos estratégicos da companhia a que fazem parte ao mesmo tempo em que focam em diversidade, equidade e inclusão.

O termo Grupos de Recursos de Negócios (BRGs) está ganhando popularidade à medida que a responsabilidade e metas corporativas se cruzam cada vez mais, e os grupos de diversidade (ERGs) se tornam mais vinculados ao cumprimento das metas de negócios.

Na Salesforce, os ERGs são definidos como grupos liderados e organizados por pessoas, com foco em experiências de vida ou origens comuns, e quem mais quiser se juntar à discussão (pessoas aliadas).

Como surgiram?

O primeiro grupo de diversidade surgiu nos anos 1960, mencionado por Priscilla Douglas em uma publicação de 2008, em resposta às tensões raciais que existiam nos Estados Unidos na época, quando o então CEO da Xerox e profissionais internos da comunidade negra se organizaram com o objetivo de avançar nas questões raciais no ambiente de trabalho e compartilhar suas experiências.

Desde então, os grupos se tornaram não só conexões com importantes movimentos sociais, mas também integram, de maneira crucial, a estratégia corporativa – de acordo com uma publicação de 2021 da TopMBA, consultoria especializada no processo de admissão em programas de pós-graduação em escolas internacionais de primeira linha, 90% das empresas listadas na Fortune 500 possuem grupos de diversidade.

Possíveis estruturas

Sua formação pode estar atrelada à área de Recursos Humanos, à área de Diversidade ou de maneira independente.

Para que a atuação dos grupos seja bem-sucedida, a presença de um apoio executivo e o engajamento da liderança farão toda a diferença. De maneira estratégica, é preciso que líderes compreendam a importância e o impacto que os grupos têm e criem espaços para que seus times participem das ações propostas.

Ao organizar um grupo de afinidade, é importante levar em consideração alguns aspectos, como os pilares de atuação. Além de ser um grupo de suporte para as comunidades que representam, objetivos de educação, comunicação, filantropia e desenvolvimento profissional também podem fazer parte da agenda do grupo.

Por parte da empresa, os grupos fornecem dados relevantes relacionados à comunidade interna, para validação de ações do programa interno ou para direcionamento e priorização de estratégias, segundo um *benchmarking* realizado pela Blend Edu de 2020.

Formando os grupos de diversidade

1. Se a sua empresa está no início da jornada da diversidade e ainda não há grupos formados, convoque as pessoas interessadas em fazer parte da liderança do grupo e promova uma conversa para entender os objetivos estratégicos da companhia e se existem metas específicas em diversidade, equidade e inclusão.
2. Alguns grupos que são bastante comuns organizam-se considerando equidade de gênero, equidade racial, localização geográfica, LGBTQIAP+, pessoas com deficiência, diversidade de fé, diversidade geracional etc. Há outras possibilidades, por isso é importante conhecer as comunidades existentes dentro da empresa – sendo possível fazê-lo, um censo é importante no planejamento da estratégia e formação.
3. Com melhor entendimento do cenário, definir os papéis de quem participará ativamente faz-se necessário para otimizar os esforços e evitar que trabalhos se sobreponham. Na salesforce, por exemplo, os grupos são estruturados inicialmente com as posições de presidente, vice-presidente, comunicação, eventos e tesouraria, em nível local; globalmente, a liderança de cada grupo divide-se em Presidente, vice-presidentes regionais, comunicação, operações, filantropia, expansão, eventos e tesouraria.
4. O tempo que cada pessoa permanecerá no cargo e o formato de eleição podem variar, por votação ou apontamento, mas é importante garantir oportunidades justas de concorrência e transparência no processo. Ainda em relação ao compromisso, quantas horas serão comprometidas, ou seja, quantas horas cada pessoa se dedicará para a realização do trabalho por mês?
5. Com papéis definidos, é hora de estabelecer os objetivos, a missão e os valores do grupo. Uma boa prática é alinhar a estratégia do grupo com a da empresa, revisitando as descobertas feitas a partir da conversa inicial com as áreas de R.H., com a liderança ou ainda com a área de Diversidade, se houver. Dessa maneira, o grupo se tornará mais aderente e o engajamento poderá ser potencializado. Pense onde o grupo poderá exercer maior influência e gerar resultados.

6. Defina seus indicadores de sucesso. Documente o processo de criação e inclua os indicadores definidos para mapear o impacto gerado pelo trabalho. Quantas atividades serão realizadas e por qual período? Quantas comunicações serão criadas para conscientização de temas ou celebração de datas importantes? O grupo poderá influenciar o recrutamento? Poderá o grupo influenciar a retenção de talentos da comunidade em questão? As pessoas internamente sentem-se mais engajadas e satisfeitas? É possível realizar um trabalho em conjunto com o time de *marketing* para compartilhar histórias? Quantas horas foram dedicadas pela liderança para a organização das ações? As pessoas que se dedicam voluntariamente à liderança dos grupos estão sendo reconhecidas e promovidas? Quanto o grupo cresce a cada semestre? São alguns dos exemplos de indicadores possíveis para que, ao final de cada termo, seja possível mensurar o impacto da energia empreendida nas atividades.
7. Pense em um valor estimado de orçamento e quem ou qual área patrocinará esse investimento. Uma publicação da *PepTalkHer*, organização americana focada em diversidade de gênero, em relação ao orçamento destinado a ERGs nos Estados Unidos com empresas do *ranking Fortune 500*, menciona valores anuais entre 10 mil até 50 mil dólares dependendo do tamanho do grupo e da empresa. Vale ressaltar que é possível promover ações a custo 0, mas ao convidar pessoas cujos trabalhos são referências para uma ação de diversidade em sua empresa, é importante valorizar o tempo e o trabalho dessas pessoas e, normalmente, cobra-se um valor para participações desse tipo. Conecte os pedidos à missão do grupo e avalie se o financiamento ajuda no atingimento das metas propostas nos indicadores.

Interseccionalidade

Caso a empresa seja pequena, pode ser uma boa estratégia criar um fórum ou conselho de diversidade com os diferentes grupos, lideranças ou não, para que, de maneira conjunta, possam compartilhar calendários, cocriar eventos ou comunicações e buscar oportunidades de manifestações que abarquem mais de um recorte.

Promover conversas interseccionais aumenta a empatia no ambiente de trabalho e maximiza presença, pois diminui o possível conflito pelo tempo e atenção das pessoas. A individualização da problemática e dos desafios de cada grupo é de extrema importância, entender as diferentes causas e contextos é fundamental para que a inclusão aconteça. De maneira independente, não perder de vista as oportunidades interseccionais de apresentação traz bons resultados, além de promover mais interação e *networking*.

Saindo do papel

Estratégia definida, liderança apontada, é hora de tirar o grupo do papel e dar os primeiros passos. Oficialize o grupo obtendo a aprovação e o reconhecimento de todas as partes interessadas – liderança, time de Diversidade e área de Recursos Humanos. Com a aprovação em "mãos", comunique ao restante da empresa, de preferência usando os canais internos, e convide quem mais quiser fazer parte da conversa.

Apresente as pessoas, a visão do grupo e planeje um primeiro encontro com a comunidade estendida, um ótimo primeiro passo é promover sessões de escuta para que as pessoas, pertencentes à comunidade ou então pessoas aliadas, possam colaborar com sugestões e compartilhar seus maiores desafios, isso ajudará no planejamento das atividades prioritárias e do calendário.

Algumas atividades mais realizadas por grupos de diversidade e que podem fazer parte da programação são:

- Rodas de conversa: promova espaços seguros de interação e planeje incluir as pessoas aliadas quando possível.
- *Workshops* e treinamentos: os treinamentos de vieses inconscientes, linguagem neutra e inclusiva, oficinas de sensibilização, painéis com foco em desenvolvimento.
- Clube do livro: muitas produções culturais de grupos minorizados foram invisibilizadas, busque fomentar o consumo de diferentes conteúdos, comunidades, protagonistas.
- Ações de voluntariado: conecte sua comunidade com organizações do terceiro setor e iniciativas sociais, potencializando o trabalho já existente.
- Programas de mentoria: construir um programa em conjunto com a área de R.H. e que faça conexão com a liderança pode influenciar a retenção de talentos, além de apoiar o desenvolvimento profissional da comunidade.
- *Networking* e *benchmarking*: conecte o grupo com outras iniciativas similares de empresas, algumas inclusive fazem sessões de *benchmarking* abertas, ou convide lideranças de grupos de outras empresas para compor painéis ou rodas de conversa.

Mantenha sempre o canal de comunicação aquecido. Com a liderança e demais *stakeholders*, apresente os resultados mapeados ao longo dos trimestres, semestres e ano. Com a comunidade a que o grupo representa, abra espaço para receber os *feedbacks* e fazer ajustes sempre que necessário. Use as redes internas para compartilhar a agenda, as histórias e informações importantes.

Benefícios dos grupos nas organizações

Os ERGs são mais conhecidos por suas contribuições e impacto direto nas áreas de recrutamento, serviço comunitário ou voluntariado, *design* e desenvolvimento de produtos ou serviços e por fornecer *insights* sobre as políticas ou estratégias da empresa.

Os grupos também são ótimos espaços para o desenvolvimento de novas habilidades, onde quem participa pode escolher tornar-se responsável por funções das quais não tem acesso no trabalho do dia a dia. Alguém da área de comunicação escolher ser responsável pela tesouraria do grupo e aprender sobre gerenciamento financeiro; ou uma pessoa talvez mais tímida pode escolher desenvolver sua oratória e tornar-se responsável pelas rodas de conversa ou por mediar as palestras. Faça checagens periódicas com as pessoas para garantir que exista conexão entre as atividades que desempenham e seu desejo de aprendizagem – dando maior sentido ao engajamento.

No relatório *Diversidade Ganha: Como Inclusão Importa*, publicado em maio de 2020 pela McKinsey, a percepção em diversidade no geral ser positiva, quando vemos os resultados em relação à inclusão – porém o sentimento é notavelmente pior entre

63 e 80 por cento das empresas pesquisadas. Uma observação importante feita no mesmo relatório é a de que a experiência da pessoa no ambiente do trabalho impacta diretamente a sua retenção e o seu desenvolvimento. A função de suporte dos grupos de diversidade apoia a inclusão e o sentimento de pertencimento das comunidades que representam.

Segundo uma pesquisa feita pela Salesforce, em 2017, as pessoas quando sentem que suas vozes são ouvidas no trabalho são quase 5 vezes mais propensas a performarem o seu melhor, e nesse ponto os grupos de diversidade também podem influenciar esse sentimento.

Conclusão

São várias as razões para que os grupos de diversidade sejam criados. A alta liderança cada vez mais reconhece o valor que os grupos agregam a uma organização e entendem como os ERGs podem trazer questões específicas, ao mesmo tempo que empregam o pensamento inovador para criar soluções fora da caixa.

As empresas estão sempre em busca de talentos brilhantes e os grupos fornecem referências e uma rede profissional para outros membros da equipe, além de promoverem a marca e criarem uma ótima conexão com a comunidade que representam. Uma pesquisa da Glassdoor, de 2021, com pessoas que ativamente procuravam por vagas, indicou que para 76% delas a diversidade na força de trabalho da empresa é um fator determinante para sua escolha.

Por fim, reconheça o trabalho e o tempo das pessoas voluntárias – pequenas atitudes como abrir espaço para que participem de reuniões executivas e apresentem os resultados ou atividades do grupo, premiar o grupo com chancelas de reconhecimento ou financeiramente, ou ainda com investimento em projetos de desenvolvimento individual, pode influenciar muito o engajamento das pessoas e o crescimento do grupo.

Referências

BLEND EDU. *Benchmarking da Diversidade*. 2020. Disponível em: <https://conteudo.blend-edu.com/relatorio-benchmarking-diversidade-2020>. Acesso em: 30 set. de 2021.

CASTILHO, P. *Diversity matters: América Latina*. Disponível em: <https://www.mckinsey.com/br/our-insights/diversity-matters-america-latina>. Acesso em: 22 fev. de 2022.

DOUGLAS, P. H. *Affinity Groups: Catalyst for Effective Organizations*. Wiley Online Library, 2008. Disponível em: <https://onlinelibrary.wiley.com/doi/abs/10.1002/ert.20171>. Acesso em: 30 set. de 2021.

GLASSDOOR. *O que verdadeiramente pensam as pessoas que buscam empregos.*

PEPTALKHER. *How to start an ERG*. 2019. Disponível em: <https://static1.squarespace.com/static/5c6c805f94d71ae783e929e0/t/6101f23bfc11c-93225dae1e6/1627517499867/How+to+Start+an+Employee+Resource+Group.pdf>. Acesso em: 30 set. de 2021.

SALESFORCE. *O Impacto da Diversidade*. Relatório Salesforce, 2017.

TOPMBA, *ERG um acrônimo que você deveria conhecer*. 2021.

TRAILHEAD. *Diversidade e inclusão no ambiente de trabalho*. Disponível em: <https://trailhead.salesforce.com/pt-BR/content/learn/modules/workplace_equality_diversity_and_inclusion/we_diversity_and_inclusion_what_they_are>. Acesso em: 30 set. de 2021.

8

NEUROCIÊNCIA

Conhecer, ainda que de forma resumida, as estruturas do cérebro, alguns de seus mecanismos, neurotransmissores e hormônios nos permite perceber o impacto dos valores humanos, em especial, do respeito incondicional, do autoconhecimento, da disciplina e dos sistemas sociais na forma que nosso sistema nervoso opera, resultando em comportamentos inclusivos ou não, foco das ações de Diversidade.

ADRIANO BANDINI

Adriano Bandini

Psicólogo, especialista em Diversidade & Inclusão, especialista em Neurociência, pós-graduado em Economia Comportamental e Tomada de Decisão – FIA, *coach* formado pelo Integrated Coaching Institute e *practitioner* (ICI) em PNL. Palestrante, escritor e peregrino. As principais atuações em empresas privadas de pequeno, médio e grande porte, poder público e ONGs permitiram experiências com: estratégia e curadoria técnica para Diversidade & Inclusão e desenvolvimento humano, atuação consistente junto aos temas: pessoa com deficiência, programa aprendiz, LGBTQIA+, raça, crenças, grupos etários, etnia, gênero, egressos, vieses inconscientes, programas de formação para o autoconhecimento e *advocacy* de Diversidade & Inclusão junto a empresas, ao poder público e aos grupos de afinidade e identitários. Membro da Subcomissão de Diversidade da FEBRABAN, membro diretor do Comitê de Diversidade da ABPRH, membro do grupo Curador para Diversidade da SAE BRASIL, voluntário em diversas frentes sociais.

Contatos
adrianobandini@hotmail.com
11 99606 4570

Descrição: Adriano Bandini Tavares de Campos é um homem branco, usando barba, cabelo curto. Veste camiseta branca e um paletó escuro.

Neurociência é a área do conhecimento que se dedica ao estudo do sistema nervoso incluindo sua anatomia, fisiologia, relação com a aprendizagem, pensamento, emoções, comportamentos e, ainda, seu complexo sistema de interação com todo o organismo.

O grande impacto das descobertas da neurociência no comportamento faz com que ela seja uma importante ferramenta para os profissionais que trabalham com diversidade.

As ações afirmativas são necessárias e urgentes, mas não bastam. É preciso chegar às causas de determinada dinâmica social como as que criaram o racismo estrutural, por exemplo, para combatê-lo e preveni-lo em sua essência.

Quando uma empresa apresenta em seu código de conduta regras que dizem: não toleramos nenhum tipo de discriminação, por exemplo, esperamos que isso seja suficiente para orientar os colaboradores nas escolhas das palavras e comportamentos que emitirão.

Contudo, na prática, identificamos que apenas informar não basta. É aqui que entra a neurociência, com as descobertas sobre o funcionamento do sistema nervoso, nos sugerindo caminhos por onde podemos trabalhar para ampliar a eficiência das intervenções propostas por diversidade.

Para compreender as pessoas a ponto de planejar ações ainda mais eficazes, temos que entender, ainda, minimamente, o que é o sistema nervoso humano e como ele determina nossas escolhas.

O sistema nervoso é formado por duas estruturas principais:

- Neurônios: são responsáveis pela transmissão dos impulsos nervosos que ocorrem por meio de fenômenos químicos e elétricos.
- Células gliais: atuam para oferecer suporte e defesa aos neurônios, além de colaborar na modulação dos impulsos elétricos e na formação de novos neurônios, em especial no hipocampo, região que opera a memória.

O **sistema nervoso central** é composto pelo encéfalo e pela medula espinhal. É no encéfalo que uma combinação de comandos voluntários e involuntários, conscientes e inconscientes, determinarão os comportamentos, atribuirão significados e interpretarão a realidade.

O **sistema nervoso periférico** é formado pelos nervos e gânglios, um conjunto de neurônios especializados que estão reunidos, atuam fora do sistema nervoso central e se comunicam por meio dos nervos que interligam todo o organismo.

Cada uma das estruturas descritas possui ainda outras partes e funcionalidades, cada vez mais estudadas pela neurociência. São esses estudos que, ao escolherem um fenômeno como foco, recebem nomes específicos como: neuroanatomia, neurociência comportamental, neurofisiologia, neuropsicologia, *neuromarketing*, neurociência da aprendizagem e muitos outros.

O avanço da tecnologia permitiu a criação de sensores cada vez mais eficazes, capazes de observar a atividade do cérebro durante a execução de uma tarefa, enquanto a nanotecnologia permite construir estruturas que são conectadas aos neurônios, captando e influenciando seu funcionamento, criando, assim, inovações na interação homem-máquina.

O tratamento de convulsões, o ajuste dos batimentos cardíacos, a regulação da produção de enzimas, o implante coclear para pessoas com deficiência auditiva, a interação com jogos eletrônicos por meio do pensamento, o acesso aos dados da internet e a visualização de realidade ampliada de forma direta, a partir de *chips* e implantes que se comunicam com nervos e neurônios, são alguns dos experimentos que o maior conhecimento da anatomia e fisiologia do sistema nervoso permitiu criar.

Além da anatomia e fisiologia básica dos neurônios, a neurociência estuda a inter-relação entre as partes do cérebro, a forma voluntária ou involuntária que ele interpreta e reage a cada estímulo captado pelos milhares de sensores espalhados por nosso corpo e, ainda, a velocidade que esses processos operam.

Como as pessoas aprendem? Como o processo que opera a memória acontece? Como o cérebro transforma estímulos como sons e imagens em registros que ganham significados, nomes e, em alguns casos, desperta emoções e sentimentos? Por que nos lembramos de algumas coisas e não de outras?

Como as sensações de alegria, prazer, medo ou angústia são formadas e como nosso cérebro se organiza para governá-las? Por que tratamos algumas pessoas bem e outras não?

Na década de 1950, dois cientistas, James Olds e Peter Milner, descobriram o sistema de recompensas cerebral. Motivados por uma curiosidade para compreenderem os mecanismos que resultam na sensação de prazer, se lançaram a criar experimentos.

O método consistia "em implantar eletrodos em diferentes regiões do cérebro de ratos e ativá-los com eletricidade. Os cientistas perceberam que os animais pareciam gostar de determinados estímulos. Mudando um pouco os procedimentos, deixaram que os próprios animais acionassem a corrente por meio de uma alavanca. Com isso, mapearam as áreas do cérebro que se mostravam mais prazerosa. Com os eletrodos nos pontos certos, os ratos passavam o dia se autoestimulando. Desistiam do sexo e até da comida. Estavam viciados ." (SISTEMA DE RECOMPENSA CEREBRAL, 2014).

Ao estudar os neurônios das regiões que notaram como mais prazerosas, identificaram a presença de um neurotransmissor, a dopamina batizada de "molécula do prazer".

Os neurotransmissores são moléculas que atuam na fenda sináptica, ou seja, no microespaço de conexão entre um neurônio e outro. Os hormônios, por sua vez, são moléculas fabricadas por glândulas ou células especializadas liberadas na corrente sanguínea.

Além de agir no sistema de recompensas, regulando, por exemplo, a sensação de prazer, a dopamina atua em diferentes regiões do cérebro e influencia o humor, o aprendizado, as emoções e a atenção.

Além da dopamina, há outros neurotransmissores que atuam no sistema de recompensas, como a serotonina, noradrenalina, o glutamato, entre outros. Eles atuam em neurônios que possuem receptores para tais moléculas.

Esses neurônios estão muito concentrados em regiões com funções de recompensa, prazer, vícios, risco, medo ou agressão. Essa é uma das principais estruturas envolvidas na aprendizagem, nas ações impulsivas e na motivação. Embora ainda há muito a ser compreendido, já se sabe que essa estrutura participa da ativação da motivação pessoal, em que se opera a transformação da vontade em estímulos neurais, por exemplo.

Quando uma pessoa tem experiências agradáveis ou desagradáveis, essa estrutura participa da interpretação dos estímulos e entra em ação. Por fazer parte da via dopaminérgica no cérebro, ela tem grande papel na maior ou menor quantidade de dopamina circulante, influenciando diretamente na sensação de prazer e, assim, no comportamento dessa pessoa.

Quando interpretamos que um determinado estímulo é ameaçador (pode ser um animal peçonhento, um chefe bravo ou um cachorro raivoso), nosso cérebro "recolhe a dopamina por um tempo" e manda uma mensagem de alerta para a amígdala que processa o tipo de ameaça e, assim, dispara uma nova mensagem para as glândulas suprarrenais produzirem o hormônio do medo, a noradrenalina. Esse hormônio atua em situações de estresse de curta duração em que o corpo precisa reagir rápido.

Se o estresse perdurar por muitos dias seguidos, as mesmas glândulas suprarrenais começam a produzir outro hormônio, o cortisol, para ajudar o organismo a controlá-lo. Se persistir, as altas doses de cortisol poderão causar insônia, cansaço, perda de memória, dificuldade de aprendizagem e concentração, diminuição da libido, entre outros sintomas, causando à pessoa alguns prejuízos.

O contexto acima é uma pequena ilustração de alguns mecanismos de nosso organismo que estão relacionados ao dia a dia, afetando diretamente seu comportamento, bem-estar e saúde mental. A forma como cada tema em diversidade impacta a pessoa que o vive ganha nesse campo muitas possibilidades de compreensão.

O mais interessante é perceber que o cérebro opera a maioria do que descrevi anteriormente de forma automática, a partir do repertório de experiências acumuladas ao longo da evolução de nossa espécie e das experiências de vida do sujeito, destaco seus valores pessoais, crenças, afeto, autocrítica e expectativas internas e externas.

Os estímulos que causam medo formataram na evolução humana mecanismos muito eficientes para mobilizar todo o organismo para escapar da ameaça e sobreviver. Não importa se é lutando ou fugindo, o sistema de alerta que dispara emoções profundas por meio da química e eletricidade circulante nos neurônios não obedece à razão; aliás, opera por rotas mais rápidas que as da consciência.

Quando uma pessoa comete um erro, há uma mistura dos processos instintivos que reagem ao medo e dos centros que processam o pensamento analítico, racionais e cognitivos, criando conclusões importantes com base na experiência vivida, reorganizando memórias, ressignificando crenças e auxiliando essa pessoa a evoluir para evitar futuros sofrimentos.

Compreender, ainda que superficialmente, os mecanismos mencionados anteriormente é importante para entendermos as causas dos comportamentos das pessoas, uma vez que fica cada vez mais compreendido que muitos desses comportamentos são disparados de forma automática pelo sistema emocional, com pouco controle racional de quem o praticou.

No entanto, é responsabilidade de cada um aprofundar seu autoconhecimento para ser capaz de modular adequadamente os comportamentos que emite e que atingirão a vida de outras pessoas, além da sua própria. Em especial, na autocompreensão de suas crenças pessoais, muitas inconscientes.

O neurocientista William Hedgcock, da Universidade de Iowa, nos EUA, estudou o funcionamento de uma área do cérebro chamada córtex cingulado anterior, que age em situações na qual o autocontrole é exigido. Por meio de exames de ressonância magnética funcional, executou experimentos com voluntários e demonstrou que os centros de autocontrole diminuem sua ativação, conforme os voluntários ficavam mais cansados.

Isso significa que ter disciplina para cumprir determinada rotina, uma dieta, manter determinado comportamento esperado que ainda não é habitual depende da capacidade dessa função, que pode ser treinada, o que é uma boa notícia.

Há ainda os comportamentos por impulsos que rompem o autocontrole de forma a trazer prejuízos significativos. O psicólogo Joshua Buckholtz, da Universidade de Vanderbilt, nos EUA, identificou que, em pessoas com níveis muito alto ou baixo de dopamina, há maior presença de comportamentos impulsivos, de acordo com a escala de impulsividade de Barrat (ou BIS-11), método usado para medir padrões de impulsão.

Em resumo, quando uma pessoa está emocionalmente estimulada, seja para o prazer ou para o medo, há prejuízos na capacidade de autocontrole e de discernimento a tal ponto que emite comportamentos que, em situações de equilíbrio, não faria.

Isso ajuda a compreender o mecanismo envolvido nas situações em que algumas pessoas iniciam uma interação social adequada, mas ao se desentenderem e iniciar uma discussão que dispara seus sistemas neurais para a luta ou fuga, passam a operar não mais de forma racional, e sim com base emocional.

Ao operar a partir do sistema emocional, as regras sociais, crenças conscientes e inconscientes presentes no cérebro, graças às estimulações que recebeu ao longo da vida em sua cultura, serão os "padrões" que o cérebro se baseará para escolher como agir, o que falar, com que intensidade, entre outros. É aqui que uma cultura racista, homofóbica, capacitista, eugenista, por exemplo, se manifesta nos comportamentos individuais de forma mais explícita.

Por fim, a diversidade com sua proposta de respeitar de forma incondicional todas as pessoas encontra aqui seu grande desafio: atuar de forma estrutural para mudar padrões preconceituosos, criar experiências em valores humanos, além de criar sistemas educacionais que resultem em maior autoconhecimento, refletindo nos comportamentos o respeito tão desejado.

Referência:

UFSJ. *Sistema de recompensa cerebral.* Disponível em: <https://ufsj.edu.br/rodavida/sistema_de_recompensa_cerebral.php>. Acesso em: 05 maio. de 2021.

9

VIESES INCONSCIENTES

Será que você tem vieses inconscientes?
A resposta é sim. Todas as pessoas têm.
Os vieses inconscientes impactam a diversidade e a inclusão, influenciando negativamente diversos processos, como a seleção, avaliação de desempenho, promoção e sucessão. Eles criam empecilhos e justificativas mentais para impedir o avanço de pessoas dos grupos minorizados.

CRIS KERR

Cris Kerr

Fundei a CKZ Diversidade há 13 anos, pois sou apaixonada por D&I e, com esta paixão, atuo como consultora especialista em: diversidade, inclusão, viés inconsciente, liderança transformadora, cultura e liderança inclusiva e equidade de gênero. Sou autora do livro *Viés inconsciente – como identificar nossos vieses inconscientes e abrir caminho para a diversidade e a inclusão nas empresas,* professora de Diversidade na Fundação Dom Cabral e colunista de D&I da Revista Você S/A. Sou mestra em Sustentabilidade pela FGV, pós-graduada em Neurociência e Comportamentos pela PUC-RS, MBA, na FGV, em Gestão Estratégica e Econômica de Negócios, pós-MBA *Advanced Boardroom Program for Women* da Saint Paul Escola de Negócios e publicitária pela FAAP. Minhas duas grandes paixões são: transformar e fazer a diferença no mundo. Nesses 13 anos, atendi mais de 150 clientes dos mais diversos setores e indústrias. Em 2010, idealizei o primeiro Fórum no Brasil a tratar do tema Diversidade: o Fórum Mulheres em Destaque, que em 2021 se transformou no 10º Super Fórum Diversidade & Inclusão. Em paralelo à minha vida acadêmica e profissional, crio a minha filha Beatriz, que tem 17 anos.

Contatos
www.ckzdiversidade.com.br
criskerr@ckzdiversidade.com.br
www.linkedin.com/in/cristina-kerr
11 97650 2567

Descrição: Cris Kerr, mulher branca, cabelos loiros compridos. Está sorrindo de braços cruzados. Usa óculos, blusa com listras brancas e escuras.

Todas as pessoas têm vieses inconscientes e eles são um dos maiores vilões contra a diversidade e a inclusão. Os vieses inconscientes não são intencionais, são baseados nos preconceitos, estereótipos e crenças culturais. No entanto, formam uma barreira invisível e muito poderosa que dificulta o avanço da diversidade e da inclusão nas corporações.

O estudo "Cognição Social Implícita", de Greenwald e Banaji (2013), aponta que o viés implícito é uma preferência a favor ou contra uma pessoa ou um grupo. O termo implícito pode ser utilizado também como: inconsciente, intuitivo, direto, processual e automático. Eles concluem que a cognição inconsciente é formada pelo conjunto de experiências passadas que acabam por influenciar as atitudes e comportamentos presentes. Mas como muitas dessas experiências estão armazenadas no inconsciente, não são lembradas conscientemente.

Os psicólogos Stanovich e West (2011) explicam que todos os seres humanos têm dois sistemas na mente, nomeados de Sistema Dual, os quais compreendem o Sistema 1 (inteligência interacional) e Sistema 2 (inteligência analítica), responsáveis pela nossa capacidade cognitiva. Nesse processamento cognitivo de informações, as pessoas avaliam probabilidades de forma incorreta, além de exibirem uma série de vieses com forte influência das crenças e estereótipos.

Como o cérebro recebe muitas informações, ele precisa agrupar e categorizar as informações para classificá-las rapidamente e, assim, gastar menos energia. O problema é que o cérebro faz essa classificação não só para objetos e acontecimentos, mas também para pessoas. Essas categorias recebem um rótulo de "bom" ou "ruim" e podem ser aplicadas a grupos inteiros.

Por ser automático, intuitivo, impulsivo, emocional e rápido, o sistema inconsciente reage, julga e simplifica as informações. Uma verdadeira máquina de associações e de vieses. É ele que envia as sugestões, impressões e intuições para o sistema racional, que por sua vez adota as informações recebidas. É por esse motivo que o sistema consciente acredita estar no controle, mas o grande protagonista é o sistema inconsciente.

Nossos julgamentos e decisões estão sob forte influência dos sentimentos e das emoções, como gostar ou não gostar de alguém, e a maior parte do que pensamos, fazemos e sentimos é originado no sistema inconsciente.

Para lidar com as milhares de informações que recebemos por segundo, o cérebro procura por padrões que considera mais importantes e cria atalhos para reconhecê-los, como um piloto automático.

No entanto, esses atalhos têm uma desvantagem, eles são tendenciosos, pois são adquiridos pelas nossas vivências, que ficam gravadas em nosso inconsciente e afetam a nossa forma de ver o mundo. Por isso, preferimos as pessoas que pertencem ao mesmo grupo que o nosso e temos uma forte tendência a nos afastar das pessoas que são diferentes.

O sistema inconsciente, além de criar categorias, também é responsável por produzir julgamentos superconfiantes embasados nas suas experiências. E é nesse ponto, por exemplo, que esse sistema acredita e confirma que cargos de gestão e de liderança devem ser ocupados por homens brancos. Durante a nossa vida, vimos mais homens brancos nesses cargos, portanto construímos uma associação mental inconsciente, que reforça essas informações.

Essas associações mentais negativas e não intencionais podem levar as pessoas, de maneira inconsciente, a excluir pessoas dos grupos minorizados, como mulheres, pessoas negras, pessoas LGBTQIA+, pessoas com deficiência, entre outras.

Se um dia você se perguntou o motivo de não ver mulheres negras ou brancas em cargos de alta liderança na sua empresa, ou pessoas negras em cargos políticos e cargos proeminentes da sociedade, ou ainda pessoas transgênero nas organizações, você acaba de descobrir um dos vilões: os vieses inconscientes.

Por isso, o primeiro passo é a conscientização pelos treinamentos aprofundados e continuados, para que as pessoas entendam como os vieses inconscientes atuam e influenciam negativamente as suas tomadas de decisões, que acabam por comprometer a entrada das pessoas dos grupos minorizados na empresa e a chegada delas aos cargos de gestão e liderança.

Vamos conhecer alguns dos vieses inconscientes que prejudicam o avanço de pessoas de grupos minorizados nas organizações e o que podemos fazer para minimizá-los.

O viés de afinidade é um dos que causam um profundo impacto nas corporações. É uma forte tendência em selecionar, promover e avaliar melhor as pessoas que se parecem conosco e por quem sentimos mais afinidade. Essa afinidade pode ser: o gênero, a raça, a nacionalidade, a orientação sexual/afetiva, a pessoa ter estudado na mesma faculdade, ter o mesmo *hobby*, morar ou ser da sua cidade natal, ser da mesma religião, entre outras.

Pesquisas apontam que, apesar das melhores das intenções, temos uma resistência profunda em escolher pessoas que são diferentes de nós. De forma inconsciente, durante a entrevista, favorecemos as pessoas com as quais sentimos uma conexão baseada em características e experiências similares.

Imagine um processo seletivo em que duas pessoas estão sendo entrevistadas. Uma delas se graduou na mesma universidade e também é da mesma cidade natal que você. Já a outra não tem nada em comum com você. De maneira inconsciente, tenderá a escolher a pessoa mais parecida com você.

Para combater o viés de afinidade, é fundamental que preste atenção nas informações encaminhadas pelo seu cérebro. Faça anotações detalhadas e verifique os alertas positivos e negativos. Identifique se deu mais pontos positivos para a pessoa com a qual percebeu mais afinidade.

Para ter um processo de contratação neutro e não tendencioso, utilize um roteiro de entrevistas com as mesmas perguntas, na mesma ordem para todas as pessoas. Para mitigar os vieses individuais, é imprescindível compor um comitê entrevistador, com diversidade de pessoas. Uma sugestão é que todas as pessoas do comitê escrevam as suas opiniões individuais e enviem, imediatamente, após o término da entrevista. Em seguida, o grupo se reúne para analisar de forma imparcial as informações e, em conjunto, decidir quem será a pessoa escolhida.

A omissão de dados do *curriculum*, como o nome, idade, cidade, endereço, faculdade, também ajuda a reduzir os vieses, garantindo que a seleção aconteça com base nas habilidades, experiências e competências comportamentais.

Uma *short list* diversa faz toda a diferença. Quando o cérebro identifica que num grupo de 10 pessoas, por exemplo, apenas uma é negra, ele tem a tendência de excluir essa pessoa, por percebê-la muito diferente do grupo.

Outro ponto importante é mapear a diversidade do time do gestor ou gestora antes da entrevista, apresentar quais diversidades que faltam e que poderiam complementar a equipe. Assim a pessoa estará mais consciente durante o processo de entrevista.

A atenção continua depois que a pessoa for contratada, principalmente se ela for de um grupo minorizado. Ela está recebendo notas menores nas avaliações de desempenho? Tem menos promoções? Está participando dos projetos com maior ou menor visibilidade? O acompanhamento por parte da *business partner* é vital.

A psicologia social mostra por meio de estudos que existe um favoritismo inconsciente ao grupo ao qual a pessoa pertence. Esse fato faz com que pessoas do próprio grupo confiem mais e beneficiem umas às outras, além de associarem palavras positivas às pessoas do seu grupo.

O grande desafio é perceber nossos próprios vieses inconscientes. É mais fácil identificar os preconceitos das outras pessoas do que perceber os nossos, esse viés é chamado de ponto cego (*blindspot*).

Um forma de trazer para a consciência é a realização do teste de associação implícita de Harvard (disponível em português no *link*: https://implicit.harvard.edu/implicit/brazil). O teste tem como objetivo medir o nível do viés inconsciente e as associações estereotipadas.

Depois de conhecer os próprios preconceitos inconscientes, o método mais eficaz para redução do preconceito é o contato com pessoas do grupo que você tem mais viés. Esse contato é crucial para o desenvolvimento de opiniões positivas sobre essas pessoas. Ele pode acontecer por meio da sua participação no comitê de Diversidade e Inclusão, na Semana de D&I e em rodas de conversa que tenham pessoas da própria empresa compartilhando suas histórias.

Já o viés de desempenho tem suas raízes nas pressuposições sobre as habilidades dos homens no local de trabalho. Geralmente, há valorização maior do trabalho deles. Mesmo que não tenham experiência, são vistos como potenciais talentos. Ao mesmo tempo em que o trabalho das pessoas dos grupos minorizados é subestimado, e eles precisam provar que são competentes.

Pesquisas identificaram que as pessoas, quando eram percebidas como *gays* ou lésbicas, tinham uma avaliação mais negativa do que as pessoas percebidas como heterossexuais. E que colaboradoras negras, que possuíam as mesmas competências e habilidades produtivas de uma pessoa branca, foram consideradas menos eficientes e recebiam salários menores.

Realize revisões periódicas de processos importantes como a avaliação de desempenho, a calibração e a promoção. Antes dessas reuniões, prepare um material para relembrar as pessoas sobre os principais vieses inconscientes e seus impactos. Esse momento é indispensável, uma vez que o processo inconsciente é tão profundo que leva a pessoa a acreditar que está sendo justa. Assim, ela terá a oportunidade de perceber se sua escolha está enviesada.

Outro viés importante é o de gênero, que surge a partir da existência dos estereótipos culturais sobre categorias sociais de homens e mulheres. A Organização Internacional do Trabalho (OIT), no estudo "Mulheres nos negócios e gestão – ganhando impulso", evidencia que os estereótipos de gênero estão profundamente arraigados em nossas mentes, pois foram estabelecidos há séculos, com influência das normas culturais, religiosas e sociais que impactam fortemente as mulheres.

O estudo concluiu que, nas empresas, existe uma forte segregação por gênero nos cargos gerenciais e nos cargos de liderança, principalmente nos cargos que são do *core business* da empresa. Esse estereótipo define o que é mais adequado para homens e para mulheres; os cargos que concentram as tomadas de decisões ainda são dominados pelos homens.

Um estudo conduzido em diversos países e intitulado "Pense em gerente, pense num homem (*Think Manager – Think Male*)" revelou que, tanto homens como mulheres, associavam os cargos de gerência a pessoas do sexo masculino.

Para combater esse viés, é preciso ter um número maior de mulheres e toda a sua interseccionalidade em cargos de gestão e liderança. A representatividade é fundamental para criar associações mentais para o cérebro, além de ser essencial para que as próprias mulheres, e demais pessoas de grupos minorizados, se vejam representadas e acreditem que elas também podem chegar lá.

Para aumentar a representatividade de pessoas de grupos minorizados, defina metas de contratação, desenvolva um plano de sucessão para cargos de gestão e alta liderança, com critérios claros para promoção.

Além dos vieses inconscientes previamente citados, os efeitos da interseccionalidade, quando a pessoa se enquadra ao mesmo tempo em mais de uma categoria estereotipada (raça, etnia, gênero, orientação sexual/afetiva, identidade de gênero, deficiência, classe social, entre outras), são devastadores. Principalmente para pessoas que se enquadram em diversas categorias estereotipadas, como: pessoas negras, lésbicas ou *gays*, transgênero ou que tenham deficiência.

Por isso é tão importante trabalhar a diversidade com o olhar da interseccionalidade; o viés inconsciente nesse caso é ainda mais acentuado, levando a maior desigualdade nas corporações.

Apesar de todos esses vieses inconscientes serem barreiras invisíveis para o avanço da diversidade e da inclusão, a boa notícia é que eles podem ser vencidos pelo autoconhecimento, pela conscientização e por um esforço consciente.

É fator-chave na desconstrução dos preconceitos arraigados tratar o tema com empatia e comunicação não violenta, para que as pessoas não entrem no modo defensivo.

Para construir uma organização mais diversa, inclusiva e sustentável, é fundamental criar um ambiente de confiança para tratar do tema viés inconsciente.

Referências

BANAJI, M.; BAZERMAN, M.; CHUGH, D. When Good People (Seem to) Negotiate in Bad Faith. *Digital Access to Scholarship at Harvard*. Disponível em: <https://dash.harvard.edu/handle/1/42668600>. Acesso em: 30 set. de 2021.

BANAJI, M.; GREENWALD, A. *Blindspot: Hidden Biases of Good People*. Estados Unidos: Delacorte Press, 2013.

BRAUN, S.; STEGMANN, S.; JUNKER, N., DICK, R. Think manager – think male, think follower – think female. *Wiley Online Library*, 2017. Disponível em: <https://onlinelibrary.wiley.com/doi/abs/10.1111/jasp.12445> . Acesso em: 30 set. de 2021.

GOODMAN, J.; SCHELL, J.; ALEXANDER, M.; EIDELMAN, S. The impact of a derogatory remark on prejudice toward a gay male leader. *Wiley Online Library*, 2008. Disponível em: <https://onlinelibrary.wiley.com/doi/abs/10.1111/j.1559-1816.2008.00316.x>. Acesso em: 30 set. de 2021.

KERR, C. *Viés inconsciente: como identificar nossos vieses inconscientes e abrir caminho para a diversidade e a inclusão nas empresas*. São Paulo: Literare Books, 2021.

PEREIRA, C. K. Construtora Meireles & Silva: impacto do viés inconsciente na carreira das mulheres. *Revista Brasileira de casos de ensino em administração FGV*, 2021.

SMITH, D., ROSENSTEIN, J., NIKOLOV, M., CHANEY, D. The Power of Language. *ResearchGate*, 2019. Disponível em: <https://www.researchgate.net/publication/324911074_The_Power_of_Language_Gender_Status_and_Agency_in_Performance_Evaluations>. Acesso em: 30 set. de 2021.

STANOVICH, K.; WEST, R. Individual differences in reasoning: implications for the rationality debate? *Cambridge University Press*, 2011. Disponível em: <https://www.cambridge.org/core/journals/behavioral-and-brain-sciences/article/abs/individual-differences-in-reasoning-implications-for-the-rationality-debate/2906AEF620B36C10018DD291F790BE97>. Acesso em: 30 set. de 2021.

VENOSA, A. Prejudice in the brain. *Medical Daily*, 2015. Disponível em: <https://www.medicaldaily.com/prejudice-brain-how-evolutionarily-valuable-brain-processes-have-turned-problematic-344368>. Acesso em: 30 set. de 2021.

10

PRECONCEITO E DIVERSIDADE

O preconceito é um comportamento rapidamente percebido quando falamos de Diversidade e Inclusão. Palavra mais autodidática não há: pré-conceito, ou seja, ter uma opinião ou sentimento preconcebido, formado sem suficiente conhecimento. É normal termos preconceitos? Conseguimos combater ou acabar com o preconceito? Vamos aprofundar nos impactos do preconceito na inclusão da diversidade?

CAROLINA IGNARRA

Carolina Ignarra

Carolina Ignarra é CEO e fundadora do Grupo Talento Incluir, que já incluiu mais de 8 mil profissionais com deficiência no mercado de trabalho. É conselheira executiva do Integrare. Formada em Educação Física, pós-graduada em Psicologia dos Grupos, especialista em Neuroaprendizagem. Desde 2004, atua como profissional de Diversidade e Inclusão. Está entre as 20 mulheres mais poderosas do Brasil – *Revista Forbes* 2020. Foi eleita a melhor profissional de Diversidade do Brasil – *Revista Veja* 2018. É personagem do documentário internacional FIVE, com patrocínio da Mastercard, que conta histórias de mulheres empreendedoras sociais ao redor do mundo. Autora dos livros: *Inclusão – conceitos, histórias e talentos das pessoas com deficiência* e *Maria de Rodas – delícias e desafios na maternidade de mulheres cadeirantes*. Cocriadora dos jogos cooperativos: *Em tempo* – focado em gestão inclusiva; *Árvore da Diversidade* – que propõe a prática de D&I; *Voo da Inclusão* – com foco no atendimento a pessoas com necessidades específicas.

Contatos
www.talentoincluir.com.br
carolinaignarra@talentoincluir.com.br
LinkedIn: https://www.linkedin.com/in/carolina-ignarra/
11 94375 8764

Descrição: Mulher de pele branca, cabelos lisos e castanhos na altura dos ombros. Veste uma camisa em V de manga longa, calça social. Está sentada em sua cadeira de rodas.

Para entender o preconceito profundamente, precisamos entender sobre comportamento humano inconsciente e um tantinho de neurociência. Depois disso, aplicar esses conceitos na convivência prática entre seres humanos e mundo.

Já citado neste livro, pela Cris Kerr, no capítulo sobre vieses inconscientes, o nosso cérebro funciona em dois sistemas: o Sistema 1 (inteligência interacional) e o Sistema 2 (inteligência analítica). Aliás, aconselho revisitar a explicação da minha amiga Cris sobre comportamentos inconscientes, pois a aula que ela nos deu também servirá de base para nosso mergulho no conceito de preconceito.

Esse processo de funcionamento da nossa mente no Sistema 1, em conjunto com uma série de sinapses e mecanismos do nosso cérebro, nos traz uma resposta imediata para provocar nossa tomada de decisão. Lembrando aqui que a tomada de decisão é feita pelo Sistema 2, a parte racional. Ou seja, em Diversidade e Inclusão, muito nos ajuda o velho conselho de nossos pais e avós: "pense antes de agir". Mais adiante, retomaremos esse tema.

Voltando ao Sistema 1, de forma simplificada, é como se, em um piscar de olhos, isso mesmo, um vinte avos de segundo, nosso cérebro nos provoca a tomar uma atitude que, quando estamos em um momento de perigo ou risco de vida, esse é o comportamento que nos salva.

Nosso cérebro categoriza as informações recebidas durante a vida toda, agrupando como se fosse um índice de um livro. Não precisamos conhecer todos os tipos de cadeira para olhar para esse objeto e percebê-lo como uma cadeira, certo? Algumas têm quatro pernas, outras têm rodinhas, outras são de rodas, algumas têm braços, encostos de alturas diferentes etc., mas quando olhamos para uma, logo percebemos, é uma cadeira.

Desde a pré-história, para fugir de predadores e sobreviver, nós, seres humanos, olhamos uma situação em um piscar de olhos, julgamos, respiramos fundo, passamos a bolinha para o Sistema 2 e tomamos a decisão. Quanto mais informação aquele ser humano tem em relação à situação, mais acertada será a decisão dele.

E aí? Ter preconceito é bom? Pela ótica da sobrevivência da espécie humana sim, é fundamental. Se queremos sobreviver, a frase: "vamos acabar com o preconceito" não deveria sair da boca de profissionais de diversidade e inclusão, pelo menos do ponto de vista conceitual desse comportamento.

Vale ressaltar que a maior interferência negativa na inclusão e na diversidade não é o que pensamos ou prejulgamos, e sim o que fazemos com aquilo que pensamos ou ainda o que não fazemos com base no que temos de crenças limitantes.

Errado não é ter preconceito, errado é se conformar com isso, colocar a culpa no nosso Sistema 1 ou em nossas crenças limitantes e não nos movimentarmos para tomarmos, automaticamente, decisões mais inclusivas, respeitosas e que valorizam as diferenças das pessoas.

Vamos acabar com a desinformação e com a alienação. Vamos parar de colocar a culpa nos vieses inconscientes. Vamos assumir que somos todos preconceituosos em desconstrução, como motivação para seguirmos na busca de mais e mais **sabedoria inclusiva**.

Ouvi a frase "assumir que somos todos preconceituosos em desconstrução" pela primeira vez na fala da Tabata Contri, minha querida amiga, parceira de trabalho e de vida. E, da mesma voz, ouvi um complemento essencial que é: "não devemos usar essa realidade como desculpa para seguirmos preconceituosos".

Estarmos em aprendizagem não nos dá espaço para oprimir as pessoas pelas suas diferenças, e sim nos dá espaço para evoluir nos conceitos após uma atitude preconceituosa que cometermos. Esse é o único caminho para essa descontrução.

Por que trouxe o termo sabedoria inclusiva? Porque saber é mais do que se infomar. A palavra **saber** deriva do latim *sapere*, que significa: "ter gosto; exalar um cheiro, um odor; perceber pelo sentido do gosto; fig., ter inteligência, juízo; conhecer alguma coisa, conhecer, compreender, saber" (Dicionário Etimológico da Língua Portuguesa, de José Pedro Machado).

Fortaleço o termo sabedoria inclusiva por entender que só serei uma pessoa que atua a favor da inclusão da diversidade na sociedade quando experimentar todas as vivências, sejam elas na minha representatividade, sejam elas como aliadas de outros grupos sociais que não vivencio na pele.

Essa experiência como aliada de representatividades que não estão em mim só existe de verdade quando há convivência. Apenas ter informação não nos faz uma pessoa inclusiva, aliar o conhecimento com a experiência é o que nos trará a sabedoria para atuar automaticamente de forma inclusiva.

Por esse caminho de pensamento, em Diversidade e Inclusão, somos pessoas avançadas em determinados grupos sociais minorizados e menos avançadas em outros, pois o quanto tomaremos de decisões equivocadas ou acertadas, provocadas pelo nosso preconceito ou prejulgamento está diretamente relacionado ao quanto temos de sabedoria sobre esse ou aquele conjunto de pessoas.

Por exemplo, eu sou uma mulher com deficiência, interrelaciono duas representatividades de grupos sociais, mulher + deficiência. Ocorre que, na deficiência, a minha experiência, minha representatividade é ser paraplégica, que é a deficiência que vivencio. Na minha carreira como profissional de diversidade e inclusão, fui e ainda sou cobrada inúmeras vezes para ser mais inclusiva com outros tipos de deficiências, assim como outros grupos sociais da diversidade.

Com essa experiência, assumi a postura que já citei aqui: "sou preconceituosa em desconstrução". E, de novo, não para "limpar minha barra", mas para me manter humilde nessa aprendizagem deliciosa que os temas de inclusão me provocam.

Na prática, tornar-se uma pessoa sábia o suficiente para evitar comportamentos que impeçam a inclusão é um desafio enorme. Tornar uma sociedade culturalmente inclusiva é ainda mais desafiador.

Qual é o caminho para alcançarmos o sucesso na cultura inclusiva? Mais uma vez, humildemente, eu me posiciono aqui colocando o resultado da minha experiência: mulher, com deficiência e profissional de Diversidade e Inclusão, na resposta que darei a seguir – de verdade, não encontrei autor para me apoiar nessa tese, ainda assim, entendo que seja a minha maior contribuição para este capítulo: inclusão a gente faz com as pessoas, e não contra elas.

Esse é o meu lema de vida. Não confio na mudança cultural com luta e com briga. No modo "guela abaixo", não percebo evolução das mentes preconceituosas, ou pouco informadas, sobre as diferenças das pessoas.

Já vi muita rampa ser construída após o dono do estabelecimento ser processado por um cliente cadeirante, mas essas rampas não nos atendem. Na maioria das vezes, são inclinadas demais e não despertaram naquele lojista a vontade de atender um cliente com deficiência, pelo contrário, o "processo" o afastou ainda mais do tema, causou "ranço" e, mesmo que eu consiga entrar na loja, não me sentirei bem-vinda.

Por outro lado, já vi transformações maravilhosas acontecerem nas estruturas arquitetônicas quando conseguimos atingir de fato a consciência daquele tomador de decisão. O que significa que quebrar as barreiras atitudinais, trazer aliados às nossas causas, estimular as pessoas a fazerem inclusão por convicção gera mais resultados. Inclusão se faz com engajamento, com humanidade, com empatia.

Do ponto de vista corporativo, empresas precisam compreender que exclusão é um mau negócio. Segundo estudo realizado por David Rock, o cérebro humano aciona a mesma área quando uma pessoa está sentindo dor física ou quando está excluída. Esse é o conceito que aprendi com a estudiosa de neurociência Inês Cozzo e que me movimenta todos os dias para ser uma pessoa mais inclusiva. Nenhum ser humano em total equilíbrio emocional acorda com a intenção de machucar alguém. Saber que excluir machuca costuma movimentar as pessoas a favor da sabedoria inclusiva. Lembrando que, no mundo corporativo, esse argumento é aliado à produtividade, pessoas com dor não produzem, nenhum executivo quer que a cultura da sua empresa promova dor em seus colaboradores.

O que as empresas podem fazer para diminuir a interferência do preconceito na cultura organizacional?

1. Conscientização

- Oferecer conteúdo de forma continuada para trazer informação sobre diversidade e inclusão, vieses inconscientes e crenças limitantes sobre os diferentes grupos sociais etc.
- Atuar com processos e indicadores para as ações de letramento, propostas para medir os resultados e desenhar próximos passos.

2. Inclusão

- Contratar pessoas diversas considerando o conceito de equidade, ou seja, flexibilizando exigências e expectativas que fizeram o mundo corporativo ser tão homogênio.

IMPORTANTE: flexibilizar não significa contratar pessoas que não tenham valor, significa enxergar valor em outras características e experiências, que não apenas a etiqueta da faculdade que a pessoa estudou ou o intercâmbio que ela teve oportunidade de fazer.

3. Continuidade de carreira

- Medir a qualidade das contratações com acompanhamento contínuo e formal das pessoas diversas e de seus gestores diretos.
- Desenhar plano de carreira direcionados para as pessoas dos grupos sociais minorizados.

IMPORTANTE: considerar que, se contratamos com equidade, temos que entender que a pessoa contratada não perdeu seu histórico de exclusão estrutural após ter sua carteira de trabalho assinada, os "caixotes" propostos pela equidade devem ser oferecidos até a pessoa chegar à mesma linha de largada dos demais colaboradores.

Esses três passos ajudam as organizações a promover um ambiente de segurança psicológica, que permite que os profissionais sejam de fato quem são. Diversidade espera que as pessoas sejam incluídas com as suas diferenças, para isso a dica é: reconhecer, incentivar e valorizar as diferenças das pessoas.

Pode até parecer romântica a minha ótica sobre o preconceito e, logo que me vi cadeirante em 2001, de fato era. Quando me perguntavam sobre preconceito, eu respondia que nunca tinha sentido na pele. Com a maturidade, conceitos e experiência, não me vejo romantizando o preconceito.

Reanalisando minha vida, reconheço que passei e passo por inúmeras situações capacitistas, opressoras e preconceituosas, mas afirmo que a forma como lido é o que faz cicatrizar, continuar, letrar e engajar algumas pessoas pelo meu caminho.

Não é romântica a minha ótica sobre o preconceito, é racional. Não julgar as atitudes preconceituosas que enfrento foi o caminho que encontrei para lidar com ele.

Agora pode até parecer contraditório: como assim não julgar o preconceito? Entendo que ter preconceito com quem tem preconceito que é contraditório.

Claro que aqui estou simplificando o significado do preconceito, sem contar tudo que aprofundamos, mas assim resolvi fazer para facilitar o entendimento.

Se nós, pessoas que estamos com a mente aberta para a diversidade, julgamos ou crucificamos quem ainda não sabe o que nós aprendemos, estamos sendo contraditórios.

Se eu não quero que me julguem e me excluam pela cor da minha pele, pela minha deficiência, pelo meu gênero, orientação sexual, crença religiosa e outros tantos marcadores que defendemos em diversidade, será que estou sendo coerente quando julgo e excluo alguém que ainda não sabe ser inclusivo?

No meu entendimento, o Brasil deveria ser um exemplo de diversidade pela suas dimensões territoriais, por toda miscigenação do nosso povo e nossa cultura. Nosso país tem a diversidade no seu DNA, no entanto, há 12 anos, por exemplo, segue ocupando o primeiro lugar no ranking dos países que mais matam transgêneros no mundo, segundo dados do dossiê da Associação Nacional de Transexuais e Travestis (Antra). Na Era da Diversidade, estamos aprendendo todos os dias que "letrar" o mundo nesse tema tem sido o melhor combate ao preconceito e tem revelado uma agenda inédita no mundo corporativo.

Essa nova Era tem mostrado que o ser humano não é mais um recurso e que o respeito e a humanidade oferecidos por uma empresa, um serviço, uma marca será determinante para seu valor de mercado e por sua própria sobrevivência.

Em 2015, um estudo da McKinsey envolvendo Brasil, Reino Unido e Estados Unidos já relacionava políticas de diversidade com desempenho financeiro das corporações. O principal dado do estudo apontou que empresas com políticas de diversidade bem estabelecidas têm *performance* financeira 30% maior do que as que não têm.

Está cada vez mais evidente que incluir é sinônimo de respeitar. Ajudar o mundo a nos perceber tem sido o desafio de quem se dedica à inclusão da diversidade. É mais que isso. É abraçar uma missão de espalhar pelo mundo a necessidade urgente de preparar pessoas, treinar, desenvolver, fortalecer a cultura de inclusão com uma única finalidade: o respeito ao próximo. Seja ele quem for, como for, onde for.

É pôr fim à intolerância que nos aprisiona na ignorância e nos coloca alheios às necessidades, desejos e direitos de todos, independente de religião, idade, gênero, cor de pele, orientação sexual, condição de deficiência etc. É de fato se preparar para mudar o mundo e para melhorar a humanidade.

Referências

ARTIGAS, A. *Inteligência relacional: as 6 habilidades para revolucionar seus relacionamentos na vida e nos negócios.* São Paulo: Literare Books, 2017.

KAHNEMAN, D. *Rápido e devagar: duas formas de pensar.* Rio de Janeiro: Objetiva, 2011.

LISWOOD, L. *The Loudest Duck: moving beyond diversity while embracing differences to Achieve success at work.* Nova Jersey: Wiley, 2012.

MLODINOW, L. *Subliminar: como o inconsciente infliencia nossas vidas.* Rio de Janeiro: Zahar, 2014.

THE ARBINGER INSTITUTE. *Mudança de mindset: como mudar vidas e transfromar organizações.* Franca: Zik, 2019.

11

REPRESENTATIVIDADE DE DIVERSIDADES
CONCEITO E APLICAÇÕES

Discute-se o conceito de representatividade e sua relevância no contexto de inclusão de diversidades nas empresas, relacionando-o com proporcionalidade, *tokenismo* e a necessidade de pluralidade de ideias em espaços de poder e de decisão. É dada atenção ao fato de que uma única pessoa não é capaz de dar conta de representar todo o grupo identitário ao qual pertence. Fundamentalmente, representatividade e proporcionalidade importam e muito.

GUILHERME GOBATO

Guilherme Gobato

Especialista em Diversidade, Equidade e Inclusão (DEI) e sócio-fundador da Consultoria Diálogos Entre Nós | Diversidade e Inclusão. Economista pela USP-SP, certificado em DEI em instituições nacionais e internacionais (ESSEC, Universidades da Pennsylvania e de Michigan, entre outras) e especialista em Política e Relações Internacionais pela FESP-SP. Membro-consultivo da Comissão de Diversidade Sexual e de Gênero da OAB-SP (2019 a 2021). Avaliador externo dos rankings de Diversidade do GPTW (Great Place to Work), nos temas racial, LGBTI+, gênero, geracional, PcD, vida saudável e 1ª infância (2021), de rankings nacionais e regionais de melhores empresas (2012 a 2019) e colunista na temática DEI. Membro da comissão avaliadora do Prêmio WEPs (Princípios de Empoderamento das Mulheres) da ONU Mulheres – edição Brasil 2021 e integrante do Grupo de Pessoas Aliadas WEPs América Latina. Mentor de carreiras negras na 9ª edição do Programa Acelerador de Carreiras (2021) do Grupo Mulheres do Brasil – Comitê de Igualdade Racial. Iniciativa "Palcos Virtuais Live Diálogos Entre Nós" reconhecida com o Selo Municipal de Direitos Humanos e Diversidade 4ª edição (2021), concedido pela Secretaria de Direitos Humanos e Cidadania da Cidade de São Paulo.

Contatos
guilherme@dialogosentrenos.com
LinkedIn: www.linkedin.com/in/guifgobato
Instagram: @gui_gobato
Youtube: Diálogos Entre Nós Diversidade e Inclusão
11 98292 0177

Descrição: Guilherme Gobato é um homem branco, cis, gay, 40+. Ele usa cabelo e barba pretos curtos, óculos de grau, paletó escuro sobre camisa com listras, um cordão nas cores do arco-íris e está sorrindo discretamente.

Eu tinha nove anos de idade quando Star Trek foi ao ar. Eu olhei para a tela e saí correndo pela casa, gritando: "Vem aqui, mãe, todo mundo, depressa, vem logo! Tem uma moça negra na televisão, e ela não é empregada!"
Naquele momento eu soube que eu poderia ser o que eu quisesse.[1]
WHOOPI GOLDBERG, atriz negra norte-americana

Representatividade importa

Olhar-se no espelho é, para além de vermos uma imagem refletida, deparar-nos com algo que nos é semelhante, que representa nosso modo de ser e que nos aproxima (ou mesmo nos distancia, em certos casos) do que a sociedade inicialmente pode perceber sobre nós mesmos.

Imaginemos olharmos para as imagens que nos cercam no mundo e percebermos que não se assemelham, não dialogam conosco, tampouco nos representam. Do que estou falando? Meu convite é para pensarmos em representatividade como pilar estratégico para inclusão de diversidades.

O substantivo feminino **representatividade** remete à qualidade de representativo ou, em outras palavras, à qualidade de alguém, de um partido, de um grupo ou sindicato, cujo embasamento na população faz com que ele possa exprimir-se verdadeiramente em seu nome. Em diversidade e inclusão, pensemos representatividade pelo prisma da amostragem, sob o argumento de que pessoas intencionam ocupar espaços de poder a partir do momento em que se enxergam nesses ambientes. Em outras palavras, podemos ser o que podemos ver.

Um exemplo disso é pensarmos: quantas grandes obras de arte da história trazem a imagem de pessoas negras como centro de suas representações? Indo um pouco mais além, como mulheres negras em particular são representadas? E quantas pintoras negras, na atualidade, têm seus trabalhos reconhecidos? Nesse sentido, ressignificarmos nossos olhares diante de padrões históricos eurocentrados é, fundamentalmente, questionarmos desigualdades socialmente construídas com as quais convivemos ainda hoje e que são frequentemente encontradas em empresas.

---

1 Tradução livre de "Well, when I was nine years old Star Trek came on," Goldberg says. "I looked at it and I went screaming through the house, 'Come here, mum, everybody, come quick, come quick, there's a black lady on television and she ain't no maid!' I knew right then and there I could be anything I wanted to be". Disponível em: <https://glo.bo/3nMRW8j>. Acesso em: 01 ago. de 2021.

Meu olhar em artes foi repensado quando tive contato com algumas das releituras da artista cubano-americana Harmonia Rosales. Ela defende a importância de jovens negras sentirem-se representadas em grandes obras e retrata mulheres negras onde originalmente encontram-se apenas pessoas brancas. Destaco duas de suas obras: *O Nascimento de Oxum*, em alusão ao clássico *O Nascimento de Vênus*, de Botticelli; e *A criação de Deus*, em referência ao afresco pintado por Michelangelo, "A criação de Adão".

Logo, representatividade, quando se fala em inclusão de diversidades, é algo fundamental para começarmos a espelhar a demografia de nossa sociedade nos amplos espaços de poder que frequentamos. Pensemos, por exemplo, quantas mulheres estão em posição de liderança, tanto em esferas privadas quanto públicas, e, dentre elas, qual a parcela que corresponde a mulheres negras e indígenas. É um passo importante para o tema da representatividade e que reforça o quão relevante esse conceito é.

Mais do que isso, reforça o quanto outros grupos são sub-representados, afinal quantas pessoas trans, por exemplo, participam com igualdade de oportunidades dos acessos sociais que pessoas cisgêneras usufruem com mais facilidade? E pessoas com deficiência, quantas? E a diversidade geracional, religiosa, cultural, como tudo isso está na foto?

As eleições municipais em 2020 obtiveram representatividade recorde de pessoas trans eleitas para vereadores: dados da Associação Nacional de Travestis e Transexuais (ANTRA) apontam 30 candidaturas trans eleitas para a legislatura em questão. Por outro lado, 900 municípios brasileiros não elegeram nenhuma mulher para suas Câmaras Municipais, ainda que mulheres representem 52,5% do total de eleitores do país.

Outro exemplo marcante, agora pela falta de representatividade, é trazido pelo Instituto Locomotiva, em pesquisa de 2017, que constatou que os brasileiros não se enxergam representados pelas propagandas exibidas pela televisão e espera das marcas maior representatividade. 103 milhões afirmam que não se identificam com as propagandas de TV, enquanto 76% das pessoas afirmam que as propagandas deveriam representar melhor a diversidade da população brasileira. E ao considerarmos somente os consumidores negros, vê-se que a sensação de não representatividade é maior: 53% das mulheres alcançadas pela pesquisa se consideram negras e, dessas, 73% consideram que a TV mostra mais mulheres brancas e loiras nas propagandas; 47% das mulheres têm cabelos crespos ou cacheados, e 83% consideram que a TV mostra mais mulheres com cabelos lisos nas propagandas. Um total de 85% das pessoas negras entrevistadas acreditam que as empresas devem respeitar a diversidade de seus clientes.

Representatividade para alcançarmos proporcionalidade

Dados do Instituto Brasileiro de Geografia e Estatística (IBGE) apontam que, no Brasil, 56% das pessoas se autodeclaram negras; mulheres representam aproximadamente 52%, sendo mulheres negras 28%, formando assim o maior grupo populacional individual; cerca de 6,8% das pessoas apresentam alguma deficiência; e há estimativas que a população de pessoas LGBTQIA+ gravite entre 10% e 15% do total.[2]

---

[2] A Escala Kinsey (década de 1950) estima em 10% a população homossexual em todo o mundo, desconsiderando questões de identidades de gênero e intersexualidade. Leia mais em: <https://bit.ly/3AyKKAt>. Acesso em: 01 ago. de 2021.

Proporcionalidade em Diversidade e Inclusão é uma relação entre o montante de pessoas de grupos minorizados – mulheres, pessoas negras, LGBTQIA+, pessoas com deficiência e demais marcadores sociais da diferença – frente ao total da população. Nesse sentido, diante de espaços de poder, de decisão e de influência que não representam demograficamente a sociedade ao seu redor, questionarmos a representatividade ali encontrada é um dos caminhos para reivindicarmos proporcionalidade que reflita as estatísticas demográficas da sociedade na qual estamos inseridos.

Promover a inclusão de grupos minorizados nas organizações reforça a ideia do tanto que representatividade importa. No entanto, não podemos dissociar representatividade de proporcionalidade. Como dito no início, ver-se representado é essencial para reforçar que a inclusão de pessoas diversas é possível. Por outro lado, acreditar que representatividade registrada a níveis muito abaixo da proporcionalidade dos grupos minorizados é satisfatória significa subestimar os desafios da inclusão de diversidades rumo à proporcionalidade. O Instituto Ethos traz luz a essas questões, ao apontar que:

> Eles (população negra) participam também de 52,8% da população economicamente ativa e de 51,9% da população ocupada, porcentagens que indicam não haver praticamente sub-representação. No grupo de empresas aqui analisado, entretanto, os negros, de ambos os sexos, têm participação de apenas 34,4% em todo o quadro de pessoal. E as mulheres negras têm condição ainda mais desfavorável, com 10,6%, ocupando 10,3% do nível funcional, 8,2% da supervisão e 1,6% da gerência. No quadro executivo, sua presença se reduz a 0,4%. São duas, entre 548 diretores, negros e não negros, de ambos os sexos.

Incluir diversidades diz muito sobre mover esforços para que a demografia populacional esteja devidamente e proporcionalmente espelhada nos espaços de poderes em sociedade. Valem aqui algumas perguntas para reflexão: quantos professores negros e negras já passaram em nossas vidas? Qual a raça, etnia e gênero dos principais estudiosos em determinados campos da ciência? Quais são as pessoas com quem mais nos relacionamos? Olhar o mundo ao nosso redor, questionarmos quão representativo é e o que pode ser feito para expandir e incluir diversidades de forma proporcional são pontos fundamentais para avançarmos nessa pauta.

A busca por representatividade e consequente proporcionalidade de grupos minorizados não deve ser confundida com o perigo de uma história única, tão bem narrada pela escritora nigeriana Chimamanda Ngozi Adichie. Tampouco podemos acreditar que a inclusão de umas poucas pessoas negras, mulheres, LGBTQIA+ ou com alguma deficiência por si só possa dar conta da representatividade necessária para grupos minorizados como um todo. Esse aspecto de inclusão, quando pensa-se em alcançar representatividade sem a devida proporcionalidade demográfica do grupo que se busca incluir, mostra-se superficial ao longo do tempo. A essa ação, digamos, ineficaz dá-se o nome de *tokenismo*, motivo pelo qual precisamos nos debruçar sobre isso.

O que *tokenismo* e Chimamanda podem nos ensinar sobre inclusão de diversidades e representatividade?

Chimamanda certa vez disse ao final de uma de suas mais conhecidas palestras – O Perigo de uma História Única – que "histórias importam. Muitas histórias importam. Histórias têm sido usadas para expropriar e tornar maligno. Mas histórias podem também ser usadas para capacitar e humanizar". E nos brinda com a seguinte reflexão final: "quando nós rejeitamos uma única história, quando percebemos que nunca há apenas uma história sobre nenhum lugar, nós reconquistamos um tipo de paraíso". O conceito de *tokenismo* estabelece esse paralelo da história única e mostro o porquê de relacioná-lo especificamente à reflexão de Chimamanda.

Ele emerge em meio à luta pelos direitos civis de pessoas negras durante as décadas de 1950 e 1960 nos Estados Unidos. Em seu livro *Por que não podemos esperar?* (*Why we can't wait*, no original em inglês), de 1964, Martin Luther King discute tal conceito e o tanto que ele ilude sobre a real noção de inclusão por meio de apenas alguns poucos símbolos. Em outras palavras, o *token* – que significa símbolo em inglês – pode aqui ser compreendido como um esforço superficial de atingir a inclusão de um grupo significativo em sociedade por meio de **apenas** alguns poucos representantes.

Em termos práticos, seria como acreditar que no Brasil, de maioria negra, encontrarmos **algumas** pessoas negras em posições de liderança nas empresas daria conta de qualificarmos tais ambientes como inclusivos. Ou, por sua vez, percebermos que **poucas** mulheres em espaços de decisão seria algo satisfatório. Ou, mais ainda, **uma** mulher trans exercendo mandato legislativo já seria suficiente para celebrarmos a plena conquista daquele espaço. O que quero dizer? A representação de um todo por uma pequena parcela é, na realidade, a ilustração clássica do *tokenismo*. Pessoas negras representam 56% da população brasileira (IBGE); mulheres, 52% (IBGE) e pessoas trans, embora não haja estimativas oficiais, quase não são percebidas para além da prostituição de seus corpos (cerca de 90% dos casos segundo ANTRA).

Ao não corresponder à proporcionalidade do grupo social minorizado em acessos e direitos, o *tokenismo* presta-se a passar a falsa ideia de que tudo está indo bem, de que há representatividade, quando na verdade tende a perpetuar as desigualdades que supostamente deseja-se combater.

Afirmações como "temos lideranças negras, somos inclusivos!", "aqui nesta empresa as mulheres ocupam postos executivos" ou até "somos LGBT-*friendly*! Conheçam nossa profissional trans" (no singular) traduzem estatísticas irrisórias de representatividade de tais grupos (pessoas negras, mulheres e trans). Esses símbolos da inclusão – os *tokens* – são mostrados à exaustão em fotos que ilustram ambientes corporativos, propagandas e espaços diversos de decisão em sociedade. Na verdade, o conceito vai além e serve para avaliar como essas práticas e essa representatividade entre os colaboradores é trabalhada.

O que fazermos?

Será que as práticas atuais das empresas atendem à representatividade e à inclusão de diversidades de fato? A pluralidade da sociedade se espelha no microcosmo dos ambientes de trabalho? Como esperar que a inclusão de uma pessoa por si só possa dar conta de todo o grupo que ela simboliza se, em essência, somos plurais e diversos?

Intencionalidade em inclusão de diversidades é fundamental para obtermos representatividade e proporcionalidade. Antes de mais nada, estudar a demografia da empresa, compará-la com a existente na sociedade e estabelecer metas de diversidade por grupos minorizados configura-se como bom ponto de partida. Neste sentido, adotar processos de seleção afirmativos, focados exclusivamente em trazer pessoas de grupos minorizados e que valorizem experiências de vida individuais e adesão à cultura da empresa ou mesmo flexibilizar alguns requisitos na descrição da vaga (tais como proficiência em inglês, cursos ou faculdades requeridas, idade e experiência anterior) convertem-se em bons exemplos do que fazermos para aumentarmos a representatividade. Treinar lideranças e pessoas recrutadoras em vieses inconscientes para proporcionar processos de atração e seleção mais inclusivos é essencial. Adicionalmente, desenvolver programas de mentoria e de aceleração de carreiras com vistas a suprir gaps de diversidade em níveis hierárquicos mais altos, assim como identificar e capacitar continuamente talentos potenciais em recortes de diversidade juntam-se aos esforços por mais representatividade e consequente proporcionalidade.

Algumas empresas podem estar no começo, outras já avançaram. O importante é continuarmos. Sigamos juntos celebrando e incluindo diversidades, não apenas porque é bom e estratégico para os negócios, mas porque é fundamentalmente bom para as pessoas que sustentam tais negócios e, em maior plano, para toda a sociedade. Inclusão de diversidades é o correto, o justo e o moral a ser feito. O que me diz?

Referência

FONTANA, G. *Quem são os vereadores trans eleitos em 2020*. G1. Disponível em: <https://glo.bo/2TbRgwy>. Acesso em: 01 ago. de 2021.

INSTITUTO ETHOS (2016). *Perfil social, racial e de gênero das 500 maiores empresas do país e suas ações afirmativas*, p. 25. Disponível em: <https://bit.ly/3EuHF6A>. Acesso em: 01 ago. de 2021.

PACETE, L. G. *Brasileiros esperam mais representatividade da propaganda*. Meio e mensagem. Disponível em: <https://bit.ly/3nHwvWc>. Acesso em: 01 ago. de 2021.

ROSALES, H. *The Birth of Oshun*. 18 set. de 2017. Instagram: honeiee. Disponível em: <https://bit.ly/3tN8e1S>. Acesso em: 01 ago. de 2021.

ROSALES, H. *The Creation of God*. 05 maio de 2017. Instagram: honeiee. Disponível em: <https://bit.ly/3AwZbVi>. Acesso em: 01 ago. de 2021.

VELASCO, C. *Mais de 900 cidades do país não terão nenhuma mulher na Câmara Municipal*. G1. Disponível em: <https://glo.bo/3lyqjgr>. Acesso em: 01 ago. de 2021.

12

UMA ESTRADA QUE ME LEVOU A ENXERGAR ALÉM

Analisar os padrões, flexionar as questões e "pensar interseccional" cria a possibilidade de desenho de planos de trabalho com teor transformacional mais profundo e início da quebra de paradigmas acerca de corpos fora da norma padrão cis-hetero-branca normativa. É preciso mergulhar sobre os dados para identificação da causa-raiz do problema e quais demandam ação imediata

LEILA LUZ

Leila Luz

Leila Luz é soteropolitana que, há quase uma década entre idas e vindas a São Paulo, ainda não "perdeu" o sotaque nem a baianidade. Neta de Dona Maria, filha de Dona Neuza e Seu Patrício e irmã de Patrícia, a quem as origens honra a cada passo. Graduada em Relações Públicas pela Universidade do Estado da Bahia, com especialização em gestão de projetos pela FGV, curso de extensão em administração pela Universidade de Oregon nos Estados Unidos. Começou a carreira em multinacionais do setor químico nas áreas de comunicação e responsabilidade social corporativa, em que liderou o primeiro grupo de negros para promoção da Diversidade e Inclusão racial nas empresas. Em 2018, foi reconhecida pelo Valor Econômico em um artigo sobre os paradigmas do racismo estrutural e pela série "Mulheres que Inspiram" do Movimento Mulher 360. Foi destaque na Forbes entre os 18 negros inovadores nos diferentes setores no país. Atualmente, é consultora sênior de diversidade e inclusão em uma multinacional do setor financeiro.

Contatos
Leilaluz87@gmail.com
LinkedIn: https://www.linkedin.com/in/leilaluz

Descrição: Leila Luz, mulher negra de cabelos castanhos crespos na altura dos ombros. Está sorrindo, usando um terno branco sobre uma blusa com desenhos.

Interseccionalidade – incitando novos (e mais profundos) olhares sobre a diversidade

O pensar interseccional demanda olhar as camadas das estruturas sociais, o reconhecimento de privilégios, a compreensão da amplitude de atuação de cada organização, entidade e primeiro setor que, por meio de políticas públicas e ações afirmativas em diversas frentes, têm o potencial em cadeia de endereçar as questões mais urgentes com maior prioridade em recursos. A baixa representatividade de mulheres cis e trans não brancas de diversos corpos, no cerne das discussões nas principais esferas de poder, atrasa a agenda de compreensão e planejamento estratégico considerando as necessidades dessas populações.

Há movimentos crescentes de representatividade e vozes das mulheres negras nos diversos setores no Brasil que demonstram o poder sobre a qual, mesmo diante das opressões que as silenciam, alcançaram postos importantes no cenário acadêmico, científico, político-social brasileiro, trabalhando em diversas causas para melhoria da vida da população negra no Brasil. O feminismo negro* abraçou as mais diversas pautas identitárias não se limitando ao olhar de gênero, mas classe, gênero, faixa etária entre outras.

> Ao pensar o debate de raça, classe e gênero de modo indissociável, as feministas negras estão afirmando que não é possível lutar contra uma opressão e alimentar outra, porque a mesma estrutura seria reforçada. Quando discutimos identidades, estamos dizendo que o poder deslegitima umas em detrimento de outras. O debate, portanto, não é meramente identitário, mas envolve pensar como algumas identidades são aviltadas e ressignificar o conceito de humanidade, posto que pessoas negras em geral e mulheres negras especificamente não são tratadas como humanas.
> CARLA AKOTIRENE

Há um movimento crescente para priorizar soluções em diversidade que melhorem os indicadores de transformação social, em especial para as populações negras, indígenas e de mulheres trans.

Este que chamo "olhar interseccional" permite que as organizações avancem "5 casas" na escala de maturidade de atuação em diversidade fortalecendo as comunidades negras por meio daquelas que as nutrem. Ou seja, investir naquela que é a representação do Brasil é o caminho mais assertivo para a inclusão.

Conectando os pontos

Responsabilidade social corporativa pode começar pelas comunidades do entorno e ampliar seu impacto de acordo com disponibilidade de recursos e, em Diversidade e Inclusão, como um dos seus pilares, não é diferente. Uma teia mais profunda de conhecimento dos *stakeholders* da organização *versus* o potencial de impacto transformacional pode prepará-la desde o melhor direcionamento dos projetos até a representatividade em diversos cargos na organização por meio de metas mais transparentes e realistas.

Percebemos que mulheres cis e trans negras, em razão da conexão de gênero e raça, além de outros fatores capacitistas, etários, sociais, entre outros, estão mais expostas às vulnerabilidades sociais e exclusão e menos representadas, principalmente, nas empresas. O conhecido dado de 0,4%* de mulheres negras em posição executiva não parece acompanhar as metas de gênero e raça quando anunciadas pelas organizações. Ter os dois fatores explícitos nesses comunicados têm objetivos e amplitudes mais potentes do que quando pensados separadamente.

Grupo de afinidades como indicador de engajamento

Os grupos de afinidades criados por empresas costumam servir como um "termômetro" se há aderência às causas ou o quão participativo e/ou inclusivo as metas de inclusão consideram seus principais impactados. É claro que não há uma regra para as dinâmicas dessas formações, a cultura da organização influencia o "perfil" e autonomia de atuação dos colaboradores nessas redes de contato e não há uma "regra" sobre como os trabalhos serão conduzidos.

Vejo poucos momentos nos quais esses grupos, em processo de descoberta dos seus papéis e responsabilidades, provocam ou são provocados a conectar as pautas com os demais grupos da organização. Há de se considerar aqui que a própria estrutura na qual as pautas identitárias continuam a ser conduzidas, política e socialmente, se refletem nas dinâmicas dos grupos identitários.

No processo de transformação cultural que tem a diversidade como protagonista, provocar e/ou promover que os "grupos de afinidade" conectem-se e percebam o poder de atuação mais profunda do *microcosmo* organização, formará multiplicadores engajados especialmente em razão do poder transversal de atuação e visibilidade das causas envolvidas, estimulando assim o potencial inovador das mentes conectadas.

Cruzamento de dados para planos mais efetivos

Os guias temáticos de avaliação de índice de diversidade e sustentabilidade têm importante impacto na forma como as estratégias se conectam atingindo populações mais vulneráveis. O Índice de Inclusão Racial Empresarial, o Indicador Ethos de Diversidade* e o WEPS, como indicadores do estágio de maturidade em diversidade por meio dos *rankings*, "provocam" as empresas a melhorarem suas notas pela mudança em suas práticas.

Envolver transversalmente a empresa na identificação de problemas e desenvolvimento de soluções para a Diversidade precisa contar com aliados na organização que potencializem o poder de atuação social. Sustentabilidade é uma das agendas mais importantes no que diz respeito à pauta de desenvolvimento social humano, redução das desigualdades e diversidade. Se há um primeiro passo a seguir é: o que o mercado está fazendo que a minha empresa pode fazer melhor?

Números sozinhos não "falam", mas são grandes aliados

Corporações de diferentes dimensões contam com formas de medir a densidade populacional da empresa: seja por conta da aplicação do E-Social[1] ou pela existência de uma área de *Analytics*[2] que forneça indicadores e planilhas. Esses elementos são o primeiro passo do processo para identificar comparando os dados com a população brasileira, quão distante está a representatividade do quadro de colaboradores.

Para aprofundar o "retrato" extraído pelos números, rodas de conversa ou *focus group* são aliados para a construção de um panorama qualitativo sobre as impressões dos colaboradores acerca da diversidade ao passo que compreende as expectativas e como endereçá-las conectando a estratégia de atuação da companhia. Se os números apontam para uma maioria de mulheres e um baixo número de mulheres negras nos mesmos cargos, é preciso avaliar os números e ouvir as mulheres da organização para entender se é uma organização inclusiva a "*todos*" para dar "*insights*" valiosos para os próximos passos de trabalho. Reforço que a conscientização por meio do letramento racial para toda a companhia acelera e é essencial para a implementação dos planos para todas as frentes.

Mobilização em rede para o exercício da interseccionalidade nas organizações

A primeira dica está explícita nos grupos de afinidades e verificação dos dados. As análises permitirão algumas possibilidades que exemplifico a seguir, todavia, não se limitando a estas.

Mulheres x mulheres negras

Grande parte das metas de inclusão não consideram esse recorte. Há uma frequência estatisticamente comprovada de maioria de mulheres brancas em posições de liderança e ausência de ações dentro dos grupos de mulheres e negros sobre a mulher negra. Ambas as pautas podem ser alavancadas se a formação e aceleração de carreiras de mulheres negras figurarem como prioritárias na construção dos indicadores de gênero.

Pessoas com deficiência x pais de filhos com deficiência

Uma empresa nos EUA criou um grupo de afinidades de "pais e mães de filhos com deficiência". Nessa agenda, pontos como o benefício do plano de saúde para

---

1 Novo sistema de registro, elaborado pelo governo federal, para facilitar a administração de informações relativas aos trabalhadores de forma padronizada. Disponível em: <https://www.gov.br/esocial/pt-br>. Acesso em: 13 fev. de 2022.

2 O *People Analytics* é um processo que envolve a coleta, a organização e a análise de dados, visando compreender o comportamento e as expectativas dos colaboradores dentro da organização. Disponível em: <https://intelligenzait.com/o-que-e-people-analytics-e-como-usa-lo-no-rh-da-sua-empresa/>. Acesso em: 13 fev. de 2022.

esse grupo foram "melhorados" e as conversas aproximavam atores com diferentes níveis hierárquicos da organização pensando em soluções conjuntas.

Trazer essa oportunidade e estimular a troca de pais com o grupo de pessoas com deficiência da organização tem um potencial incrível de quebra de vieses por meio da demonstração da autonomia da pessoa com deficiência em vários espaços ao passo que amplia a rede de aliados para o tema de pessoas com deficiência.

Refugiados x pessoas negras

O Brasil é um dos principais lugares na rota de migração de pessoas de países como Haiti, Congo, Senegal e Venezuela[3]. Esses migrantes, majoritariamente não brancos, ao chegar ao Brasil, experienciam o que ouvi de um dos colegas "racismo à brasileira". Ele exemplificava isso como as pessoas não se sentarem ao lado dele no ônibus ou atravessarem a rua em sua presença. Ele acrescentou que não entendia aquilo em um país negro.

Conectar as pautas por meio dos grupos ou sessões educativas em organizações que contratam essa mão de obra pode fomentar uma rede de apoio interna e, até mesmo, adaptação aos estrangeiros recém-chegados. Essa troca pode ser um processo positivo de intercâmbio cultural, além de uma proposta de desenvolvimento e formação de lideranças entre os grupos. Conheci pessoas em situação de refúgio que falavam no mínimo 4 idiomas, tinham ensino superior, MBA, com até 35 anos de idade... Ou seja, o perfil corporativo mais comum em qualquer escritório na Faria Lima, com oportunidades limitadas pelas suas origens e cor da pele.

LGBTQIA+ x mulheres x negros

O machismo e sua estrutura impõem a condição hierarquizada de gênero e opressões de alguns corpos sobre outros. Pode parecer complexo para uma agenda corporativa, mas exemplifico com o aumento de casos de violência contra mulher e público LGBQIA+ durante a pandemia em 2021[4] — em sua maioria pessoas negras. Essas "dores" trazem a possibilidade de criação de uma rede de apoio interna e o fortalecimento dos canais de denúncia de forma que a comunicação entre os grupos seja conduzida apresentando dados, realidades e vivências distintas.

Conclusão

Os exemplos citados possuem apenas um tom de fomento ao engajamento e à comunicação para identificação de problemas do que um passo a passo do que chamo "olhar interseccional".

---

[3] A nacionalidade com maior número de pessoas refugiadas reconhecidas, entre 2011 e 2020, é a venezuelana (46.412), seguida dos sírios (3.594) e congoleses (1.050). Dentre os solicitantes da condição de refugiado, as nacionalidades mais representativas foram de venezuelanos (60%), haitianos (23%) e cubanos (5%). Disponível em: <https://www.acnur.org/portugues/dados-sobre-refugio/dados-sobre-refugio-no-brasil/>. Acesso em: 13 fev. 2022.

[4] Em 2020, segundo o Ministério da Mulher, da Família e dos Direitos Humanos, foram registradas 105.821 denúncias de violência contra a mulher nas plataformas do Ligue 180 e do Disque 100. (...) De acordo com o ministério, uma mudança na metodologia adotada em 2020 impede que os dados sejam comparados com anos anteriores. Disponível em: <https://glo.bo/3o3hIUo>. Acesso em: 13 fev. 2022.

A premissa que espero ter destacado é a necessidade de convidar os atores das variadas frentes para trabalhar em toda construção da estratégia de diversidade. Eu, particularmente, entendo a diversidade como articuladora das vozes, mas, jamais, falar por elas. O que ressalto aqui é que, para que o "olhar interseccional" se torne uma prática na organização, é preciso mudar a direção do binóculo e convidar mais observadores para a construção dos insights e prioridades. É fazer COM e não PARA.

Entender o lugar no mundo, especialmente no plano de negócios de cada organização, é ter um olhar sustentável para estratégia de contratação de talentos e constante renovação das marcas.

Referências

AKOTIRENE, C. *Interseccionalidade*. São Paulo: Jandaíra, 2019.

DA SILVA, R. N. *O que é People Analytics e como usá-lo no RH da sua empresa?* Intelligenza. Disponível em: <https://bit.ly/3ETJiKA>. Acesso em: 04 out. de 2021.

IBGE. *Desigualdades sociais por cor ou raça no Brasil*. 2019. Disponível em: <https://biblioteca.ibge.gov.br/visualizacao/livros/liv101681_informativo.pdf>. Acesso em: 04 out. de 2021.

INSTITUTO ETHOS. *Perfil social, racial e de gênero das 500 maiores empresas do brasil e suas ações afirmativas*. Instituto Ethos, 2016. Disponível em: <https://bit.ly/3EXW4ry>. Acesso em: 04 out. de 2021.

INSTITUTO ETHOS. *Presença feminina permanece desigual no ambiente corporativo*. < https://www.ethos.org.br/cedoc/presenca-feminina-permanece-desigual-no-ambiente-corporativo/ Acesso em: 23 fev. de 2022.

MARTELLO, A. *Brasil teve 105 mil denúncias de violência contra mulher em 2020; pandemia é fator, diz Damares*. G1, 2021. Disponível em: <https://glo.bo/3Dccg8d>. Acesso em: 04 out. de 2021.

OXFAN Brasil. *A participação de mulheres negras na política importa! Entenda os motivos*. Disponível: <https://www.oxfam.org.br/blog/mulheres-negras-na-politica/>. Acesso em: 04 out. de 2021.

RIBEIRO, D. *Quem tem medo do feminismo negro*. São Paulo: Companhia das letras, 2018.

UNACR/ACNUR. *Dados sobre refúgio no Brasil*. Disponível em: <https://www.acnur.org/portugues/dados-sobre-refugio/dados-sobre-refugio-no-brasil/>. Acesso em: 04 out. de 2021.

13

GENERATION ORACLE
QUEM VÊ CARA NÃO VÊ POTÊNCIAL

Este é um caso real de impacto cultural-corporativo pela diversidade e inclusão. A Oracle é uma das maiores empresas globais de tecnologia e, na América Latina, iniciou seu processo de transformação cultural em 2016, ressignificando sua imagem como marca empregadora no mercado. Neste capítulo, será descrito brevemente a jornada percorrida no desenvolvimento de iniciativas que exponencializaram essa mudança, fundamentada pelos líderes e protagonizada pelos colaboradores.

TACIANE KANASHIRO E ISABELLE CHRISTINA

Administradora, apaixonada por novos desafios, ideias disruptivas e projetos de impacto. Entrou na Oracle em 2017, na área comercial, passou a trabalhar com a área técnica e hoje faz parte da equipe de Diversidade e Inclusão, gerenciando o programa GenO na América Latina. Acredita veementemente, no poder da oportunidade e no valor da educação para um futuro melhor.

Contato
LinkedIn: https://bit.ly/3mTp8dy

Taciane Kanashiro

Descrição: Taciane é mulher de descendência oriental. Tem cabelos escuros e compridos e olhos escuros. Aparece sorrindo na imagem.

Estudante de engenharia da computação, que acredita no uso da tecnologia como uma ferramenta para a transformação e empoderamento global. Começou a trabalhar na Oracle em 2019, como jovem aprendiz; hoje, atua como Consultora de desenvolvimento de novos negócios, além disso, é fundadora do Instituto Meninas Negras. Apaixonada por impactar a vida das pessoas e contribuir para o desenvolvimento social por meio da inovação, acredita que a tecnologia é ferramenta essencial no processo de mudança.

Contatos
LinkedIn: Isabelle Christina
Instagram: @isabelle.schristina

Isabelle Christina

Descrição: Isabelle é uma mulher negra, cabelos negros e compridos. Usa uma blusa em decote V escura com desenhos claros. Está sorrindo na foto.

A indústria de tecnologia vem sofrendo grandes avanços nos últimos anos, um dos principais foi a transição do mundo analógico para a nuvem. Nesse contexto, as empresas do ramo deixam de vender produtos e licenças para vender serviços de nuvem, o que consiste em adaptar a maneira com a qual elas se relacionam com os seus usuários e, consequentemente, promover uma cultura interna com foco na satisfação do cliente. Para garantir uma relação saudável entre empresa-consumidor, é preciso ter colaboradores e líderes que se conectem e, sobretudo, compreendam todas as pessoas. Durante uma discussão do comitê executivo da Oracle na América Latina, em 2018, os principais líderes da empresa questionaram o seguinte: "Estamos realmente construindo uma camada de líderes diversos para o futuro da nossa gestão?". Luiz Meisler, vice-presidente da região, perguntou se algum líder gostaria de levar o tema adiante. Rodrigo Galvão, presidente Brasil na época, se voluntariou para desenvolver um projeto que visasse potencializar a ideia. Ali foi só o início da jornada de um dos principais projetos de transformação no pilar de pessoas para a região.

Com o objetivo de contratar estagiários, ou "GenO", como eles são chamados na Oracle, Rodrigo desafiou cinco jovens, que foram ex-*trainees* e ex-estagiários (Taciane Kanashiro, Diogo Shibata, Lucas Nobeschi, Vittor Lemos e Lucas Leung) e que formavam uma equipe multidisciplinar (área técnica, *startups*, vendas e *marketing*, respectivamente), para formularem a proposta de um programa que tinha apenas uma premissa: foco em gerar oportunidades para pessoas com vontade de fazer acontecer, mas que historicamente ficaram fora de processos seletivos de grandes empresas, como a Oracle. No grupo, os profissionais, sem conhecimento em recursos humanos, sonharam alto e não se limitaram às barreiras corporativas durante o desenvolvimento do projeto. O principal ponto foi compreender que o foco deveria ser nos valores e caráter das pessoas, e não considerar competências técnicas e currículo, já que o programa visava contratar estudantes.

O programa *Generation Oracle* conta com um processo seletivo desenhado para gerar oportunidades e desenvolver o profissional dentro da empresa, pois elimina pré-requisitos que estão associados a contextos sociais, como ter inglês fluente e estudar em certas universidades. Também foram eliminadas as barreiras geracionais, pois não existe idade para ser GenO desde que estejam em um curso de nível superior. Como essência, o programa contrata por alinhamento com os valores e a cultura da empresa, e promove treinamento em competências técnicas para que, no futuro, esse estagiário possa se desenvolver e ganhar o seu espaço nas lideranças da Oracle. Esse foi o primeiro passo para iniciar uma discussão incansável com o time de recrutamento sobre quais competências são fundamentais e quais poderiam ser desenvolvidas para todos os outros cargos.

Tendo em vista uma seleção eficaz, a primeira geração de GenOs iniciava com o processo de aplicação no portal de vagas da Oracle e, logo após, recebia um e-mail para entrar em uma plataforma que borra a imagem e distorce a voz de todas as pessoas candidatas. Elas tinham como desafio gravar um vídeo escolhendo dois dos valores da Oracle para se apresentar (ser uma pessoa apaixonada, se comportar como dono, viver por excelência, ter o espírito de *startup*, ter foco no cliente e encarar a verdade). Como os currículos foram desconsiderados desde a aplicação, os vídeos foram fundamentais para identificar pessoas que apresentavam discursos alinhados com esses princípios. Depois passaram por um teste de compatibilidade com cada um dos valores e nível de consistência de cada candidato. Na fase final, o time de recrutamento pôde conhecer as pessoas em uma dinâmica de grupo que utilizou uma ferramenta em nuvem da Oracle para analisar dados, identificar um problema e propor uma solução.

Uma empresa que deseja recrutar com diversidade, precisa ter o compromisso com a inclusão. Na Oracle, os GenOs recebem mentoria durante todo o ano de estágio com foco em guiar e apoiar o desenvolvimento e as decisões que são propostas durante o programa. Todo o grupo passa por um plano de rotações entre diversas áreas o que permite uma oportunidade única de experimentar novas tarefas, criar uma rede de contatos extensa na empresa, desenvolver projetos, propor novos processos e o mais importante: criar pontes entre áreas e pessoas. Em todas as áreas, os GenOs contam com membros da equipe chamados de Guardiões, que são responsáveis por designar tarefas, apoiar, ensinar e cuidar durante o período de três meses de rotação. Esses dois papéis exercem uma influência muito importante na experiência de estágio dos estudantes que estão iniciando carreira, pois além de compartilhar conhecimento e unir uma comunidade de colaboradores com o programa, a Oracle ganhou vários aliados à causa de D&I.

O programa acontece anualmente em 7 países da América Latina, e esse aspecto foi fundamental para exponencializar a transformação cultural que já estava acontecendo localmente em cada um desses lugares. Já na primeira edição, foi possível notar uma mobilização da empresa inteira para oferecer uma experiência diferente e inovadora, conectando com o propósito da iniciativa de desenvolver talentos diversos. O resultado do primeiro grupo foi incrível, com muitos reconhecimentos em eventos internos e externos, inúmeros projetos executados, e um impacto positivo irreversível para a cultura da Oracle América Latina. O grupo finalista foi formado por 74 estudantes, teve 38 mulheres, vários que se autodeclararam LGBTQIA+, uma pessoa com deficiência visual, 4 pessoas com mais de 35 anos de idade, porém pouca diversidade de raça e etnia.

Por mais bem-sucedido que tenha sido esse processo em termos de dar oportunidades a histórias de talentos diversos, algumas lições importantes foram aprendidas. Entre elas, que existia uma distância muito grande entre a marca Oracle e os estudantes de grupos minoritários, principalmente de afrodescendentes, que se gostaria de atingir. Entendendo o distanciamento do público com os valores que a Oracle estava buscando, o time de diversidade descobriu lacunas de comunicação, de acesso e de representatividade muito grandes. Por mais que as nossas portas estivessem abertas, existiam lacunas sociais que não permitiam que essas pessoas chegassem até a empresa. A partir disso, pontes começaram a ser criadas, pois a Oracle colocou como missão desafiar as estatísticas.

Uma dessas pontes foi começar a criar relacionamento com o público que a empresa gostaria de atrair, por meio da participação de conferências e iniciativas focadas na conexão com essas pessoas como, por exemplo, a Conferência Juntos, o maior evento para atrair e conectar talentos negros a grandes empresas. Conforme a Oracle foi fortalecendo seu posicionamento e participando de ações como essa, foi possível notar que o público se sentia mais atraído com a ideia de trabalhar na empresa, mas não pensava que seria possível, pois não achava que tinha as competências e a formação necessária para competir com candidatos de outros contextos sociais e educacionais.

Para trabalhar essa percepção e transmitir a mensagem de que as pessoas pudessem se projetar e se visualizar concretamente trabalhando na Oracle, foi criado o programa Desafiando as Estatísticas. Esse projeto, que teve várias edições, tem como objetivo proporcionar uma experiência imersiva na cultura da Oracle por diálogos informais e honestos, oferecendo condições para que as pessoas desenvolvam relacionamentos com pessoas que possuem histórias parecidas e que hoje fazem parte da Oracle. Em parceria com a liderança, colaboradores e time de recrutamento, por meio dos encontros, é apresentado ao público a importância da diversidade como estratégia e missão. Além disso, como uma empresa de tecnologia que revoluciona o mundo, a Oracle acredita que a inovação começa com a inclusão e, é a partir da valorização da trajetória e do pleno potencial que cada pessoa traz, que será possível transformar a sociedade por meio da tecnologia e das soluções da empresa.

Essa iniciativa trouxe muito impacto internamente, principalmente a partir da conexão entre o público, colaboradores e gestores, cada vez mais engajados para entender melhor como criar ações ativas no processo de contratação e desenvolvimento de talentos negros. Isso gerou um ciclo virtuoso com consequências positivas e fortaleceu o relacionamento da Oracle com pessoas diversas, gerando oportunidades e contratação do público atraído.

Acreditamos que, quanto mais diversidade a empresa tiver internamente, mais preparada ela estará para agregar transformações e impactos significativos em sua estratégia, negócios e clientes, temos influenciado outras regiões da empresa com a expansão do programa GenO para EMEA (Europa, Oriente Médio e África), por exemplo. Mostrando o efeito na maneira de pensar a contratação de pessoas, foi perceptível que havia espaço para dar mais um passo adiante. Com isso, em 2021, iniciou-se a discussão sobre a continuidade do desenvolvimento dos estagiários depois da contratação para efetivos. O objetivo é que tenham uma base de crescimento sólida para suas carreiras e clareza de suas jornadas na Oracle como futuros líderes. A partir dessa discussão, foram identificadas diversas ideias, uma delas foi implementada em julho de 2021, o GenO Fast. Essa iniciativa visa a aproximação com os estudantes universitários em que apresentamos a companhia e todas as possibilidades que existem para pessoas que estão iniciando ou reiniciando carreira. É uma grande oportunidade de engajamento para o programa de estágio.

A escola inicia com o GenO Fast, um programa de aproximação com os estudantes universitários, seguindo para o GenO, estágio na Oracle de um ano, chegando ao GenO PRO, programa de *trainee* que visa efetivar os estudantes que se adequam aos perfis de carreira na Oracle. Esse programa também tem a duração de um ano, com o objetivo de dar continuidade adequada para esses novos talentos. Essas três iniciativas visam ao desenvolvimento contínuo, consistente e progressivo da carreira das pessoas participantes.

Ao longo da primeira edição do GenO Fast, durante o mês de julho de 2021, tivemos 34 universitários selecionados entre 2.762 inscritos, dos quais 65% foram mulheres, 68% pessoas negras, 29% pessoas brancas e 3% pessoas amarelas. Um grupo que representou quatro das cinco regiões do Brasil, totalizando 12 estados diferentes em todo o país. Aprendendo como os valores são agregados à sociedade por meio de suas tecnologias, os participantes vivenciaram uma imersão cultural por meio do acompanhamento dos GenOs e foram desafiados a resolver casos reais de empresas e *startups* do ecossistema da empresa por meio do desenvolvimento de projetos utilizando uma solução Oracle. Por meio do GenO Fast, a Oracle visa deixar uma marca positiva na vida e na carreira em ascensão dessas pessoas.

A conexão entre todas as ações da Oracle focando em diversidade e inclusão, tem um objetivo muito claro: formar a futura liderança da companhia que seguirá alavancando o processo de transformação cultural em todos os parâmetros da empresa. Esses talentos em desenvolvimento têm espaço para que se sintam parte e tenham autonomia desde o primeiro dia, pois se acredita veemente que vão dar continuidade à mudança, refletindo em sua essência as diversidades que trazem consigo, agregando valor dentro da empresa e em sua comunidade. A Oracle sempre foi uma escola de formação de talentos para o mercado e, agora, além de formar profissionais, também está preocupada em desenvolver pessoas que acreditam e agem em prol do propósito de transformar o mundo pela tecnologia e inovação.

14

APRENDER A CADA DEGRAU

Filho de imigrantes nordestinos, afrodescendente, nascido na periferia de São Paulo e único homem entre cinco irmãs. Tinha tudo para dar errado – se não fossem os ensinamentos dos meus mentores. Com sede de conhecimento e foco em vencer na vida, enfrentei grandes desafios e hoje compartilho meus conhecimentos com grupos de inclusão e jovens no início de carreira. Para mim, o sucesso é um exercício diário, que exige determinação e objetivos claros.

ALMIR SILVA

Almir Silva

Formado em Administração de Empresas, pós-graduado em Estratégia de Negócios e com especialização em Liderança Corporativa e Rede de Computadores, atua nas áreas de sucesso do cliente, consultoria estratégica e tecnologia da informação. Desenvolveu a carreira em empresas como: Salesforce, Accenture, Telefônica, Lucent Technologies (hoje AT&T) e Dimension Data (hoje NTT), em funções executivas e gerenciais. Casado e com dois filhos, praticante de *skate*, atua como mentor-voluntário junto aos jovens de baixa renda que entraram em universidades públicas pelo Instituto SEMEAR.

Contatos
Almir.silva@salesforce.com
LinkedIn: www.linkedin.com/in/almirsilva
11 97153 8526

Descrição: Almir Silva, homem afrodescendente, calvo, olhos escuros. Aparece, na imagem, vestido com um paletó e camisa, usando óculos, de braços cruzados e sorrindo.

Minha origem para enfrentar os desafios da vida

Das milhares de famílias que migram para São Paulo em busca de melhores oportunidades, a minha foi uma delas. De origem simples e com 6 filhos, meu pai, marceneiro, e minha mãe, dona de casa, passaram a morar na periferia, no extremo sul de São Paulo, no bairro do Campo Limpo.

Por ser o único menino entre 5 irmãs, sempre estava ao lado do meu pai na marcenaria. Nos meus momentos de folga, construía meus próprios brinquedos com pedaços de madeira que sobravam. Carrinhos e tratores eram minhas especialidades.

Durante minha adolescência, tive duas grandes oportunidades que mudaram o meu destino profissional. A primeira foi com apenas 16 anos, quando me matriculei em um curso de computação. Apesar de ficar distante da minha casa, valeu cada hora de viagem que eu levava para chegar à escola. O curso me deu a oportunidade de mudar a minha realidade e perspectiva de vida.

A segunda grande oportunidade foi quando consegui uma bolsa de estudos para o curso técnico de processamento de dados no Ensino Médio de uma das escolas mais conceituadas da grande São Paulo, o Colégio São Luís Gonzaga, localizado na Av. Paulista. Imagine uma pessoa afrodescendente da periferia em um colégio de elite. Nessa fase, me deparei com diferenças culturais, desafios e cansaço, pois trabalhava de dia e estudava à noite. Ainda assim, com muita força de vontade, foquei nos estudos e, para minha surpresa, durante a celebração de colação de grau, fui reconhecido com a medalha de Perseverança, uma lembrança que guardo até hoje.

Passei a trabalhar na área de tecnologia da informação, como programador de sistemas, em uma empresa de projetos de Engenharia. Meu salário era baixo e mal dava para pagar minhas despesas e ajudar em casa. Então, para entrar na faculdade, recorri ao crédito educativo de um banco federal. Foi assim que consegui me formar no curso de Administração de Empresas com ênfase em Análise de Sistemas.

O início da minha grande jornada profissional foi quando consegui um estágio na área de tecnologia em uma empresa multinacional. Peraí! Para trabalhar em uma multinacional não precisa falar inglês?

Foi então que encarei o próximo desafio. Percebi que não poderia parar de estudar e aprender coisas novas se quisesse alcançar meus objetivos.

Momento adequado e com o propósito correto

Em janeiro de 2017, comecei a trabalhar na Salesforce, após um processo seletivo extenso. Lembro-me até hoje como foi participar do famoso *Day One*, o primeiro dia de trabalho.

Nesse dia, me foi apresentado o modelo 1-1-1 criado pela Salesforce.org, que consiste em doar 1% do tempo dos funcionários, 1% dos produtos e 1% do capital próprio. Esse modelo de filantropia, que faz parte da Salesforce desde a fundação da empresa, em 1999, permite que os colaboradores contribuam com a sociedade pela doação de tempo, esforço e conhecimento. No mundo, a Salesforce contribuiu com mais de US$ 475 milhões em doações e mais de 6 milhões de horas de voluntariado em causas que retribuem para a comunidade.

Atualmente, existem mais de mil outras empresas espalhadas pelo mundo que participam do programa denominado Pledge 1%, que foi inspirado pelo modelo 1-1-1. Esse movimento incentiva e capacita empresas de todos os tamanhos e estágios a adotarem essa iniciativa global.

À medida que me aprofundava em conhecer melhor o modelo 1-1-1, uma questão interna passou a me incomodar: como posso utilizar minhas horas de voluntariado da melhor forma possível?

O uso desses sete dias pagos ao ano pela Salesforce precisava estar alinhado ao meu propósito: ajudar outras pessoas com as minhas experiências pessoais e profissionais. E não é que o universo veio a meu favor?

Certo dia, eu estava na recepção do escritório, então localizado em Alphaville (Barueri-SP), preparando um café expresso, e aproveitei para conversar com um amigo sobre diversos assuntos. Durante nossa conversa, começamos a falar sobre voluntariado e propósito. À medida que a conversa avançava, meu amigo parou um instante e disse:

— Almir, como você está em busca de uma forma para usar suas horas de voluntário, por que você não entra em contato com o Instituto Semear? Eles estão com processo seletivo aberto para mentores.

— Sério? Mas o que é o Semear?

— O Instituto Semear fornece as condições para que jovens brasileiros de baixa renda se desenvolvam durante a graduação, evitando a evasão estudantil.

— Nossa, que legal! Vou entrar em contato com eles e participar desse processo seletivo para ser um mentor voluntário.

Foi então que iniciei minha trajetória de voluntariado na Salesforce, por meio de uma instituição com o mesmo propósito que o meu.

Ao longo dos últimos anos, tive a oportunidade de atuar como mentor-voluntário para os jovens-sementes que me foram designados após a realização do processo de *match*.

Participar desse processo foi muito emocionante e gratificante, pois me permitiu conhecer novas pessoas e assumir a responsabilidade de acompanhá-las pelo período de um ano. Eu, particularmente, tive a honra de conhecer jovens simplesmente fenomenais como indivíduos, estudantes, sobreviventes e, ao final do ciclo de mentoria, como amigos.

A lição de vida que cada um dos jovens me transmitiu me fez pensar em como me tornar um ser humano melhor a cada dia, nesta sociedade cada vez mais complexa.

Quando as pessoas me perguntam: — Almir, como é ser mentor-voluntário de um jovem-semente?

Respondo com a seguinte perspectiva: é fantástico, pois tenho a oportunidade de conhecer uma pessoa totalmente nova, com a qual posso compartilhar um pouquinho da minha experiência de vida pessoal e profissional, além de aprender algo novo. Por exemplo: em um dos encontros de mentoria com um dos jovens-semente, ele me explicou um pouquinho sobre a manipulação de combustível para foguete. Fantástico!

Nessa jornada de mentoria no Semear, com vontade de ajudar ainda mais, aproveitei para me aproximar de um dos grupos de igualdade da Salesforce, conhecido como BOLDforce Brasil – Black Organization for Leadership and Development.

Esse grupo de igualdade (*equality group*) na Salesforce tem por objetivo prover suporte aos colaboradores afrodescendentes, para que tenham oportunidades de desenvolvimento e evolução na carreira por meio de atividades internas e externas, encontros e discussões com entidades e parceiros.

Inicialmente, minha participação estava um tanto tímida, mas com o passar do tempo fui conhecendo melhor os membros do grupo e assumindo algumas atividades.

Uma delas, que me desafiou a expandir o meu *networking*, foi identificar empresas no Brasil que tivessem iniciativas de grupos de igualdade similares aos da Salesforce, vislumbrando trocar experiências e boas práticas.

Nos últimos anos, tive a oportunidade ímpar de realizar diferentes iniciativas locais e internacionais em parceria com os membros do BOLDforce e aliados, provendo:

- suporte a projetos e *pro-bonos*;
- execução de mentoria para ONGs e *startups*;
- desenvolvimento de *networking* com parceiros.

As ações do BOLDforce têm o objetivo de destacar talentos do grupo para que tenham protagonismo nas diversas áreas de atuação dentro da Salesforce, além de devolver um pouco para a sociedade.

O aliado, como mencionei acima, é uma pessoa que não necessariamente se identifica como alguém de um grupo sub-representado ou minorizado, mas busca entender os problemas que afetam esses grupos e usa as próprias plataformas, *networking* e recursos para gerar mudanças.

Outra iniciativa interessante que participei, iniciada em 2020, foi colaborar em sessões de mentoria com a liderança da startup social New School, buscando ajudá-los a acelerar a visibilidade para a sociedade, estruturando processos administrativos e financeiros que uma ONG precisa atender e adotar. Além disso, colocamos à disposição nossa rede de contatos dos membros do BOLDforce para identificar e conectar potenciais parceiros alinhados aos propósitos da New School.

A New School viabiliza um modelo de ensino por plataforma digital acessível aos jovens da periferia, permitindo acesso a diferentes tipos de conteúdo, inclusive conteúdos preparados pela Salesforce e disponibilizado pela plataforma de *e-learning* gratuito *Trailhead,* da Salesforce. Com conteúdo disponível em seis línguas, incluindo português, a plataforma de aprendizagem traz módulos para desenvolvimento técnico em transformação digital aplicada às áreas de vendas, atendimento ao cliente, marketing, comércio eletrônico e outras, assim como aborda temas de gestão, como promoção de igualdade no ambiente de trabalho e alinhamento aos Objetivos de Desenvolvimento Sustentável (ODS).

Em conjunto com a New School, foram criadas aulas sobre a tecnologia Salesforce e seus produtos, permitindo que os jovens tenham acesso ao ambiente de treinamento *on-line*, desenvolvendo as habilidades necessárias e ganhando fluidez sobre os conteúdos disponibilizados. Dessa forma, os jovens conseguem estudar de acordo com a disponibilidade e tempo que possuem, considerando a rotina de vida que cada um possui.

Sabemos que muitos jovens desanimam quando estudam sozinhos. Para ajudar a endereçar essa situação, entra em cena a execução de mentorias e os encontros virtuais (*webinars*) com profissionais capacitados. Esses profissionais aproveitam a oportunidade para apresentar situações do dia a dia, assim como compartilhar um pouco da experiência profissional que adquiriram ao longo da carreira.

É gratificante fazer parte de uma empresa multinacional que fornece o espaço e a oportunidade para inclusão das pessoas originárias de grupos minorizados. Essa cultura filantrópica que permeia a organização contribui para meu objetivo de combater o racismo estrutural que, infelizmente, ainda faz parte da nossa sociedade.

Com base nas experiências que vivi dentro de diferentes empresas, com diversos tamanhos e em diversos segmentos, disponibilizar uma pauta sobre igualdade e acessibilidade permitirá que mais pessoas abordem-na de forma fluida e ampla, colaborando em prol de um objetivo maior.

Devemos ser um dos agentes da mudança que esperamos encontrar no mundo.

15

TECNOLOGIA PARA ACELERAR A INCLUSÃO, COM RESULTADOS PARA EMPRESAS E PESSOAS

Entre 2016 e 2018, a partir de uma iniciativa do movimento Lab60+, incluímos grupos de seniores (profissionais 50+) em mais de 20 organizações de ponta, para que pudessem contribuir em alguns desafios críticos. Os resultados foram invariavelmente incríveis. A pergunta que ressoou para nós na sequência foi: "Então, por que não ocorre a inclusão?".

SERGIO C. SERAPIÃO

Sergio C. Serapião

Com 47 anos, graduado em administração de empresas (FGV-SP), MBA (IBMEC-RJ), pós-graduado em Transdisciplinaridade (Unifesp) e mestre em liderança organizacional (TGI-EUA). Fundador e CEO da Labora. Iniciei carreira na Shell e Accenture. Tenho mais de 20 anos de experiência em gestão de mudanças, modelagem de redes e negócios de impacto social positivo e longevidade. Empreendo socialmente há 18 anos e nos últimos 3 anos lidero desenvolvimento de tecnologia para acelerar e escalar a inclusão produtiva de diversidades, especialmente a geracional, atuando com empresas como Accenture, Oracle, Itaú, Americanas, Sanofi, Unilever, fintechs, entre outras. Este trabalho foi certificado internacionalmente por seu impacto social positivo pelo B-Lab e reconhecido com o Prêmio da Fundación Mapfre 2021 como "Best Social Innovation in Agingnomics – globally". Sou empreendedor social, nominado como "Fellow Ashoka", por fundar e coliderar movimento Lab60+, do qual participo ativamente do conselho do Instituto Lab60+, e do Sistema B Brasil, no qual exerço a copresidência do conselho.

Contatos
www.labora.tech
sserapiao@labora.tech
Linkedin: Sergio Serapiao

Descrição: Homem, latino, cabelos castanhos-escuros, um pouco despenteados, usa bigode e cavanhaque. Usa camisa social escura com uma camiseta branca por baixo.

Ao consolidar os resultados dessas imersões e de levantamentos qualitativos com o mercado, encontramos algumas novas hipóteses que iam muito além da percepção inicial. Entre elas:

- Idadismo estrutural inconsciente com associação da imagem dos mais velhos como pessoas ultrapassadas, com menos potencial e com dificuldades de aprendizado.
- Despreparo dos mais jovens para a potência da senioridade. Numa das imersões, a líder de inovação estava atônita com aquela potência silenciosa e assertiva: "esperava fazer um projeto com senhoras que fossem nos ajudar e vocês nos trouxeram um grupo de diretoras".
- Busca por novos modelos de trabalho por parte dos seniores: "já vivi uma carreira no mundo corporativo, neste momento, quero contribuir, mas não me ajustar a uma posição fechada, que me limite, quero conviver com outros afazeres".

Por outro lado, descobrimos novas possibilidades e elementos que fortaleciam a tese de que o mercado precisava dos seniores:

- Conexão intergeracional forma equipes mais respeitosas, colaborativas e resilientes. Quando as complementaridades de cada um são reconhecidas e constrói-se ambientes em que todos se sentem ouvidos e participantes, os resultados aparecem muito rápido. Porém, sem a devida atenção, a diversidade geracional pode gerar conflitos, culminando num desafio extra para os quais gestores não foram preparados.
- Crescente demanda por humanização das relações, decorrente de anos de investimento de automação, poderia ser suprida por seniores.
- Dinamismo e transformação digital vêm se acelerando, o que demanda das empresas revisão de seus modelos de organização, buscando soluções no ecossistema e não apenas internamente, com forças de trabalho mais flexíveis e grupos de diversidade que não estavam antes na empresa.
- Tecnologia e propósito não são monopólio de uma geração, são características de nosso tempo atual. Convivemos com seniores ávidos por aprender e se conectar com empresas que tenham propósito, só precisam de um ambiente que reconheça suas capacidades e características.

Ao entendermos que poderíamos minimizar os obstáculos identificados para induzir a inclusão e construir soluções para as dores dos negócios, a partir de uma tecnologia inclusiva, nasceu a Labora.

Nos últimos 3 anos, a *startup* mergulhou no desenvolvimento de tecnologias que retirassem cada obstáculo para a diversidade geracional adentrar no mercado. O primeiro grande *case* Labora foi construído a partir da demanda de um dos maiores bancos do país para incluir seniores em posições de trabalho, em 2019. Em vez de simplesmente atrair, selecionar e disponibilizar um grupo de 16 profissionais para atuarem no relacionamento com clientes, a Labora dispensou soluções superficiais que limitariam a inclusão e os resultados e focou sua atenção em cada elemento da inclusão, levando em conta os potenciais e limitações que esse grupo poderia apresentar para ter alta *performance*.

A seguir, alguns elementos desse *case* de disrupção e geração de valor compartilhado para empresas, talentos e sociedade.

Redesenho de posição de trabalho para seniores

Historicamente, há uma correlação entre idade, experiência e cargo hierárquico. Os mais velhos são vistos como mais caros e ocupam posições mais altas, enquanto as posições de entrada e operações são ocupadas por pessoas mais jovens, em início de carreira. A longevidade é uma nova variável nessa equação e embaralha essa correlação. Com o aumento da expectativa de vida, aliado à agilidade das transformações do mercado e da tecnologia, teremos muitas carreiras e vários reinícios de carreira. Assim, poderemos ter jovens e seniores em diferentes níveis hierárquicos. Para incluirmos diversidade geracional, precisaremos dar atenção individual às competências, habilidades e propósito das pessoas e não apenas abrirmos postos de trabalho para "todas as idades".

Esse foi o primeiro paradigma que quebramos com esse caso real. Convidamos seniores a realizarem primeiros relacionamentos com clientes em agências. Trabalho tipicamente atribuído a jovens em início de carreira. Porém, ao estudarmos os desafios da posição, entendemos que demandava *soft skills* (competências socioemocionais) que já havíamos mapeado em abundância em seniores, tais como: escuta profunda, empatia e paciência. Criamos a hipótese de que os seniores poderiam ter uma *performance* diferenciada a partir de *cases* internacionais de companhia aérea e de varejo nos quais seniores estavam associados à excelência no desenvolvimento de experiências de clientes, porém ainda tínhamos que provar com números que isso traria resultados ao banco.

Tomamos o cuidado de envolver várias áreas do banco para garantir ajustes na ergonomia (como garantir lugar para se sentar e não precisar atuar de pé por horas seguidas), nas jornadas de trabalho (definimos jornadas curtas de quatro horas diárias), flexibilidade de atuação (para permitir que os profissionais conciliassem outras atividades). Assim como definimos metas de atuação que valorizasse os atributos dos seniores e atendesse às dores do banco. A primeira missão foi para os seniores migrarem os clientes para o aplicativo digital do banco. Com esses cuidados, redesenhamos a posição de trabalho valorizando os potenciais dos seniores, mais do que suas limitações.

Lapidação de talentos seniores

O entendimento dos potenciais dessa nova força de trabalho, sênior, foi permitido pela tecnologia Labora, que mapeia suas competências, a partir de inteligência de dados, identificadas pela navegação das pessoas na plataforma. E aqui quebramos um segundo paradigma de que basta abrir oportunidades de inclusão de seniores para que a iniciativa dê certo. Nesse projeto, saímos do puro *hunting* de talentos e criamos oportunidades para um amplo número de pessoas e, a partir do desenvolvimento e lapidação de talentos (chamamos de *farming*), chegamos a um grupo que estava pronto para iniciar uma segunda carreira, a partir dos 50 anos.

Nenhum dos candidatos enviou currículo ou comprovou que já havia realizado trabalhos similares. Em vez disso, convidamos todos para participarem de um projeto de inovação e cocriação de posições do futuro para seniores. Em substituição às ferramentas de recrutamento que nos apontassem suas trajetórias passadas, a tecnologia entendeu quem era cada pessoa hoje e o que buscava para seu futuro por meio de exercícios de autoconhecimento, vídeos, cursos abertos e gratuitos. Naturalmente, o funil foi se formando e, dos mais de 3 mil inscritos, chegamos a um grupo de 18 profissionais que participaram do projeto piloto.

Matching por competências

Fruto desse *case*, atualmente já conseguimos realizar processos em escala. Com tecnologia, mapeamos as habilidades, atitudes e propósito de cada sênior e as apresentamos com novos instrumentos como os "Mapas de competências e propósito". Brincamos que "aposentamos" os currículos para "desaposentar" os seniores.

Ao colocar uma lente nos talentos desenvolvidos ao longo de anos, e que não necessariamente estão relacionados a posições ou carreiras, ampliamos a gama de potenciais candidatos que não possuíam um histórico específico na área de bancos ou em relacionamento com cliente, e focamos no propósito que cada um apresentou, como a busca por um novo momento de carreira em que pudessem escutar profundamente e auxiliar pessoas com suas questões, ou orientá-las sobre educação financeira e alfabetização digital.

Reskilling e *upskilling* desenhados para diversidade geracional

Já havíamos identificado que um dos principais desafios que seniores tinham para se recolocar era uma percepção do mercado de que estariam desatualizados. Seja porque realmente estivessem, seja porque o recrutamento estivesse carregado de idadismo.

Para alterar essa carga negativa sobre o profissional mais velho, desenvolvemos uma filosofia de comunidade de aprendizagem. Convidamos seniores para adentrarem cursos sobre centralidade no cliente, métodos ágeis, futuro dos bancos, até uso avançado de aplicativos no celular. Realizamos todos os cursos gratuitos para garantir atualização e/ou requalificação profissional (*upskilling* e *reskilling*), que culminaram em certificações para uma das áreas de mercado que mais cresce em demanda: especialistas em experiência do cliente.

Com o sucesso desse *case* e a reprodução do mesmo em vários outros clientes e setores, criamos uma plataforma on-line para hospedar toda a comunidade que, em agosto de 2021, já reunia aproximadamente 20 mil pessoas que se abrem para reinventarem seus futuros e carreiras, a partir de trilhas de desenvolvimento individuais que as habilita para atuarem desde posições em experiência de cliente, como também em áreas de tecnologia, empreendedorismo, entre outros. Essa gama de possibilidades se viabiliza a partir de parcerias que a Labora tem firmado com organizações reconhecidas pelo mercado, como Oracle, Sebrae, Microsoft, Descomplica, entre outras, para que disponibilizem seus conteúdos, gratuitos, colocando luz na potência do trabalho sênior.

Preparação para o trabalho intergeracional e flexível

Toda a operação do projeto trouxe elementos de bastante inovação e que contribuíram determinantemente para o sucesso do projeto. A começar por reconhecermos que organizações e gestores estão iniciando sua jornada de entendimento sobre diversidade geracional e como lidar com ela. Assim, não bastava contratar as pessoas e mandá-las "se virar". Não! Desenvolvemos, além de iniciativas de conscientização sobre idadismo, segunda carreira e equipes intergeracionais.

Implementamos uma gestão por tecnologia que garantisse um trabalho flexível e que alinhasse *performance* com qualidade de vida para os seniores. Nesse modelo, cada participante era orientado por um aplicativo (*app*) desenvolvido pela Labora, no qual computavam todos os atendimentos e interações realizadas. Com base em inteligência de dados, fomos percebendo padrões de atuação por parte dos seniores e padrões de atendimento, que permitiram mensurar quantas pessoas eram atendidas, qual a qualidade do atendimento e qual o retorno do cliente.

Com essa gestão de força de trabalho por dados, pudemos realizar uma sintonia fina entre competências de indivíduos com demandas do dia a dia do negócio (dizemos que aposentamos a gestão de *headcount* e passamos para o *SkilCount*). Ou seja, seniores que tinham muita habilidade por ensinar e orientar sobre educação financeira poderiam ser alocados nos dias de baixo fluxo da agência quando os clientes tinham menos pressa. Enquanto aqueles mais persuasivos em relação à migração do pagamento de contas do caixa para os caixas eletrônicos ou *app* do banco, poderiam ser alocados nos dias de alto fluxo nas agências, quando a meta é diminuir a fila.

Mensuração de resultado

A mensuração continuada dos resultados foi imprescindível para podermos evidenciar as potências do trabalho sênior, assim como tirar da frente idadismo sobre limitações que seniores trariam para a força de trabalho.

Todo o *case* do projeto piloto, desenvolvido ao longo de quatro meses, foi monitorado pelos aplicativos Labora e gerido por painéis de controle que trouxeram a segurança que executivos do banco precisavam para atualizar os conceitos sobre o potencial da diversidade geracional.

No segundo mês de aferição de resultados, superamos o KPI de operação em +30% e, ao término do terceiro mês, obtivemos 81% de aumento no índice de clientes convertidos para aplicativos nas agências piloto quando comparado com o volume de conversão nas agências "grupo controle" no mesmo período.

Trabalho como gerador de realização, saúde e bem-estar

Além de mensurações da *performance* do trabalho com KPIs claros, implementamos um acompanhamento da qualidade de vida e saúde integral dos seniores participantes. A cada dia, o *App Labora* verificava, no início e no fim da jornada de trabalho, como a pessoa se sentia, e os dados consolidados, com levantamentos mensais com protocolo WHOQOL (*World Health Organization Quality of Life Protocol*), permitiram avaliar que o grupo apresentou sensível melhoria no seu senso de pertencimento, disposição ao trabalho, ampliação das redes de relacionamento pessoal, prontidão para desafios da vida.

Os resultados integrados desse *case* deram fôlego para que formatássemos uma tecnologia de ponta a ponta *(end-to-end)* de inclusão da diversidade geracional no mercado. Na sequência, ampliamos a comunidade de 50 pessoas para mais de 20 mil, engajamos multinacionais e *startups* como Oracle, Itaú, Sanofi, Accenture, Americanas, CashMe, Grupo Simpar Digital, Grupo Boticário, entre outras, que estão, conosco, remodelando o futuro do trabalho mais diverso a partir de tecnologia e inclusão em escala.

16

ONDE ESTÃO AS MULHERES?

Em 2021, apesar de representarmos quase 52% da população brasileira, sermos maioria nas universidades, responsáveis por 38,7% dos lares e 80% das decisões de consumo do país, somente 3,5% das empresas brasileiras são lideradas por uma de nós. Onde estão as mulheres? Por que ainda não ocupamos as posições de liderança e poder? O que fazer para mudar essa realidade? Não dá para esperar 136 anos!

NEIVIA JUSTA

Neivia Justa

Jornalista, executiva, empreendedora, palestrante, professora, mentora, conselheira e fundadora da JustaCausa, com 30 anos de liderança em Comunicação, Cultura, Inclusão, Equidade e Diversidade em empresas como Natura, GE, Goodyear, J&J e UHG. Cearense, formada em Comunicação Social (Universidade Federal do Ceará), pós-graduada em Marketing (ESPM), MBA em Varejo (FIA) e Gestão de Negócios (*Tuck Business School*). Criadora do programa #LíderComNeivia e dos movimentos #OndeEstãoAsMulheres e #AquiEstãoAsMulheres. Ganhou o Troféu Mulher Imprensa e o Prêmio Aberje 2017 e, em 2018, foi eleita Top Voice do LinkedIn. Trabalha para transformar o mundo em um lugar mais justo e inclusivo para as próximas gerações, engajando e formando líderes para pensarem, se comunicarem e agirem de forma consciente, diversa e sustentável para todas as pessoas, começando pelas mulheres. É filha do Otavio e da Aracy, casada com o Eduardo, mãe da Luiza e da Julia.

Contatos
neivia@uol.com.br
LinkedIn: Neivia Justa

Descrição: Mulher branca, de cabelos avermelhados bem curtos, sorriso largo, batom vermelho e brinco longo feito de prata e pedras, vestida com camiseta e blazer.

O Brasil é um país que tem quase 52% da sua população composta por mulheres, 67 milhões de mães, responsáveis por 38,7% dos lares e 80% das decisões de consumo do país. Somos miscigenadas, brancas, amarelas, indígenas e três em cada dez pessoas brasileiras são mulheres negras. Representamos todas as gerações e vivemos, em média, sete anos a mais que os homens. Somos pessoas com ou sem deficiência, magras, gordas, heterossexuais, lésbicas, cisgêneras, transgêneras. Representamos 55% dos estudantes de graduação e 53% dos alunos de pós-graduação. E hoje 195 mil mulheres cursam mestrado ou doutorado no país.

Todavia, somente 3,5% das empresas brasileiras são lideradas por uma mulher, representamos apenas 11,5% do total de conselheiros e seis em cada 10 empresas com ações na Bolsa de Valores brasileira não têm nenhuma mulher no seu Conselho de Administração.

Somos milhares de empreendedoras, mas, na maioria das vezes, empreender não é uma escolha, e sim a única alternativa que nos resta, uma vez que 50% de nós somos demitidas em até dois anos do retorno da licença maternidade, e uma em cada quatro não consegue mais se recolocar no mercado formal de trabalho.

Temos pouco acesso a crédito financeiro: um levantamento feito pela Distrito, B2mamy e Endeavor mostra que, no Brasil, apenas 0,04% do volume investido em *startups* em 2020 foi para as que são lideradas por mulheres.

Nossos salários são, em média, 20,5% menores que os salários dos homens na mesma função. Ainda somos vítimas de todo tipo de violência no ambiente de trabalho: piadas machistas, interrupções constantes das nossas falas (*manterrupting*), apropriação indevida das nossas ideias (*bropriating*), homens nos explicando o óbvio (*mansplaining*) ou minando nossa autoconfiança (*gaslighting*), culminando no assédio moral e sexual.

Pesquisa realizada pelo LinkedIn e pela Think Eva, em 2020, evidenciou que quase metade das mulheres (47%) que trabalha em empresas já sofreu algum episódio de assédio sexual no ambiente de trabalho, mas apenas 5% sentem-se seguras para fazer uma denúncia formal, sem medo de serem culpabilizadas, retaliadas ou demitidas.

O que explica isso? Empresas ainda são ambientes feitos por homens para homens. E esses homens são prioritariamente brancos, heterossexuais, de elite e sem nenhuma deficiência aparente. "O mundo sempre pertenceu aos machos", já dizia Simone de Beauvoir, autora do livro *O segundo sexo* (1980).

Somos um país machista, racista, homofóbico, cheio de vieses e preconceitos. Nossa história é marcada pela ordem patriarcal familiar que, com a legitimação da Igreja e do Estado, garantiu a invisibilidade das mulheres em todas as esferas da sociedade.

Até meados do século XIX, nossa educação acontecia em casa e era voltada para as atividades domésticas. Os primeiros colégios para mulheres eram particulares e somente as meninas ricas tinham acesso. Apenas em 1827, quando o ensino público e gratuito foi sancionado no país, adquirimos o direito à educação. Todavia, nossa educação era opressora e segregada, havia currículos diferentes para homens e mulheres e o ensino superior era proibido para nós.

Nossa lógica patriarcal ditava que "as mulheres deveriam ser mais educadas do que instruídas", ter força moral, caráter e pequenas doses de instrução intelectual. "Mulher que sabe muito é mulher atrapalhada; para ser mãe de família, saiba pouco ou saiba nada", dizia o versinho dos homens da época.

Éramos criadas para casar e sermos esposas "belas, recatadas e do lar", como disse o ex-presidente Michel Temer, ao referir-se à sua esposa. Estávamos destinadas a ser mães, donas da casa e cuidadoras da família. Mulheres respeitáveis eram aquelas que ficavam confinadas na esfera privada. A esfera pública era o espaço dos homens. E das prostitutas, que existiam para satisfazer os desejos dos homens.

Somente em 1932 conquistamos o direito ao voto. Até 1962, mulheres brasileiras casadas eram consideradas legalmente incapazes e precisavam de autorização dos maridos para viajar, ter conta em banco e trabalhar, entre outras coisas. Não havia anticoncepcional. Não éramos sequer donas do nosso próprio corpo. Ao nos casarmos, deixávamos de ser propriedade dos nossos pais e passávamos a ser propriedade dos nossos maridos. Qualquer relação com nossos índices de violência contra a mulher e feminicídios não é mera coincidência.

Se hoje podemos estudar, trabalhar e escolher nosso próprio destino, devemos agradecer a toda uma geração de mulheres que entrou no mercado no começo dos anos 1970, quando representávamos tão somente 18% da força de trabalho brasileira. Essas mulheres nos antecederam, abriram caminhos e foram protagonistas do nosso avanço, em todas as áreas da sociedade. São Berthas, Dulces, Marias, Zildas, Leilas, Dilmas, Chiekos, Luizas, cujas histórias não nos são contadas:

Bertha Lutz (1894-1976) – ativista feminista, bióloga, educadora, diplomata e política, uma das figuras mais significativas do feminismo e da educação no Brasil do século XX.

Irmã Dulce (1914-1992) – uma das mais importantes ativistas humanitárias do século XX. Em 1988, foi indicada ao Prêmio Nobel da Paz. Em 2011, foi beatificada e, em 2019, tornou-se a primeira santa genuinamente brasileira, sendo canonizada pelo Vaticano com o título de Santa Dulce dos Pobres.

Maria da Conceição Tavares (1930) – economista, matemática e escritora portuguesa naturalizada brasileira. Trabalhou na elaboração do Plano de Metas de Juscelino Kubitschek e é professora-emérita da Universidade Federal do Rio de Janeiro (UFRJ). Autora de diversos livros sobre desenvolvimento econômico.

Zilda Arns (1934-2010) – médica pediatra e sanitarista, fundadora e coordenadora internacional da Pastoral da Criança e da Pastoral da Pessoa Idosa, organismos de ação social da Conferência Nacional dos Bispos do Brasil (CNBB). Em 2010, foi indicada ao Prêmio Nobel da Paz e, em 2012, eleita a 17° maior brasileira de todos os tempos.

Leila Diniz (1945-1972) – atriz brasileira que quebrou tabus numa época em que a repressão dominava o Brasil. Desafiava estereótipos sem nenhum tipo de vergonha ou constrangimento. Escandalizou o país ao exibir sua gravidez de biquíni na praia. É considerada uma das 10 Grandes Mulheres que Marcaram a História do Rio.

Dilma Rousseff (1947) – economista e política, foi presa e torturada durante a ditadura militar. Em 2010, tornou-se a primeira mulher eleita Presidente da República do Brasil. Foi reeleita em 2014.

Chieko Aoki (1948) – administradora e empresária nipo-brasileira, fundadora e presidente da rede *Blue Tree Hotels*. Em 2013, foi classificada pela Forbes como "a segunda mulher de negócios mais poderosa do Brasil". É cofundadora do Grupo Mulheres do Brasil.

Luiza Helena Trajano (1948) – empresária que revolucionou o varejo brasileiro, é presidente do Conselho do Magalu e fundadora do Grupo Mulheres do Brasil.

Graça Foster (1953) – engenheira química e executiva de carreira da Petrobras. Em 2012, foi a primeira mulher a assumir a presidência da companhia. Em 2014, foi eleita pela Fortune a quarta executiva mais poderosa no mundo dos negócios.

Maria Silvia Bastos (1956) – administradora e doutora em Economia, entre 1993 e 1996, foi Secretária Municipal de Fazenda da cidade do Rio de Janeiro. Recusou o convite do presidente Fernando Henrique Cardoso para presidir a Petrobras. Em 1996, foi a primeira mulher presidente da CSN. Em 1997, foi incluída em lista da *Time* como única mulher entre os doze executivos mais poderosos do mundo. Em 2016, foi a primeira mulher a assumir a presidência do BNDES.

Em 2020, representávamos 50% da força de trabalho do país. Essa participação foi severamente impactada pela pandemia do coronavírus e hoje está em 45,8%.

Segundo um estudo do McKinsey Global *Institute*, o avanço da igualdade de gênero poderia adicionar US$ 12 trilhões à economia global até 2025, cerca de 14% do PIB global de 2019. Não à toa, a igualdade de gênero é o ODS 5 (Objetivo de Desenvolvimento Sustentável do Planeta). Todavia, o último relatório do *World Economic Forum* evidencia que só teremos igualdade de gênero em 136 anos.

A construção de um mundo mais justo, com acesso à educação de qualidade, oportunidades de trabalho, ascensão profissional e salários iguais para as mulheres, é uma luta de todas as pessoas, que começa em casa e na escola, na maneira como educamos nossas crianças, combatendo estereótipos de gênero, respeitando e incluindo as diversidades, desenvolvendo o potencial e a singularidade de cada pessoa.

Além disso, empresas e suas lideranças têm exercido papel fundamental no combate à desigualdade de gênero no mercado de trabalho. Além de ser a coisa certa a se fazer, gera negócios e garante um futuro sustentável. Segundo estudo da McKinsey, empresas que promovem a igualdade de gênero têm 27% mais chances de superar empresas concorrentes em criação de valor no longo prazo.

A igualdade de gênero precisa fazer parte do propósito e da estratégia ESG (*Environment, Social & Governance*) das empresas e essa mudança cultural requer exemplo, compromisso e engajamento da alta liderança, orçamento, time dedicado, processos, políticas e tempo. Aqui no Brasil, essa agenda tem sido liderada por empresas globais, prioritariamente. Todavia, as pesquisas de que dispomos carecem de uma padronização de dados e métricas comparáveis.

O que podemos aprender com algumas das melhores práticas de mercado?

1. Alta liderança comprometida muda a realidade – Ssegundo a pesquisa Panorama Mulher (Talenses/Insper), empresas lideradas por uma mulher CEO têm uma proporção 2,5 vezes maior de mulheres vice-presidentes, diretoras e conselheiras, se comparadas a empresas lideradas por homens.

2. Mulheres precisam fazer parte dos planos de sucessão – a SAP nomeou Cristina Palmaka como CEO América Latina e promoveu Adriana Arroulho para sucedê-la como CEO Brasil. Paula Bellizia assumiu uma posição regional na Microsoft e Tânia Cosentino foi trazida como CEO Brasil. Com a chegada de Isabella Wanderley como CEO Brasil, a Novo Nordisk alcançou a igualdade de gênero na alta liderança.

3. Igualdade de gênero como valor da cultura e da liderança – na Schneider Electric, a igualdade de gênero é um imperativo de negócios discutido nas reuniões de revisão de resultados e um pilar fundamental na estratégia de atração, aquisição e desenvolvimento de talentos, assim como nos planos de sucessão, com acompanhamento de indicadores claros.

4. É preciso ter metas claras e mensuráveis, políticas afirmativas e cotas – quando a Roche estabeleceu metas claras, há menos de 10 anos, atreladas ao bônus dos executivos, a participação das mulheres na alta liderança avançou. Hoje, das 500 posições mais seniores da organização, 35% delas já são ocupadas por mulheres. Antes esse percentual era de 9%.

5. Igualdade Salarial – quando a liderança da empresa assume o compromisso com o fim da desigualdade salarial entre homens e mulheres, a mudança acontece. Em 2019, o diretor geral do SAS Brasil identificou diferenças de salário entre homens e mulheres na mesma posição e estabeleceu metas para corrigir as distorções dentro de um determinado período.

6. Ter filhos faz parte da vida – a Natura tem gestores itinerantes para cobrir licenças maternidade e a J&J utiliza esse período para desenvolver talentos. Iniciativas que asseguram o usufruto da licença parental, com a garantia de que ninguém (mulheres e homens) será demitido no retorno ao trabalho.

7. Licença parental – Siemens e Diageo implementaram a licença parental de 6 meses para todas as pessoas e começam a ver que o estímulo à paternidade ativa quebra preconceitos e estereótipos, promovendo a igualdade de gênero nas empresas e na sociedade.

A responsabilidade de criar um mundo com igualdade de direitos, acesso e oportunidades para todas as pessoas, começando pelas mulheres, é nossa. Sejamos todas e todos feministas! Sigamos juntos nessa justa causa.

Referência

BEAUVOIR, S. *O segundo sexo: fatos e mitos*. Rio de Janeiro: Ed. Nova Fronteira, 1980.

17

A HISTÓRIA QUE PODEMOS ESCREVER JUNTOS

Apesar dos séculos de construção do empoderamento feminino, o quadro global está longe de ser aceitável. Este capítulo é um convite à reflexão sobre a adolescência. Em atacar fortemente pontos que definem toda a rota futura. Forte pretensão de criar uma corrente que permita oferecer às adolescentes a oportunidade de escrever a própria história.
Efeito borboleta que traz impacto a curto, médio e longo prazos.

ANGELA CASTRO

Angela Castro

Filha de Antonio e Maria, mãe do Matheus e do Lucas, avó de Laura, parceira de vida do DT. Adora ler, explorar o mundo, trabalhar e estar com pessoas. Ama música, cinema e dança. Caminha 7.000 passos/dia. Talvez caminhar por lugares desafiadores resuma bem sua vida. Seu lema: "caminha que a vida te encontra". Executiva, líder de Diversidade, Equidade e Inclusão (DEI) e sócia em uma multinacional, conselheira consultiva em ONG, embaixadora de DEI na ABPRH. Coautora em cinco livros de temática de vida e negócios. Bacharel em Ciências Contábeis, licenciada em Letras, MBA em Administração Estratégica, Gestão de Projetos e Pessoas pela FGV. Formação em *coach* internacional, no ICI, e conselheira de administração no IBGC. Comunica-se em português, inglês e espanhol; estuda francês. Por que Diversidade e Inclusão é sua principal pauta? Filha de pai branco europeu e mãe negra, tem um filho não binário. Hoje, mulher executiva 50+; ontem, uma menina. Quando olha para aquela menina, vê que poderia ter sido diferente. Seu propósito nasceu da reflexão.

Contatos
Facebook: angela.castro.566148
LinkedIn: Angela Castro (Ela/Dela)

Descrição: Ângela é uma mulher 50+, branca, cabelos compridos castanhos-claros, olhos verdes. Ela está vestindo uma camisa escura, usa brincos, anéis e pulseiras prateadas e está sorrindo.

É justo que uma menina traga nas suas costas crenças milenares? As marcações de gênero começam mais fortemente na infância e seguem cada vez mais forte pela adolescência. Os números mostram claramente a desigualdade social. Quando vamos ao mapa no território profissional, a visibilidade dessa diferença fica maior. Onde estão as mulheres?

Falar sobre isso, propor um novo olhar e criar oportunidades para meninas escreverem a própria história de forma clara, sem os vieses que maculam sua personalidade e os medos que podem fazê-las desistir de seus sonhos.

Claro que essa cultura começa muito antes, antes do próprio nascimento, na sua família, com suas mães, avós, bisavós etc. O ponto é que adolescentes são, naturalmente, mais críticos e abertos a questionamentos, portanto o melhor momento de trazer pontos à mesa, seja na casa, sala de aula, no grupo de amigos, nos ambientes de interação religiosa. De que forma, como fazer isso tem sido o foco de inúmeras instituições, mas ainda não vemos esse tema na pauta das empresas.

A pesquisadora Felícia Madeira (1997) alerta para "a necessidade de superação desse paradigma, entendendo gênero enquanto categoria social, portanto construída pela cultura e pelas práticas sociais. Em algumas situações específicas, tais marcações podem acarretar condições desfavoráveis e vulnerabilidades, que acompanham toda a trajetória de vida dos sujeitos, no caso desse estudo – das meninas às mulheres".

"O futuro é feminino" é a provocação do capítulo anterior, de Leticia Kissu, que dispõe a lutar pela equidade de forma clara e honesta, contextualizando e dando base para aprofundar a conversa. Focando a adolescência como ponto de partida, temos alguns nomes realmente significativos. Podemos citar os dois que aparecem mais fortemente:

- Greta Thunberg: ativista que começou convencendo seus pais a adotar opções de redução de emissão de carbono, ausentava-se das aulas para protestar, exigindo mais ações para mitigar as mudanças climáticas. Discursou na Conferência da ONU sobre mudança climática de 2018, greves estudantis aconteceram todas as semanas em algum lugar do mundo. Criou um nome, um movimento.
- Malala Yousafzai: ativista paquistanesa que foi a pessoa mais nova a ser laureada com um prémio Nobel.[3] É conhecida principalmente pela defesa dos direitos humanos das mulheres e do acesso à educação na sua região natal do vale do Swat, na província de Khyber Pakhtunkhwa, no nordeste do Paquistão, onde os talibãs locais impedem as jovens de frequentar a escola. Desde então, o ativismo de Malala tornou-se um movimento internacional.

Ambas são ícones que fazem da adolescência o momento de protagonizar mudanças significativas no mundo. São referências inegáveis. Fazem de sua adolescência a ponte de realização de seus sonhos. Com medo ou sem, elas seguiram seus sonhos de forma firme e sólida.

De acordo com os dois primeiros dos 10 direitos, do Estatuto da Criança e do Adolescente, Lei nº 8069, de julho de 1990, prevê: (1) não sofrer nenhum tipo de violência, seja ela física ou psicológica; (2) poder expressar seus pensamentos, gostos e religião. Ser exposta a situações que contrariam essa lei é crime. Até que ponto assédio e *bullying* estão sendo devidamente endereçados? Os direitos estão sendo preservados quando tanta crença é imposta?

Outro índice que assusta é a gravidez nesse momento de vida. De acordo com a UNFPA (Fundo de População das Nações Unidas):

> A juventude é uma fase de escolhas que podem ter influência determinante no presente e no futuro de cada pessoa, seja levando ao pleno desenvolvimento pessoal, social e econômico, seja criando obstáculos à realização dessas metas. Decisões voluntárias e conscientes relacionadas ao exercício da sexualidade e à vida reprodutiva são particularmente importantes nessa etapa da vida. De acordo com dados oficiais:
>
> • Cerca de 19,3% das crianças nascidas vivas em 2010, no Brasil, são filhos e filhas de mulheres de 19 anos ou menos;
> • Em 2009, 2,8% das adolescentes de 12 a 17 anos possuíam 1 filho ou mais;
> • Em 2010, 12% das adolescentes de 15 a 19 anos possuíam pelo menos um filho (em 2000, o índice para essa faixa etária era de 15%).
>
> (..) sendo observado um viés de renda, raça/cor e escolaridade significativo na prevalência desse tipo de gravidez (adolescentes pobres, negras ou indígenas e com menor escolaridade tendem a engravidar mais que outras adolescentes). Muitas gravidezes de adolescentes e jovens não foram planejadas e são indesejadas; inúmeros casos decorrem de abusos e violência sexual ou resultam de uniões conjugais precoces, geralmente com homens mais velhos. Ao engravidar, voluntária ou involuntariamente, essas adolescentes têm seus projetos de vida alterados, o que pode contribuir para o abandono escolar e a perpetuação dos ciclos de pobreza, desigualdade e exclusão.

Não somente para a situação mencionada anteriormente, mas estamos falando de ciclos viciosos que impedem as adolescentes de tomarem as decisões e serem donas de suas escolhas e não vítimas da própria sorte.

Como criar a cultura de fortalecimento da mulher? Como focar na adolescência para isso? Como ajudá-la a escrever a própria história sem a pesada mochila de crenças milenares?

O corporativo com a caneta nas mãos

Um empresário, gestor, RH ou qualquer outro corporativo pode suportar mudanças nesse ciclo? A resposta é sim. A seguir, algumas, entre inúmeras, opções existentes:

1. Garantir que todas as leis e políticas sejam respeitadas.
2. Equidade de gênero: criar ou estender os programas de equidade de gênero às menores aprendizes; garantir que a temática abranja a categoria de uma forma adequada à idade e ao momento profissional das adolescentes.
3. Programas de mentoria, *sponsorship* e *coaching*: definir programa que suporte o jovem alocando um mentor que seja um aliado genuíno no processo de desenvolvimento e que tenha interesse real.
4. Trabalhar a temática de vieses inconscientes, focando em gênero de uma forma abrangente.
5. Parcerias com empresas do terceiro setor que têm como foco capacitação de adolescentes, como o Instituto Bussola Jovem (IBJ), a Associação Despertar, o Grupo Mulheres do Brasil, a Unicef etc. Há uma infinidade de instituições que fazem um trabalho sério e efetivo.
6. Programa de aprendiz ou estágio: assegurar que não esteja sendo somente pro forma. Ou seja, que o profissional tenha todas as oportunidades de crescimento e desenvolvimento.

Considerando o último item, o programa jovem aprendiz é uma determinação do governo por meio da lei nº 10.097/00 que estabelece normas para a contratação de jovens em busca de uma primeira oportunidade de emprego, para isso os participantes precisam estar matriculados em alguma instituição de ensino. O objetivo é inserir estudantes no mercado de trabalho, com jornadas reduzidas que não comprometam sua formação acadêmica. Assim, o programa também contribui na diminuição das taxas de evasão escolar. O jovem aprendiz contratado precisa estar inscrito em um curso preparatório de aprendizagem que faça sentido à sua área de atuação. Assim, por se tratar de um contrato de aprendizagem, o período máximo na função é de dois anos, e o estudante fica encarregado de cumprir as tarefas de sua responsabilidade na empresa.

É uma excelente forma de reduzir encargos para as empresas. Isso porque os custos com esses profissionais são menores, além de ser obrigatório para as instituições. Como potencializar as oportunidades que essa lei traz e impactar positivamente a sociedade pela inclusão legítima no mercado de trabalho?

Efeito borboleta

Participei de uma campanha, na empresa sobre o Efeito Borboleta. Foram relatos comoventes de momentos que representaram um marco na vida de mais de 100 meninas e mulheres.

De acordo com a campanha "Uma pequena ação pode gerar um grande impacto em outro lugar", essa conexão é conhecida como Efeito Borboleta. Desse mesmo modo, uma nova conexão feita no momento certo pode colocar alguém em um novo caminho e inspirar a transformar a vida de outras pessoas ao seu redor. (A íntegra da campanha está disponível em: <https://bit.ly/3qsS8uJ>. Acesso em: 13 fev. 2022.)

Talvez subestimamos a nossa força de causar impacto, seja negativo ou positivo. A consciência da importância do que fazemos e de como fazemos talvez seja o que nos defina como pessoas e, em consequência, como agentes de transformação.

Uma pequena grande história de protagonismo

Pelo Instituto Bússola Jovem, tive a oportunidade de conhecer a Dani[1], uma dessas mulheres que escrevem a própria vida por sua vontade, interesse e busca de caminho para realizar seus sonhos. A magia acontece quando o seu sonho encontra com o sonho do outro. No Instituto Bússola Jovem, muitos voluntários sonham juntos com os adolescentes. A Dani mora com uma irmã menor e os pais. Vive em uma comunidade carente da região do Capão Redondo, bairro que ocupa a antepenúltima posição do IDH entre os 96 bairros da cidade de São Paulo e a 6ª região com maior densidade demográfica segundo dados da Prefeitura de São Paulo. Desde criança, a Dani tem o sonho de ser médica.

Em 2018, aos 16 anos, Dani se inscreveu para participar de um projeto social sob os olhares desconfiados dos pais sobre a idoneidade do projeto, pois, infelizmente, há muita oferta de cursos ou trabalho que são cobrados, mas Dani decidiu acreditar e participou dos 4 meses de capacitação. Pouco tempo depois, por meio de uma parceria do Instituto Bússola Jovem com uma instituição de ensino profissionalizante, foi contemplada com uma bolsa de estudos no curso de técnico em enfermagem. Estudou, teve boas notas e se formou.

Como o Instituto Bússola Jovem continua apoiando os jovens após a capacitação, 2 anos depois do término da capacitação, foi encaminhada para um processo seletivo no Hospital Municipal Dr. Moysés Deutsch, no M'Boi Mirim, onde foi aprovada e hoje atua como auxiliar de enfermagem dando início ao sonho de trabalhar na área da saúde. Atualmente, Dani, aos 19 anos, por recursos próprios, ingressou em Enfermagem numa faculdade particular. Essa graduação será, para ela, um degrau para concretizar seu grande sonho. Mas o principal, ela está construindo seu caminho. Afinal, a vida se trata exatamente disso.

E sobre esse caminho?

A jornada sempre é somente nossa, mas não podemos subestimar a força de caminharmos com pessoas que dividam os mesmos sonhos.

---

1 Preservamos o nome completo da Dani, embora tenhamos o direito de contar a história dela.

18

O FUTURO É FEMININO

De acordo com o relatório *World Gender Gap* 2020, do Fórum Econômico Mundial, se continuarmos no ritmo atual, vamos demorar mais de 99 anos para alcançar a igualdade de gêneros no mundo. Criar caminhos para um futuro feminino é um exercício que deve extrapolar as agendas das organizações. É um convite para uma revolução possível, que já começou e tem um caminho longo a ser percorrido.

LETÍCIA KISSU

Letícia Kissu

Letícia Kissu é uma pessoa não binária, especialista em Equidade, Diversidade e Inclusão, pesquisadora em Gênero, Feminismo e Estudos LGBTI+. Trabalhou em grandes corporações e, hoje, ocupa a posição de Gerente de Estratégia de Diversidade e Inclusão no Grupo Boticário. Formada em Administração de Empresas, com MBA em Inovação, Conhecimento e Tecnologia. Cofundadora da Rede Brasileira de Mulheres Lésbicas, Bissexuais, Transgênero e Queer, coletivo que tem o objetivo de acelerar o ingresso no mercado de trabalho, o desenvolvimento profissional, a ocupação de cargos de liderança e a representatividade política, acadêmica e midiática das Mulheres LBTQ+. Acredita que as pautas de gênero, raça e classe caminham juntas e que a liberdade só será possível se todas as minorias estiverem contempladas.

Contato
www.mulhereslbtq.com.br
sayuri.kissu@gmail.com
LinkedIn: https://www.linkedin.com/in/lkissu/
Instagram:@_lelelets / @mulhereslbtq
11 995375863

Descrição: Pessoa não binária, 33 anos, branca com cabelo preto, curto e cacheado. Está usando blazer escuro, camiseta branca, sorrindo na foto.

Dizer que o feminismo está na moda é o mesmo que apagar os séculos de luta pelos direitos das mulheres. Vivemos em plena quarta onda do feminismo, movimento político que reivindica igualdade de gênero desde a Revolução Francesa. Foi durante esse período que Olympe de Gouges escreveu, editou e publicou a *Declaração dos Direitos da Mulher e da Cidadã*, em que pleiteava o fim dos privilégios masculinos. A ativista e dramaturga foi perseguida, condenada e guilhotinada anos depois, em 1793. Antes da execução, Olympe proclamou suas últimas palavras: "se a mulher tem o direito de subir ao cadafalso, ela deve ter igualmente o direito de subir à tribuna".

Daí em diante, outras pautas foram requeridas: os direitos das trabalhadoras, o sufrágio feminino, a segurança física e psicológica de mulheres e esposas, a liberdade sexual, a interseccionalidade (considerando classe, raça, orientação afetivo-sexual), o direito sobre seu corpo, o fim da cultura de estupro. Hoje, seguimos clamando por igualdade de direitos, oportunidades e segurança. E diferente do que muitos pensam, não é um assunto superado. Apesar de reconhecer e celebrar todos os direitos que foram duramente conquistados, ainda temos um caminho longo a ser percorrido. Para Simone de Beauvoir (2014), "o período que atravessamos é de transição; este mundo que sempre pertenceu aos homens ainda continua nas mãos dele".

Há de se reconhecer, no entanto, que o mundo onde vivemos hoje é muito diferente do mundo de Olympe ou Beauvoir. É um clichê dizer, mas vivemos num mundo conectado e rápido que opera num modelo exponencial e precisamos entender quais os impactos do fim da era analógica no enfrentamento de grupos minorizados. Com a revolução da informação e comunicação, indivíduos que compartilham dos mesmos ideais e indignações passaram a se conectar, trocar conhecimentos e mobilizar atos e ações. Como consequência, os movimentos sociais ganharam ainda mais voz, relevância e impacto na sociedade. Exemplos significantes da mobilização nas redes foram as *hashtags* dos movimentos #MeToo (#EuTambém) e #MeuAmigoSecreto, que surgiram como forma de denunciar assédios e violência sexuais contra as mulheres.

O que estamos vivendo é a multiplicação das vozes exigindo maior representatividade, combatendo as desigualdades e denunciando as violências e discriminações. Nesse mesmo contexto, surge (ou ressurge) a frase "*The Future is Female*". Essas palavras estampavam a camiseta que a atriz e modelo Cara Delevingne usava quando foi fotografada, numa tarde de outubro de 2015, em Paris. Pouco tempo após o retrato ser postado e compartilhado no *Twitter*, *Facebook* e *Instagram*, a peça já estava esgotada na loja virtual que a própria Delevingne criou para comercializar camisetas, moletons e até roupas infantis com o *slogan*. Não devemos nos enganar, apesar da incrível jogada de *marketing* da atriz, a frase não surgiu em 2015. A camiseta original é dos anos 70 e tratava-se de uma peça de divulgação da primeira livraria feminista de Nova York, a Labyris Books. É óbvio que, devido ao contexto da época, pouca gente teve acesso ao material e o *slogan* permaneceu adormecido por anos. Esse movimento viral traz uma forte conotação de que o feminismo é moda e tendência. O interesse do público pela temática cresce todos os anos e inspira marcas e campanhas de comunicação a transformarem o feminismo em produto. Sob um olhar superficial, "o futuro é feminino" é apenas uma frase de efeito. Porém, a frase nasceu e continua sendo convite a uma revolução que começou séculos atrás.

As desigualdades e opressões sociais não são temas contemporâneos e, para tentar decodificar o futuro, é fundamental compreender com profundidade como chegamos até aqui. O feminismo luta contra a perpetuação do domínio masculino nos espaços de poder. Para pensar num futuro feminino, é importante reconhecer que a religião, a política, a academia, a mídia, o comando do sistema capitalista e todas as outras instituições que controlam a sociedade ocidental sempre foram e continuam sendo, na maioria, dominada por homens, brancos, heterossexuais, cisgênero, burgueses. O mundo, em todos os aspectos, foi moldado por e para homens.

Durante minha carreira como especialista em inclusão, fui tachada inúmeras vezes de militante ou ativista ao propor soluções para as desigualdades de gênero, considerando a complexidade que o assunto demanda. Nas empresas, geralmente, é comum ver o *feminismo liberal corporativo*, seguindo uma tendência que direciona o problema para soluções simplistas e individuais, celebrando a meritocracia social e pautando, na maioria das vezes, o único objetivo de aumentar a representatividade de mulheres em posições de liderança.

O profissional que quer investir numa carreira de diversidade e inclusão precisa sair desse senso comum que se caracteriza, normalmente, por um entendimento superficial das questões de gênero, raça e classe. Para começar a propor caminhos de ruptura, é preciso estudar, compreender e correlacionar as desigualdades de gênero aos movimentos antirracista, ambientalista e pelos direitos de todos os outros grupos minorizados, considerar a história dos movimentos, a intersecção das pautas e a questão sistêmica que possuem. Os problemas são complexos e as soluções também precisam ser. Estudar o passado é um caminho essencial para entender o tempo presente e, a partir de uma análise constante, contribuir para tomadas de decisões que gerem maiores avanços futuros em nossa sociedade.

Representatividade no poder é apenas o começo, não a solução

Hoje a representatividade de mulheres está na pauta das maiores organizações. Sua empresa provavelmente tem ou terá, num futuro próximo, metas e compromissos de alcançar a equidade de gênero nos conselhos, no *c-level* e nos cargos de direção. No entanto, existe uma falsa idealização de que, quando chegarmos a tal equidade, nossos problemas estarão resolvidos.

Sem o objetivo de discutir as questões do seu afastamento do cargo, trago aqui, como exemplo, a trajetória da presidenta Dilma Rousseff, que assumiu o cargo máximo do poder executivo em 2011, representando grande avanço na pauta de igualdade de gênero na política brasileira. Em sua tese de doutorado, a professora Perla Haydee descreve:

> A vitória de Dilma Rousseff naquele pleito não apenas exprimia a aclamação de um indivíduo, mas a representação de inúmeras gerações de brasileiras anônimas que negaram as imposições sociais; estampava a brava e corajosa mulher, de espírito destemido e combativo, e que apontava não apenas um novo rumo da política do país, mas também um grande passo para a mudança social.

No entanto, durante seu mandato, questionamentos em torno de sua sanidade mental, sua capacidade intelectual e seu comportamento sexual foram colocados em voga para questionar sua conduta profissional. Segundo Nadine Gasman, representante da ONU Mulheres Brasil, "nenhuma discordância política ou protesto pode abrir margem e/ou justificar a banalização da violência contra as mulheres – prática patriarcal e sexista que lhes invalida a dignidade humana". Dilma foi vítima de uma violência psicológica de gênero que desestimula as mulheres a ascenderem a cargos de poder. Esse exemplo escancara que não basta apenas fazer com que mulheres ascendam ao poder, é preciso combater os valores patriarcais incrustados na construção social. Representatividade fala apenas sobre diversidade. Não sobre inclusão, nem sobre equidade.

Ademais, mulheres que alcançam essas posições, num mundo ainda repleto de desigualdades, são, majoritariamente, brancas, heterossexuais, cisgênero. A representatividade feminina no poder é apenas um começo para remodelar um mundo que foi construído por milênios por um padrão dominante. Porém, não é possível propor um futuro de liberdade se a maioria das mulheres não estiver contemplada – negras, indígenas, com deficiência, não heterossexuais, transgênero.

A proposta da representatividade é fundamental, mas precisamos desconstruir a lógica patriarcal que questiona a sanidade e a capacidade cognitiva das mulheres e propor políticas e práticas em que TODAS as mulheres possam ter condições justas de ascenderem socialmente.

Repensar a lógica do cuidado feminino

A **economia do cuidado** é o termo que identifica e estuda o trabalho relacionado ao bem-estar, educação, sobrevivência, realizado na maior parte das vezes por mulheres. Segundo a Organização Internacional do Trabalho, mulheres são responsáveis por mais de três quartos do cuidado não remunerado e compõem dois terços da força de trabalho envolvida em atividades profissionais de cuidado.

Sob o aspecto profissional, as mulheres são frequentemente associadas às carreiras de cuidado. Funções de professoras, assistentes sociais, enfermeiras e limpeza são, predominantemente, designadas a mulheres. Além disso, é comum ver esse trabalho ser terceirizado e mal remunerado. Enquanto aos homens, são reservadas as funções técnicas e de poder. Sob o aspecto doméstico, existe uma imposição social que responsabiliza a criação dos filhos, o cuidado com pais idosos e o gerenciamento da casa às mulheres. Tais funções, invisibilizadas e não remuneradas, geram uma sobrecarga que afeta a saúde mental e física feminina. Mesmo quando existe um recorte de renda privilegiada, a terceirização do trabalho doméstico é direcionada a outras mulheres, geralmente, em situação de pobreza, especialmente por aquelas que, além da discriminação de gênero, sofrem opressões em decorrência de sua raça, etnia, nacionalidade, fechando o ciclo vicioso da economia do cuidado. Segundo o Laboratório Think Olga de exercícios de futuro (2020), "o impacto na vida das mulheres é imenso: amplia as desigualdades de renda, precariza as condições de vida em todos os âmbitos e ainda acarreta estresse, estafa, depressão, entre outros problemas para a saúde".

No caminho da valorização da economia do cuidado, a Argentina acaba de reconhecer o cuidado materno como trabalho e considerará o tempo que as mulheres destinaram aos cuidados dos filhos nos pleitos de aposentadoria. Países como Coreia do Sul, Japão e França possuem legislações que ampliam e estendem a licença paternidade de 52 a 28 a 52 semanas. A adesão, no entanto, ainda é tímida – pois há redução salarial na maior parte dos casos e a crença de que a responsabilidade do cuidado é da mulher ainda é perpetuada. No Brasil, as empresas Diageo, Google, Sanofi e Grupo Boticário já vêm adotando políticas internas de licenças parentais equiparadas (o mesmo período para pais e mães), com o objetivo de ressignificar a responsabilidade pelo cuidado dos filhos.

Todavia, essas iniciativas ainda são embrionárias e abrangem apenas uma pequena parcela da classe trabalhadora. As empresas devem reconhecer o valor do trabalho de cuidado, oferecer benefícios e modelos de trabalho possíveis e viáveis a quem tem família (como creches, horários flexíveis e a opção de trabalhar remotamente), além de seguir desafiando e criticando os papéis de gênero, principalmente nas funções que não são tipicamente ocupadas por mulheres.

Caminhos para o futuro

É impossível prever se todos os caminhos nos guiarão para um futuro feminino. Sintetizo, aqui, cinco vias de construção que, sem a pretensão de esgotar todas as possibilidades, possuem um enorme potencial para transformar a equidade de gênero nas organizações:

1. Estudar o movimento feminista. O feminismo não consiste em se tornar executiva de uma grande corporação. É um movimento social histórico que garantiu, por exemplo, o meu direito em escrever um artigo a respeito.
2. Celebrar todos os direitos que foram conquistados, mas entender que há muitos pleitos para conquistar.
3. Compreender que a representatividade feminina não será suficiente. Para alcançar um futuro feminino, precisamos desconstruir a lógica patriarcal – que valoriza a masculinidade e deprecia a figura feminina.
4. Reconhecer o valor do trabalho relacionado ao cuidado e repensar a atribuição compulsória dessas atividades às mulheres.
5. Acreditar que não há liberdade possível se todas as mulheres não tiverem oportunidade de progredir.

Referências

ARRUZZA, C.; BHATTACHARYA, T.; FRASER, N. *Feminismo para os 99%: um manifesto*. São Paulo: Boitempo, 2019.

BEAUVOIR, S. *O Segundo Sexo*. São Paulo: Nova Fronteira, 2014.

BIROLI, F. Mulheres, Mídia e Democracia. In: ABREU, M. A. (org.). *Redistribuição, reconhecimento e representação: diálogos sobre igualdade de gênero*. Brasília: IPEA, 2011.

HOOKS, B. *Teoria feminista: da margem ao centro*. São Paulo: Perspectiva, 2020.

MELTZER, M. A Feminist T-Shirt Resurfaces From the '70s. *New York Times*, 19 nov. 2015. Disponível em: <https://www.nytimes.com/2015/11/19/fashion/a-feminist-t-shirt-resurfaces-from-the-70s.html>. Acesso em: 10 ago. de 2021.

SILVA, P. H. da. *De louca a incompetente: construções discursivas em relação à ex-presidenta Dilma Rousseff*. Cuiabá: Universidade Federal de Mato, 2019.

THINK OLGA. *Economia do cuidado: como podemos visibilizar o trabalho invisível das mulheres na economia do cuidado?* 2020. Disponível em: <https://lab.thinkolga.com/economia-do-cuidado/>. Acesso em: 10 ago. de 2021.

19

GERENCIANDO A MULTIPLICIDADE NO AMBIENTE DE TRABALHO

Empresas que já adotaram a diversidade em suas equipes garantem que é sim um fator de sucesso importante, portanto valorizam cada benefício do acolher e do aceitar das diferenças. Entretanto a multigeracionalidade é, a cada dia que passa, uma das principais obrigações impostas às organizações que desejam permanecer em destaque no mercado, e não meramente uma questão de escolha.

CRIS SABBAG

Cris Sabbag

Cristina Sabbag é CDO (*Chief Digital Officer*), sócia e principal *Research* da Talento Sênior – empresa do grupo Talento Incluir – que tem como objetivo colaborar com a inclusão de profissionais 45+ no mercado de trabalho. Como mestre em Gestão para Competitividade pela Fundação Getúlio Vargas, defendeu o tema: "Envelhecimento nas organizações: práticas de diversidade etária como estratégia e inovação". Desenvolve estudos para entender o impacto do envelhecimento da força de trabalho na capacidade competitiva e de inovação das empresas e o preconceito etário nas organizações. Atua também como consultora e palestrante, elaborando trabalhos de curadoria sobre temas como a importância da diversidade para a inovação, viés inconsciente, ageísmo e suas intersecções, gestão multigeracional e cultura inclusiva. É também facilitadora em programas de diversidade e participa de *workshops* de cocriação, utilizando metodologias como 'design thinking' e 'curadoria de conhecimento'. Previamente, trabalhou por mais de 15 anos em implementação de projetos estratégicos nas áreas de operações de TI, integração de unidades de negócios, implantação de novas tecnologias, processos de *change management*, gestão de equipes e gestão de contratos de múltiplas modalidades de fornecedores e prestadores de serviços, em empresas como: Hotchief do Brasil, Grupo Pão de Açúcar, Itaú Unibanco e Banco Original.

Contatos
www.talentosenior.com.br
www.inquietudes.com.br
cris.sabbag@talentosenior.com.br
LinkedIn: Cristina Sabbag
Instagram: @talento.senior
11 98445 3985 / 99114 3664

Descrição: Cris Sabbag é uma mulher nordestina de pele parda, 49 anos, cabelos alisado castanhos-claros pouco abaixo dos ombros e olhos castanhos-castos. Ela está vestindo uma blusa escura e esta sorrindo discretamente.

> *Uma empresa multicultural e geracional usufrui da diversidade como instrumento para a pacificação de convivências e para a conservação de valores importantes como o de igualdade e equidade, além, é claro e inegável, de utilizá-la como um instrumento estratégico e a favor da potencialização de seu valor como organização.*
> CRIS SABBAG

Transformações sociais, novas tecnologias e mudanças demográficas demandam esforço das empresas em se manterem inovadoras e em constante desenvolvimento de estratégias competitivas envolvendo equipes com maior e variadas capacitações.

A prática da diversidade em ambientes de trabalho favorece e agiliza inovações de produtos e serviços, entretanto processos de integração multicultural e multigeracional não podem ser forçados. Empresas e, principalmente, líderes precisam se ater a não criarem subdivisões, relacionando produtividade com a idade, por exemplo, e terem a consciência de que é um longo trabalho até que se colham os frutos.

Vieses inconscientes, estereótipos e discriminação podem agir como retardadores e até mesmo inibidores dos benefícios advindos da diversidade, como o processo de colaboração e criatividade. Apesar da diversidade ser apresentada como valor, o etarismo dentro das empresas não tem sido foco de ações coordenadas. As empresas não estão aproveitando o conhecimento adquirido dos atuais profissionais 50+ nem se preparando para o futuro de seus profissionais de média idade atual.

Diante de constante modificação demográfica, governo, sociedade e iniciativa privada assistem ao fenômeno do envelhecimento populacional. Com mais profissionais longevos no mercado de trabalho, cresce o número de gerações e, como resultado, o consequente aumento nas tenções multigeracionais. As organizações privadas, segundo muitos pesquisadores, são as primeiras a perceberem as nuances situacionais, com isso tendem a responder com maior agilidade que governos.

Tal percepção de tempo não garante um caminho mais suave, pelo contrário. O peso por compreender e antecipar ações adaptativas e alinhadas a uma nova realidade demográfica e diversificada cria nas empresas um estado de alerta constante, principalmente entre as que experimentam em seu quadro até 5 gerações diferentes atuando em um mesmo ambiente físico ou digital. Fato já observado hoje.

Liderar essa multiplicidade geracional é uma premissa de sucesso, um fator-chave que deve ser entendido e administrado, visto que a realidade demográfica afeta a composição etária da força de trabalho e, potencialmente, a iteração e o desempenho individual e da equipe organizacional.

Quando pensamos em grupos de trabalho multigeracionais, às vezes, consideramos mais as complicações que isso pode causar e não pensamos nas razões dessas complicações, como a evidência que os indivíduos têm, naturalmente, da tendência de se relacionarem somente com pessoas da mesma idade, ou nos subdividirmos dentro do ambiente de trabalho, criando grupos multigeracionais menos capazes de se relacionar e produzir melhor.

A explicação para esse comportamento diz respeito a como a idade e a geração da qual fazemos parte nos ajudam a constituir senso de conhecimento próprio. É um artifício individual. Alguns pesquisadores apontam que os estudos relacionados a diferenças de idade e várias gerações trabalhando em conjunto são escassos, quando comparamos com as outras duas dimensões que definem como nos configuramos e como entendemos as outras pessoas. Assim, apesar de entre as três dimensões (idade, raça e gênero), a idade ser a única que todas as pessoas passarão, poucas pesquisas são destinadas somente a isso.

Já no nível interpessoal, a idade pode se tornar um ponto como analisamos outras pessoas, ou seja, como julgamos pelo aspecto da idade. Esse é um dos níveis mais interessantes de se analisar, porque o conceito se baseia no preconceito e na discriminação que temos de uma pessoa por causa de sua faixa etária. É próximo do sentido de sexismo e racismo. A idade é inevitável para pessoas de todos os grupos. Mesmo assim, isso não cria um sentimento de empatia, e sim de negação, a ponto de que a idade seja algo a se esconder.

Do ponto de vista institucional e em um cenário mais amplo, ou seja, no contexto de uma sociedade e de determinada cultura, o ageísmo passa a ser algo intrínseco, natural e um viés inconsciente. Com o advento de novas tecnologias e trabalhos pesados, a associação de força, vigor e capacidade para aprender coisas novas foi associada à figura jovem e foi entrando em detrimento a imagem do envelhecimento.

Tais associações direcionam conceitos preestabelecidos em vários sentidos por exemplo, como pessoas mais velhas sempre estarem associadas a comportamentos mais acolhedores e confiáveis, mas não são consideradas no sentido de aprendizado e competência (modelo de conteúdo estereótipo). Por razões como essas, empresas não investem em treinamentos para colaboradores mais velhos. Outro ponto a ser avaliado é como competições criadas dentro de gerações, como millenials x *baby boomers*, dificultam possibilidades de interação e relações positivas.

Portanto, independente do motivo, das desavenças entre gerações, como enxergamos os mais velhos até nossa concepção e medos do envelhecer, temos que entender que a cada dia será mais comum termos forças de trabalho multigeracionais. Talvez, ao entendermos as raízes desses problemas, possamos caminhar por soluções ou novas perspectivas.

A diversidade da intergeracionalidade

Além do necessário investimento em entender, capacitar e reter profissionais mais velhos que, pelas previsões, será o único grupo social em expansão no futuro, também é urgente e necessário trabalhar em prol da melhoria de perspectiva que as gerações têm uma da outra e da grande dificuldade em interagirem e passarem desse ponto.

Muitas gerações trabalhando juntas geram produtividade e criatividade. Mas para chegar a esse ponto, precisarão passar pelos problemas, principalmente o de diminuir a distância e a imagem intrínseca que uma geração tem da outra.

O que ocorre, na realidade, é que tais percepções são geradas a partir de frequentes atribuições de limitações de uma geração para outra. Ou seja, os mais velhos argumentam que os jovens não têm as habilidades necessárias e os mais jovens argumentam que os mais velhos dificultam seu crescimento, que têm limitações, pois não conseguem lidar com tecnologia, por exemplo. Fazer mudanças graduais para criar grupos multigeracionais é uma grande solução, não somente por ser inevitável, mas também para aproveitar as vantagens relacionadas a isso.

Empresas mais ativas em ações de diversidade e em inovação aparecem estudando a questão 50+ do ponto de vista futuro e de quais demandas precisarão trabalhar para manter sua capacidade atual. Estão conscientemente olhando o seu próprio 50+ futuro.

Em meus anos de estudo, pude perceber que algumas práticas devem ser priorizadas pelas empresas antes de dizer ao mundo que são, de fato, múltiplas e diversas e que estão prontas para aceitar, lidar e, acima de tudo, amar a grande mistura de personas (idades) em uma mesma equipe.

Qual seria o caminho para se iniciar a disciplina de inclusão geracional? Resposta rápida ou simples, ainda não há. Mas se fosse apostar, meu pontapé inicial seria em direção ao fomento de uma cultura de diversificação. Líderes e empresas precisam se preparar para se inserir nessa multicultura e multigeracionalidade.

- Comece por entender a cultura da sua empresa superando a visão enviesada existente entre as gerações objetivando, principalmente, a diversidade etária.
- Visualize o cenário para um grande desempenho não esquecendo que os resultados devem ser assistidos por um *roadmap* que direcione o passo a passo das ações e os KPIs almejados na estratégia. Lembre-se de que, além dos objetivos, existem pessoas que necessitarão, em maior ou menor grau, apoio da liderança além do reconhecimento por parte dos pares e grupos.
- Não imite maus gestores ficando atento ao raciocínio falso de chefes enviesados e às consequências do pensamento inconsciente. Treine a alta administração para atuar como líderes inclusivos. Lute pelo respeito. Compreenda os benefícios da diversidade, quebre os maus hábitos que prejudicam a inovação nas duas pontas, individual e institucional.
- Promova a cultura de delegação de tarefa de forma eficaz. Empodere seus colaboradores. Concilie e harmonize diferentes estilos de aprendizagem e privilegie a vivência experimental. Faça de sua empresa um laboratório facilitador da inovação e jamais se esqueça dos benefícios da boa e velha mentoria.
- Não desdenhe de uma boa política de ética no trabalho e da importância do propósito para seus colaboradores. Conecte-os a objetivos sociais e divulgue o que os gestores podem fazer e o que as empresas podem fazer.
- Jamais negligencie o equilíbrio da fusão vida-trabalho, tampouco as diferentes expectativas e perspectivas individuais.
- Diferencie desempenho de presença física. E desenvolva a competência de gerir flexibilidade e equipes virtuais.

- Desenhe o "Kama Sutra" do desenvolvimento de carreira e incentive o planejamento de sucessão em todos os níveis, valorizando a expectativa de desenvolvimento de cada geração e grupo. Crie o programa de desenvolvimento da sua empresa e um plano de desenvolvimento para líderes. Mude de fazedor tático para pensador estratégico.
- Cuide em dar e receber quando o assunto for comunicação. Aprecie a contribuição do jovem e valorize a sabedoria da idade. Promova a interação positiva criando um ambiente seguro para pessoas e ideias.
- Faça existir atenção extra por parte dos gestores e líderes para que executem um trabalho particular em prol do amadurecimento de sua inteligência cultural. É fundamental a dedicação desses gestores para uma mudança de mentalidade individual e da empresa, resultando em uma atualização dos valores da marca.
- Faça ser mandatória a adaptação das estratégias de Recursos Humanos (RH) das empresas e a adequação das competências desse departamento para que se torne completamente capaz de selecionar e contratar, inclusive, funcionários 50+, assim como avaliar e estruturar times, não só multiculturais, mas multietários.
- Avalie o desenvolvimento da estrutura física da empresa, que deve ser pensada de modo a tornar mais fácil a integração entre colaboradores e ampliar ao máximo a qualidade de vida de cada um dentro do ambiente de trabalho.
- Incentive e lute para que os profissionais da instituição se interessem em estudar e ampliar seus conhecimentos sobre multiculturalidade e até mesmo sobre como as gerações anteriores agregam ao coletivo, principalmente no que diz respeito à experiência de vida.

Creio que, com essas dicas, organizações interessadas em serem melhores e mais modernas se moldarão às novidades pouco a pouco e com cada vez mais naturalidade. Assim, não somente acreditarão de verdade na importância de aceitar as diferenças, como se tornarão grandes defensoras do valor que elas têm para o amadurecimento de cada ser humano e da marca como um todo.

Referências

BILLETT, S.; DYMOCK, D.; JOHNSON; G.; MARTIN, G. Last resort employees: older workers' perceptions of workplace discrimination. *Human Resource Development International*, [s. l.], v.14, n. 4, p. 375-389, out. 2011. Disponível em: <https://doi.org/10.1080/13678868.2011.601571>. Acesso em: 01 jun. de 2020.

FORBES INSIGHTS GLOBAL. Diversity and Inclusion: Fostering Innovation Through a Diverse Workforce. New York: *Forbes Insights*, 2011. Disponível em: <https://www.forbes.com/forbesinsights/innovation_diversity/>. Acesso em: 16 abr. de 2020.

IRVING, P. O envelhecimento da força de trabalho. *Harvard Business Review Brasil*, [s.l.], 07 jun. 2019. Disponível em: <https://hbrbr.uol.com.br/o-envelhecimento-da-forca-de-trabalho/>. Acesso em: 03 jul. de 2019.

NORTH, M.; HERSHFIELD, H. Four ways to adapt to an aging workforce. *Harvard Business Review*, [s. l.], 08 abr. 2014. Disponível em: <https://hbr.org/2014/04/four-ways-to-adapt-to-an-aging-workforce>. Acesso em: 06 maio de 2020.

NORTH, M. S.; FISKE, S. T. Intergenerational resource tensions in the workplace and beyond: Individual, interpersonal, institutional, international. *Research in Organizational Behavior*, [s. l], v. 35. p. 159-179, 2015. Disponível em: <https://doi.org/10.1016/j.riob.2015.10.003>. Acesso em: 06 maio de 2020.

SABBAG, E. C. P. de A. *Envelhecimento nas organizações: práticas de diversidade etária como estratégia e inovação*. Dissertação (Mestrado em Gestão para Competitividade). São Paulo, mar. 2021. p. 142f. – Fundação Getulio Vargas, Escola de Administração de Empresas de São Paulo.

STREB, C. K.; VOELPEL, S. C.; LEIBOLD, M. Managing the aging workforce: Status quo and implications for the advancement of theory and practice. *European Management Journal*, [s.l.], v. 26, n. 1, p. 1-10, fev. 2008. Disponível em: <https://doi.org/10.1016/j.emj.2007.08.004>. Acesso em: 25 maio de 2020.

20

O DILEMA DA ATRAÇÃO E CONQUISTA DE JOVENS NO MERCADO DE TRABALHO

A importância de contratar e dar a oportunidade para o primeiro emprego é inegável, mas traz desafios que as empresas ainda sentem dificuldade em lidar. Como atrair jovens e criar senso de pertencimento, de forma a conquistá-los, engajá-los e fazer com que permaneçam mais tempo na organização? Este capítulo busca trazer algumas reflexões e caminhos possíveis para o alcance desse objetivo.

LUCIANO AMATO

Luciano Amato

Pós-graduando em Direitos Humanos pela PUC-RS, pós-graduado em Tecnologia Assistiva pela Fundação Santo André e pós-graduado em Gestão de Pessoas pela UMESP. Graduado em Psicologia pela UNIMARCO. Extensão em Gestão de Diversidade pela PUC-SP. Formação em *Coaching* Profissional, em Facilitação Digital e em RH e *Mindset* Ágil pela Crescimentum. Vivência de 30 anos na área de RH nas empresas: Di Cicco, DASA, Walmart, Compugraf, Mestra Seg. Trab. É CEO da *Training People*, um *hub* de consultores com especialidades nos temas: Diversidade, Liderança e Gestão, Vendas, Educação Financeira, Comunicação e Segurança do Trabalho. É vice-presidente e líder do Comitê de Diversidade e Inclusão do HubRH, presidente e fundador do Instituto Bússola Jovem, projeto social com foco em inclusão de jovens de baixa renda. Colabora com 2 colunas sobre Diversidade e Inclusão e Experiência do cliente na plataforma digital *Cloud Coaching*. É coautor dos livros: *Segredos do sucesso dos líderes da alta gestão* e *Gestão humanizada de pessoas*.

Contatos
www.trainingpeople.com.br
lamato@trainingpeople.com.br
LinkedIn: https://www.linkedin.com/in/luciano-amato/
Instagram: @luciano_amato
11 99607 4946

Descrição: Luciano é um homem de pele clara, cabelos castanhos curtos e olhos castanhos. Veste um blazer escuro e uma camisa branca. Está sorrindo na imagem.

Uma das grandes dores nas empresas, quando o assunto é o público mais jovem, é o imediatismo das novas gerações, que desejam chegar a patamares de liderança em prazos curtos, ou o desprendimento em relação à permanência nas organizações. Trazer reflexões e possibilidades de atração e ações que os conectem com a organização por mais tempo é o objetivo deste capítulo.

O primeiro passo é definir quem é o público jovem. Segundo o dicionário Michaelis: 1. Que ou aquele que está no período da vida entre a infância e a idade adulta; 2. Que ou aquele que apresenta certa graça e vigor característicos da juventude, apesar de já ter chegado à idade adulta.

Quanto à idade, não há consenso. De acordo com a Organização Mundial de Saúde (OMS), a adolescência é dividida em três partes: a pré-adolescência, que dura dos 10 aos 14 anos; a adolescência, que vai dos 15 aos 19 anos completos; e a juventude, dos 19 aos 24 anos.

Em alguns países, a fase da adolescência ganhou uma sobrevida de cinco anos. Em vez de terminar aos 19, idade considerada na maioria dos países, um grupo de cientistas defende que a adolescência se estende dos 10 até os 24 anos. Parte dos especialistas considera que a juventude vem depois da adolescência, ou seja, dos 19 aos 29 anos. No Brasil, a denominação é conferida à lei nº 12.852, de 5 de agosto de 2013, que institui o Estatuto da Juventude, em seu parágrafo 1º, aos jovens com idade entre 15 e 29 anos.

O Brasil ainda é um país com uma faixa etária jovem. De acordo com o Instituto Brasileiro de Geografia e Estatística (IBGE), 25% do total da população brasileira tem de 15 a 29 anos, ou seja, 51 milhões de pessoas. É preciso compreender que o Brasil é um país imenso com diversas realidades e classes sociais. Uma minoria com acesso facilitado à tecnologia, ensino de qualidade, escolas com laboratórios, limitação de alunos por sala, boa alimentação, recursos financeiros. Segundo a Pesquisa Nacional por Amostra de Domicílios Contínua (PNAD), apenas 20% dos jovens estão nessa condição.

Na outra ponta, temos uma maioria de jovens com dificuldades básicas de alimentação, deslocamento, escolas e ensino de baixa qualidade, condições financeiras precárias, infâncias roubadas, pouco ou nenhum acesso à tecnologia. As condições geossociais também são bastante discrepantes, pois as regiões sul e sudeste têm índices maiores de inclusão social do que as regiões norte e nordeste.

As questões socioeconômicas têm grande influência, mas não são as únicas responsáveis, pois grupos minorizados sofrem duplamente os efeitos da má distribuição de renda, uma vez que são mais afetados pelo preconceito existente na sociedade. Dentro desse contexto, é importante considerar que dos 51 milhões de jovens, 51% declaram-se pardos e 10% pretos, e as condições de vida desses grupos são mais vulneráveis e submetidas ao racismo estrutural do país.

Independente de classes sociais ou características, o primeiro emprego é um período de descobertas e responsabilidades que geram inseguranças em um jovem que está entrando em contato com um cenário totalmente novo.

A atração do público jovem

Processo seletivo

A atração começa no processo seletivo, no anúncio da vaga. Dependendo da faixa etária que a vaga queira atrair, a linguagem, a metodologia e as ferramentas utilizadas podem fazer a diferença. Muitas empresas optaram por transformar seus processos seletivos em 100% digitais ou híbridos. Porém, para aprimorar a avaliação, criaram uma série de etapas: inscrições *on-line*, vídeos, testes comportamentais digitais, dinâmicas de grupos presenciais, entrevistas com os gestores.

Sem querer questionar a importância das avaliações, mas considerando o perfil mais diretivo dos jovens, essas etapas tornam-se intermináveis e cansativas desestimulando a participação. Uma pesquisa da Trabalhando.com, feita em todo o país, ouviu 1.816 universitários e mostrou que, para 22% dos jovens, esse seria um dos principais motivos de desistência em processos seletivos. Em seguida, estão: falta de informação adequada sobre a vaga (18%), integridade da empresa e exigência de inglês fluente (16%), falta de retorno ao final do processo (15%), dinâmica de grupo (14%), discriminação por idade, raça, orientação sexual e falta de experiência (10%) e candidatos pré-escolhidos, indicação (5%).

Analisando as porcentagens da pesquisa, fica claro que dois pontos são fundamentais para esse público: a objetividade e o respeito, representados nos desejos de *feedback*, transparência, integridade da empresa, processos seletivos justos e sem discriminação.

Tipo de comunicação

O brasileiro gasta, em média, 3 horas e 34 minutos por dia com as redes sociais; a maioria tem entre 25 a 34 anos. O segundo grupo etário em maior quantidade tem de 18 a 24 anos. Na terceira posição está a população de 35 a 44 anos e, em último lugar, encontram-se os idosos a partir de 65 anos. Então, o internauta brasileiro médio é jovem e passa a maior parte do tempo navegando pelas redes sociais com o celular.

Algumas redes sociais são mais utilizadas por jovens (Instagram e Youtube), outras são mais focadas em *networking* e oportunidades de emprego, como o LinkedIn. Independente de qual rede social a empresa for utilizar, recursos como a segmentação e impulsionamento de conteúdo ajudam a atingir o público-alvo.

Buscar empresas especializadas na contratação de estágios e/ou menor aprendiz também é uma boa estratégia, pois já possuem um banco de dados volumoso e algumas fazem triagem dos candidatos para que cheguem mais próximos dos perfis desejados.

Reter ou conquistar?

Segundo o dicionário Michaelis, o significado de retenção é: 1. Ato ou efeito de reter(-se); 2. Estado do que demora ou atrasa; delonga, retardamento; 3. Conservação de alguma coisa em poder de alguém; posse, reserva.

As definições remetem a reter algo, poder de posse. Entendo que as empresas implementam ações constantes para *conquistar seus colaboradores*, fazendo com que se sintam acolhidos, conectem-se com o propósito, criem senso de pertencimento. Dessa forma, o termo "conquistar" foi utilizado propositadamente no título deste capítulo.

Qual o perfil dos jovens?

Cada público tem seus fatores motivacionais e necessidades. Para criar ações assertivas, é importante conhecê-lo.

Conexão por propósito

Para a maioria dos jovens, responsabilidade social, sustentabilidade ambiental e como contribuirão para tornar o mundo melhor são requisitos básicos, e os ideais vêm antes de carreiras. Esses ideais não se restringem à sua participação na sociedade, mas como as empresas que trabalham e consomem se relacionam e se posicionam perante essas causas.

Não são raras as empresas que se posicionaram contra causas coletivas e foram "canceladas", perderam seguidores e/ou foram alvos de protestos. A falta de posicionamento deixa de ser uma opção, pois quem não se posiciona é posicionado e visto como alienada das demandas da sociedade.

Multitarefas. Será?

Como desde muito cedo os jovens tiveram contato com a tecnologia, os chamados nativos digitais têm grande familiaridade, utilizam-na com frequência, com agilidade, habilidade e gerenciam fontes simultâneas de informação.

Esse contexto criou a ilusão de que o nativo digital é "multitarefa". Mas é preciso tomar cuidado com essa afirmação. É o que diz Jean-Philippe Lachaux, autor de diversos livros sobre o tema e pesquisador do Laboratório de Pesquisas Cognitivas do Instituto Nacional de Saúde e Pesquisa Médica (Inserm), em Lyon. Para realizar várias tarefas de forma simultânea, que exigem atenção e concentração, o cérebro deveria ser capaz de utilizar a mesma rede neuronal nas ações, o que é fisiologicamente impossível.

Imediatismo

Outra característica comum é o imediatismo, a expectativa de gratificação instantânea, de alcance de objetivos em curto espaço de tempo, a impaciência por processos longos.

Essa é uma representação quase que fiel do mundo virtual, em que os jogos virtuais são repletos de fases com desafios, graus de dificuldade diferentes e recompensas imediatas, um ambiente bastante atrativo para o jovem, e não é por coincidência.

O usuário acostumou-se a esperar o prazer da resposta imediatamente. Assim, uma consequência do imediatismo é a redução da capacidade de lidar com o adiamento da recompensa, o que vai influenciar das relações pessoais a padrões de consumo.

Os jovens preferem ambientes motivadores e que permitam a participação ativa, em que possam expor suas opiniões e sintam-se valorizados no ambiente de trabalho. Buscam o empoderamento próprio. Querem ter voz e protagonismo no processo de tomada de decisão. Não querem apenas seguir regras sem antes poder reforçar seu ponto de vista.

Como conquistar os jovens?

Acolhimento

O engajamento se dá por identificação com os valores, mas também pelo senso de pertencimento, quanto a pessoa se sente acolhida, ouvida e importante para a organização. Criar estratégias de integração e acolhimento é o primeiro passo importante.

Benefícios flexíveis

Ao criar um ambiente diverso, as necessidades provavelmente serão diferentes. Uma boa saída pode ser adotar um modelo de benefícios flexíveis O pacote de compensações deve incluir as **vantagens obrigatórias e algumas opcionais**. As últimas podem ser escolhidas pelos colaboradores até um limite definido pela empresa. Dessa forma, a empresa garante que **todos os talentos se sintam satisfeitos** com o plano de compensação.

Lideranças inclusivas

O jovem tem muito a agregar para a organização. Para se obter o melhor do seu potencial, é preciso que alguém toque seu coração. Portanto, ter uma liderança apoiadora, com foco no desenvolvimento, que reconheça as competências comportamentais, faz grande diferença tanto no início como ao longo da carreira.

Ao olharmos para trás, tivemos lideranças que foram marcantes nas nossas carreiras e atribuímos parte do sucesso e do desenvolvimento a determinados líderes que passaram em nossas vidas. Como também tivemos aqueles líderes tóxicos que nos ensinaram qual caminho não seguir e que trouxeram certo sofrimento enquanto estávamos expostos a eles.

A base de qualquer relação, seja profissional ou pessoal, é a confiança, construída dia a dia. Criar um ambiente acolhedor, em que a pessoa se sinta confortável para colocar suas dificuldades, sem receio, é fundamental para o desenvolvimento do jovem. É preciso valorizar os acertos e transformar eventuais erros em oportunidades de desenvolvimento e capacidade de resolução ágil.

Demonstrar interesse por questões que vão além do trabalho: profissão de desejo, desempenho escolar, cotidiano. Orientar são atitudes que aproximam, criam vínculos ao estabelecerem relações de confiança. O jovem tem muita vontade de aprender, de colocar em prática suas ideias. Jovem é renovação. Dar voz, ouvir o que tem a dizer, acreditar, estimular, orientar, dar exemplo, desenvolvê-lo são atitudes que fazem toda diferença.

Quando o líder demonstra, de forma sincera, que acredita no potencial do jovem, atua como catalisador para quebrar as crenças limitantes e destrava potenciais e talentos que nem o próprio jovem imaginava ter.

Os jovens, na sua maioria, são movidos a desafios. Dar responsabilidades e acompanhar o desenvolvimento são fatores motivadores que podem trazer resultados importantes. Garanta que a atividade esteja de acordo com o grau de conhecimento e maturidade profissional para não gerar frustrações; se em algum momento ocorrerem, simplesmente acolha.

O desenvolvimento de qualquer indivíduo está atrelado a *feedbacks* sinceros e plenos de intenção de desenvolvimento. Para que o *feedback* seja produtivo, é importante, além de apontar pontos de melhoria, mostrar os caminhos para atingir o objetivo esperado e acompanhar os resultados.

Espero que essas dicas sejam úteis e ajudem os líderes e as empresas a obterem resultados eficazes com suas equipes. Afinal, o trabalho é fator determinante para o desenvolvimento humano e para a saúde mental, independente da faixa etária, e faz parte da construção da identidade do indivíduo, dando sentido à sua vida.

21

DIVERSIDADE GERACIONAL
BEM-VINDES AO FUTURO DO TRABALHO

A extensão do tempo de vida, e consequente alteração demográfica da força de trabalho, conjugado com rápidas mudanças tecnológicas e transição digital das empresas, convida as pessoas desenvolverem múltiplas carreiras e as empresas a se conscientizarem para a potência da diversidade geracional para a construção de diferenciais competitivos em sua força de trabalho.

SERGIO C. SERAPIÃO

Sergio C. Serapião

Com 47 anos, graduado em administração de empresas (FGV-SP), MBA (IBMEC-RJ), pós graduado em Transdisciplinaridade (Unifesp) e mestre em liderança organizacional (TGI-EUA). Fundador e CEO da Labora. Iniciei carreira na Shell e Accenture. Tenho mais de 20 anos de experiência em gestão de mudanças, modelagem de redes e negócios de impacto social positivo e longevidade. Empreendo socialmente há 18 anos e nos últimos 3 anos lidero desenvolvimento de tecnologia para acelerar e escalar a inclusão produtiva de diversidades, especialmente a geracional, atuando com empresas como Accenture, Oracle, Itaú, Americanas, Sanofi, Unilever, fintechs, entre outras. Este trabalho foi certificado internacionalmente por seu impacto social positivo pelo B-Lab e reconhecido com o Premio da Fundación Mapfre 2021 como "Best Social Innovation in Agingnomics – globally". Sou empreendedor social, nominado como "Fellow Ashoka", por fundar e coliderar movimento Lab60+, do qual participo ativamente do conselho do Instituto Lab60+, e do Sistema B Brasil, no qual exerço a copresidência do conselho.

Contatos
www.labora.tech
sserapiao@labora.tech
Linkedin: Sergio Serapiao

Descrição: Homem, latino, cabelos castanhos-escuros, um pouco despenteados, usa bigode e cavanhaque. Usa camisa social escura com uma camiseta branca por baixo.

O conceito "gerações" surge a partir da busca por identificar padrões de comportamento de grupos de pessoas nascidas num determinado período e que compartilharam os mesmos momentos e contextos históricos em cada fase da vida. Os *baby boomers*, por exemplo, nascidos entre 1945 e 1960, cresceram em um momento de industrialização global pós-Segunda Guerra Mundial; já os *millennials*, geração nascida entre 1980 e 1995, passou sua infância vivendo de perto o nascimento da internet e a transformação da informação.

Esses contextos levam a caracterizar os *millennials* como uma geração inovadora e digital. Eles hoje representam 50% da força de trabalho, segundo a pesquisa *Millennials – Unravelling the Habits of Generation Y in Brazil* (em uma tradução livre, *Desvendando os hábitos da Geração Y no Brasil*). Já os *baby boomers*, que cresceram em uma época mais analógica e com transformações cadenciadas, são geralmente apontados como pessoas que prezam pela estabilidade e relações, principalmente profissional.

Os estudos sobre gerações se consolidaram no fim do século passado a partir da demanda de empresas que buscavam entender os hábitos de seus consumidores. Há, porém, um risco muito grande em utilizar somente essa lente para se desenhar programas de inclusão geracional, sem aprofundar a discussão com novos elementos trazidos pela longevidade e pelas mudanças tecnológicas e organizacionais.

Novo curso de vida

A extensão de nosso tempo de vida nas recentes décadas, que se estendeu em mais de 30 anos[1], traz uma revisão no curso de vida. Antes a vida era trifásica: jovens estudam, adultos trabalham e velhos descansam. O aumento do tempo de vida e as mudanças tecnológicas tornaram essas fases menores e "embaralhadas". Precisamos aprender por toda a vida, pois com as tecnologias se modificando cada vez mais rápido, quem não se mantém em constante aprendizado torna-se obsoleto (veja que obsoleto não é sinônimo de velho). Se continuarmos aprendendo e nos mantivermos atualizados, teremos a chance de migrar de tecnologia e de carreira, conforme o tempo passa e nossos propósitos evoluem. Assim, as fases de estudo e trabalho tornam-se pequenos ciclos que se alternam ao longo da vida e que durarão até a idade em que julgarmos ter motivação e forças para continuar neste contínuo processo de desenvolvimento e realização.

---

1 Entre os anos 1940 e 2018, o aumento da expectativa de vida do brasileiro foi de 30,8 anos passando de 45,5 anos para 76,3 anos.

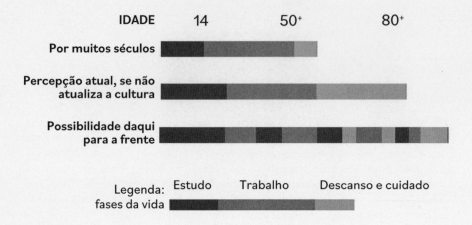

O desafio do jovencentrismo e do idadismo

A longevidade alterou a distribuição demográfica que por séculos se manteve como uma distribuição piramidal, com uma base larga de jovens e poucas pessoas mais velhas. "De repente", num curto espaço de 30 anos, a demografia do Brasil se alterou e agora se assemelha mais com um diamante.

Descrição da imagem: gráfico de linhas. O titulo do gráfico é Curso de vida e suas fases. linhas em tonalidades diferentes de cinza representam a seguinte legenda – fases de vida: Estudo (cinza escuro) Trabalho (cinza claro) descanso e cuidado (cinza mais claro).
O gráfico traz as idades de 14, 50 e 80 e compara esses cursos de vida com os seguintes afirmações: Por muitos séculos / Percepção atual se não atualizar a cultura / Possibilidade daqui para a frente. O gráfico mostra que por muitos séculos as fases de vida relacionadas ao estudo iam até os 14 anos, trabalho até os 50 e depois descano e cuidado. A percepção atual se não atualiza a cultura também apresenta de forma bem definida a fase de estudo até as 14, o trabalho na fase dos 50 e descanso e cuidado na fase dos 80. A possibilidade daqui para frente mostram os aspectos de estudo, trabalho, descanso e cuidado bastante mesclados em todas as fases de vida, com mais ênfase após os 14, mesclando aos 50 e aos 80 estudo, trabalho, descanso e cuidado. Abaixo do gráfico está escrito O desafio do jovencentrismo e do idadismo.

Alteração demográfica

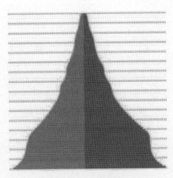

Brasil 1980   Brasil 2020

Nossa cultura, porém, não se atualizou. Continuamos inconscientes e passivos sobre essa mudança demográfica estrutural. Por mais que o dado sobre a alteração demográfica seja conhecido por muitos, ainda agimos como se fôssemos morrer por volta dos 40 anos e continuamos a enaltecer a juventude como a única fase da vida que teria o monopólio de atributos positivos, tais como: força, inovação, beleza, potência, criatividade, saúde, moderno. Inclusive, em nossa linguagem, continuamos a utilizar "jovem" e "juventude" como sinônimos desses atributos positivos, por consequência, associando o "velho" e "idoso" ao que seriam os opostos desses valores (feiura, impotência, medo, resistência, doença, fraqueza, ultrapassado). Essa correlação direta, por muitos séculos, fez mais sentido; atualmente, é um completo equívoco. Podemos nos tornar pessoas maduras com 80 anos, saudáveis, criativas e motivadas. E isso não nos faz mais jovens, até porque aos 40 anos eu poderia não ter essas características desenvolvidas por meios das minhas vivências pessoais e profissionais, certo? Essa é a potência da longevidade.

Porém, para tanto, precisamos nos libertar da cultura jovencêntrica e tomar consciência de que a polarização entre jovem e velho, que associa atributos positivos ao primeiro grupo e negativos ao segundo, atualmente é um preconceito. Um preconceito de idade que tem se convencionado chamar de idadismo (também chamado de etarismo ou ageísmo). Estarmos inconscientes do idadismo que apre-

Descrição da imagem: Com o título Alteração demográfica, há dois gráficos em forma de pirâmide em cor cinza. Os gráficos mostram uma comparação da alteração demográfica do Brasil em 1980 e em 2020. Nota-se nos gráficos que, em 1980, a população brasileira era bastante adensada em crianças e jovens o que deixa a base do gráfico de pirâmide ampla e a ponta bem pequena, que representa uma população pequena de idosos.
No gráfico pirâmide de 2020, a imagem mostra uma população mais equilibrada entre as gerações, o que faz com que o desenho do gráfico perca a forma de pirâmide, mostrando um aumento da população de pessoas adultas e idosas.

sentamos em nossas atitudes, linguagem e julgamentos cotidianos, fruto de vivermos numa cultura jovencêntrica, diminui nossa possibilidade de viver plenamente cada fase da vida, nos desenvolvermos, nos transformarmos e sermos inclusivos para todas as idades.

Impactos da longevidade no desenvolvimento do ciclo profissional

Ao entender a vida profissional de agora em diante como pequenos ciclos, aposentamos o conceito de carreira única ("o que você vai ser quando crescer") e passamos a trabalhar com primeira, segunda e terceira carreiras.

Quem se formou e atuou numa primeira carreira em *marketing*, dificilmente se manterá no mercado se não tiver passado por atualizações sobre tecnologia e dados.

O *marketing* digital predomina atualmente e o profissional para adentrar uma segunda carreira nessa área precisa estudar programação, algoritmos e análise de dados. E se ele ou ela se encantar com esse campo, pode aprofundar seus conhecimentos e adentrar uma terceira carreira de desenvolvedor, aprofundando os estudos.

O acúmulo de anos também traz um novo desafio de incluir e reconhecer as competências socioemocionais construídas a partir de casamentos, divórcios, criação de filhos, netos e outros tantos eventos que por vezes podem ser ainda mais importantes que nossa formação técnica, mas que ainda os currículos não absorveram.

A longevidade exige constante abertura para nos desconstruirmos e nos desenvolvermos à luz de nossos interesses, aptidões e das tendências do mercado. O desenvolvimento profissional deixa de ser linear e passa a ser mais parecido com um gráfico cardíaco. Deixamos de subir uma única montanha por 30 anos e passamos a escalar e caminhar numa serra de montanhas por mais de 50 anos, considerando cada subida uma nova carreira e as descidas nos momentos em que estamos nos reinventando, estudando e alternando nossa rota. Reinventar-se é a norma, por toda a nossa vida.

Impacto da longevidade e múltiplas carreiras para os RHs

Assim como a longevidade nos convida para uma constante reinvenção profissional, ela traz profunda alteração na forma histórica como as empresas recrutam, estruturam as carreiras e entendem o desenvolvimento das pessoas.

Ao longo dos séculos, as organizações se estruturaram de acordo com a distribuição demográfica: um jovem estaria no início da carreira e o sênior estaria no topo da organização. Os elementos que abordamos anteriormente, entretanto, evidenciam que esse modelo está cada vez mais em cheque e, se as empresas não se atualizarem, cada vez mais viverão numa escassez de talentos (ou "guerra por talentos").

Impacto da alteração demográfica nas organizações

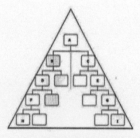 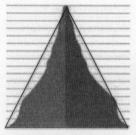 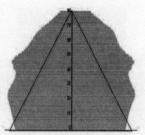

Estrutura organizacional clássica

Matching perfeito entre estrutura organizacional clássica e distribuição populacional por muitos séculos

Desconformidade entre estrutura organizacional clássica e distribuição populacional atual e futura

"20 anos de experiência e está buscando uma vaga em posições de entrada?" Se a carreira profissional ainda fosse linear e única, isso seria uma anomalia. Porém, se alguém faz uma transição de carreira (depois de 20 anos de odontologia passa a atuar como desenvolvedor *front-end*, por exemplo) será cada vez mais natural que uma situação dessa aconteça. E essa é uma ótima notícia. Teremos uma desassociação entre idade e posição hierárquica. Jovens podem estar em qualquer nível organizacional, e seniores também. Nesse momento, a empresa praticará a inclusão geracional plenamente. Com a representatividade das gerações na empresa (por exemplo, 25% de profissionais 50+) e a distribuição desses profissionais no organograma respeitando suas competências técnicas, experiência, suas capacidades socioemocionais, seu propósito, e não sua idade.

Descrição da imagem: 3 imagens em forma de pirâmide com o título "Impacto da alteração demográfica nas organizações". Da esquerda para direita, a primeira imagem é um triângulo e dentro dele vários quadros interligados de forma vertical e alguns quadrados tem dentro uma sinalização representada por um ponto. Abaixo da imagem lê-se: "Estrutura organizacional clássica". Na segunda imagem, um gráfico de pirâmide de cor cinza contornado por uma triangulo. Abaixo da imagem lê-se: "*Matching* perfeito entre estrutura organizacional clássica e distribuição populacional por muitos séculos". Na terceira imagem, um gráfico de cor cinza contornado por um triangulo. As linhas do gráfico ultrapassam as linhas do contorno da pirâmide em quase toda a extensão do gráfico. Abaixo da imagem lê-se: "Desconformidade entre estrutura organizacional clássica e distribuição populacional atual e futura".

Como chegar lá

Nos últimos anos, ao auxiliar empresas de diversos segmentos, mapeamos alguns dos principais desafios que travavam a inclusão da diversidade geracional. De forma geral, todos são decorrentes da cultura jovencêntrica na qual vivemos e que ao longo das décadas moldou processos e padrões para se contratar em escala jovens qualificados para uma base de pirâmide organizacional (era a única alternativa disponível décadas atrás), valorizar atitudes juvenis e incentivar desenvolvimento de carreiras rápidas (a vida era curta). Parece bem adequado para a estrutura do ciclo de vida que tínhamos, mas precisará se atualizar para o momento atual e futuro, com urgência.

Alguns dos principais elementos que identificamos que precisam ser observados para que a diversidade geracional seja acelerada e a empresa não perca competitividade nos próximos anos:

- Grupos de afinidade e processos de conscientização sobre idadismo e transição de cultura jovencêntrica para cultura inclusiva de todas as idades.
- Ampliação de bases de fonte de talentos para além dos jovens.
- Recrutamento para além do *hunting*, incluindo possibilidade de treinamentos, *reskilling* e transição de profissionais.
- Processos e ferramentas de recrutamento que tirem ou diminuam vieses inconscientes, baseado em dados que evidenciem as competências e o propósito das pessoas.
- Ambientes que abram espaço para trocas intergeracionais mais profundas, para se criar elos entre pessoas em momentos de vida diferentes.
- Preparação de gestores e processos de avaliação.
- Revisão de contratos, *job descriptions*, jornadas de trabalho, ergonomia para assegurar que abra espaço para todas as idades.
- Programas de desenvolvimento e rotação de carreira voltados para profissionais 50+.
- Atualização dos programas e regras de aposentadoria para fomentar que a pessoa se mantenha ativa e crie ciclos profissionais e de realização.

Sim, temos uma longa jornada pela frente para incluir todas as gerações e para empresas aprenderem a ativar os potenciais intergeracionais. Estou certo, porém, de que a jornada pode ser acelerada e monitorada por tecnologia, como a plataforma Labora, que integrou vários dos elementos citados numa tecnologia "de ponta a ponta" para inclusão em escala das diversidades.

E assim vamos construir essa jornada juntos, e o futuro do trabalho será cada vez mais inclusivo para todas as idades.

Referências

GRATTON, L.; SCOTT, A. *The 100-Year Life – Living and Working in an Age of Longevity*. Bloomsbury Information Ltd, 2016.

GRATTON, L.; SCOTT, A. *The Corporate Implications of Longer Lives*. MIT Sloan Management School. 2017.

HUERTAS, A.; ORTEGA, I. *The Silver Revolution: Agingnomics: the economic opportunities of an aging economy.* Lettera Publicaciones, 2020.

KALACHE, A. *A revolução da longevidade.* Youtube, 29 set. de 2016. Disponível em: <https://www.youtube.com/watch?v=_5N8V1lPIGg>. Acesso em: 13 fev. de 2022.

TECHREPUBLIC. *Future of Work: Forecasting Emerging Technologies Impact on Work in the Next Era of Human-Machine Partnerships* . Disponível em: <https://www.techrepublic.com/resource-library/whitepapers/future-of-work-forecasting-emerging-technologies-impact-on-work-in-the-next-era-of-human-machine-partnerships/>. Acesso em: 24 fev. de 2022.

22

LUTANDO PARA ENVELHECER E SER RECONHECIDO COMO SE É

O que você conhece sobre homens trans/transmasculinos? Não se preocupe caso nunca tenha parado para pensar sobre isso. Vamos falar um pouquinho sobre esse assunto que urge ser levado para conhecimento em todas as áreas da vida e, no universo empresarial, não seria diferente.
O maior patrimônio que uma empresa pode ter é o seu potencial humano, correto? Mas será que estamos preparados para receber pessoas tão diversas?
JORDHAN LESSA

JORDHAN LESSA

Jordhan Lessa

Com 54 anos, homem trans, pai e avô. Escritor e palestrante sobre Inclusão, Diversidade e Humanização. Ganhou as seguintes premiações: 13º Prêmio Arco-íris de Direitos Humanos, do Grupo Arco Íris, em 2014; homenagem da REDE AMIGA, da Prefeitura de Resende, em 2016; moção de reconhecimento Superintendência de Políticas LGBT do RSH, em 2018; prêmio Cidadania, Direito e Respeito à Diversidade, da ALERJ, em 2019. É autor dos livros *Eu Trans, A Alça da Bolsa* e *Relatos de Um Transexual*; e *Missão Vencer*. Atualmente está cursando Tecnologia em Gestão de Mídias Sociais, na UNINTER, e Serviço Social, na Estácio. Além de Segurança Pública sem Homofobia, no SENASP, em 2012; Política Nacional de Saúde Integral de LGBTs, na UNA SUS, em 2016; *Coach,* na Sociedade Latino Americana de *Coach* (SLAC), em 2017; Promoção e Defesa dos Direitos LGBT, pelo Enap, em 2018; Cidadania LGBTI+ – Participação Social e Políticas Públicas, pelo Observatório de Políticas Públicas LGBTI+ do Rio de Janeiro, em 2020.

Contatos
www.jordhanlessa.com.br
jordhanlessa@gmail.com
Instagram: @jordhanlessa
21 99368 0127

Descrição: Jordhan Lessa, homem trans, 54 anos, branco. Usa barba e bigode e está usando boina de cor escura, camisa social de cor escura com gola cinza. Está sorrindo na foto.

Empresas não são feitas somente de máquinas. Seu maior patrimônio é o humano. Mas de qual humano estamos falando?

Quando falamos de pessoas transgêneros/transexuais, a primeira imagem que nos vem à mente é de uma figura feminina. Quando digo "nos", é porque eu também tinha essa mesma reação imaginária até bem pouco tempo, exatamente, oito anos atrás. O que me fez perceber outras formas de existência, inclusive a minha, foi uma palestra ministrada pelo primeiro homem trans brasileiro operado ainda nos anos 1970, João Nery, que teve que se desfazer de toda a sua bagagem acadêmica e profissional para ser de verdade quem sempre foi, por dentro e por fora, em uma época em que tudo ainda era bem mais difícil do que vivemos hoje. Apesar de tantos avanços, ainda é preciso falar quem somos, que existimos e que estamos espalhados por todos os lugares buscando oportunidades para ocupar espaços que sejam dignamente respeitosos e acolhedores em empresas que tenham o olhar para a diversidade, afinal é daí que todos os nossos outros desafios poderão começar a ser resolvidos, trabalhando formalmente.

Falar sobre velhice é algo que por si só é um tremendo tabu em nossa sociedade que se esforça, mas ainda não conseguiu dar fim ao idadismo. Imagine falar sobre envelhecimento e empregabilidade de homens trans/transmasculinos, o que pode parecer, ao primeiro olhar, falar sobre algo que todos conhecem, não é mesmo? Mas não é bem assim... As empresas que procuram trabalhar com a diversidade ainda não conseguem perceber que homens trans/transmasculinos não estão sendo incluídos quando as vagas disponibilizadas têm como público-alvo "transexuais e travestis". E por que isso acontece? Além da falsa ideia de que a palavra "transexuais" abrange o leque de possibilidades dentro da própria comunidade trans, existem também por parte das pessoas responsáveis as dúvidas que, por serem tantas, torna-se menos arriscado errar abrindo oportunidades para pessoas que são mais facilmente identificáveis e, por viverem em situação de vulnerabilidade explícita, sabe-se melhor quem são.

A questão é que homens trans/transmasculinos também vivem nessas condições e não fazem parte do viés feminino da transexualidade ou da travestilidade, porém, como muitos de nós não têm suas identidades percebidas de imediato, ou simplesmente são deslegitimados, acabam sendo afastados de qualquer possibilidade que possa surgir, engrossando a parcela de pessoas que, sem alternativa, veem como única saída migrar para serviços informais ou a prostituição. Sim, homens trans/transmasculinos também são empurrados compulsoriamente para a venda de seus corpos como meio de sobrevivência, não os encontramos em quantidade pelas ruas e esquinas, mas os achamos com facilidade nos *sites* dedicados a essas atividades e, assim como as mulheres transexuais e as travestis, muitos de nós têm escolaridade que chega ao ensino superior. Porém, por sermos humanos ainda não humanizados para as atividades do dia a dia, somos colocados à margem.

Para ilustrar essa chocante informação, trago fragmentos de conversas que tive via

> Sim, sim. Confesso que fiquei com vontade de processar a imobiliária que retirou a casa do catálogo depois que viu minha documentação. E muitas outras coisas "sumiam" antes de eu retificar meus documentos... 15:57

> Gente, fiquei sem receber até salário por conta do meu nome feminino 16:06
>
> eu precisei pq como fui expulso de casa era mais fácil ter um emprego regularizado se eu fosse retificado 16:07

> Eu q fui mandado embora, descobriram na empresa q sou um homem trans, e fui sentindo gerente fria cmg e piadas dos colegas de trabalho.. E complicado sabe 09:52

Whatsapp para dar voz aos meus iguais que estão sofrendo neste momento.

Imagem 1   Imagem 2   Imagem 3

Imagem 1 – Dificuldade de moradia para quem faz uso do nome social, que é um direito garantido por legislação vigente e decisão do Superior Tribunal Federal (STF).

Imagem 2 – Problemas para receber seus vencimentos, pois o nome social não deve ser vinculado aos documentos oficiais sem que o nome de registro esteja também identificado no mesmo documento.

Imagem 3 – Mesmo após passar por todos os procedimentos internos e estar apto para a função em uma loja de *shopping*, o rapaz foi reconhecido por uma pessoa de outra loja que relatou para a gerente sua condição trans. A gerente mudou imediatamente a forma de tratá-lo e, um mês depois, o demitiu alegando corte de pessoal, ou seja, ele não teve como denunciar a transfobia que sofreu.

Mas por que será que é tão complicado compreender e respeitar os homens trans/transmasculinos? Vamos para um breve resgate da história dos homens trans/transmasculinos brasileiros. Podemos dizer que é um segmento relativamente "novo" considerando que foi após 2011, quando João W. Nery lança seu livro *Viagem Solitária*, que nos tornamos uma categoria visível e política, até então a maioria se via como lésbica masculinizada (NERY, 2019), e eu sou exatamente um desses que se viam assim e demorei 46 anos (conheci João, em 2013, na palestra que citei) para que ele me apontasse outra possibilidade de existir, ser feliz e envelhecer como ele mesmo o fez.

Descrição da imagem: Equivalente textual das conversas via Whatsapp – Imagem 1 lê-se o seguinte texto: "Sim, sim. Confesso que fiquei com vontade de processar a imobiliária que retirou a casa do catalogo depois que viu minha documentação. E muitas outras coisas 'sumiram' antes de eu retificar meus documentos". Imagem 2 lê-se o seguinte texto: "Gente, fiquei sem receber até salário por conta do meu nome no feminino. Eu precisei pq como fui expulso de casa era mais fácil ter um emprego regularizado se eu fosse retificado". Imagem 3 lê-se o seguinte texto: "Eu q fui mandado embora, descobriram na empresa que sou homem trans, e fui sentindo gerente fria cmg e piadas dos colegas de trabalho. É complicado sabe". (fim da descrição)

Acredito que, entre 2011 e 2018, o intervalo de tempo que existiu entre o lançamento do livro do João e sua despedida desse planeta, ele conseguiu dar início ao pouco de reconhecimento que temos hoje, e cabe a nós, homens trans/transmasculinos ou trans-homens como ele se reconhecia, darmos continuidade à luta pela legitimação de nossas identidades. Espero colaborar relatando para vocês as maiores dificuldades para ingressar no mercado formal de trabalho que inúmeros homens trans/transmasculinos denunciam quase diariamente via Whatsapp, e-mail e redes sociais, pois aprendi nos poucos anos que tive a honra de ser próximo do João que nós precisamos fazer por nós até que um dia não seja mais preciso. E seguindo a última mensagem que ele deixou gravada, estou aqui.

Vou falar de nós.

Homens trans = identidade política das pessoas que foram identificadas como mulheres ao nascerem devido à anatomia de seus genitais. Porém, ao longo da vida ou ainda em idade precoce, não se reconhecem e não se sentem confortáveis no gênero feminino e se autodeclaram homens, podendo ou não fazer modificações corporais ou de prenome e gênero em seus documentos oficiais.

Transmasculinos = diferenciam-se dos homens trans por não reivindicarem a identidade masculina, podendo se autodeclararem não binários, fluídos, *queer* etc.

Importante dizer que, de acordo com decisão do STF, a partir de 2018, não é necessária nenhuma modificação corporal, nenhum laudo, nada, bastando a autodeclaração para que seja feita a requalificação civil de prenome e gênero (os dois, se assim desejar, não é obrigatório) diretamente no cartório sem precisar de processo judicial e deferimento de juízes para que todos os nossos documentos sejam atualizados conforme as mudanças realizadas.

Nossos documentos, após os trâmites cartorários, precisam ser atualizados com a certidão de nascimento para quem nunca foi casado ou certidão de casamento/divórcio que o cartório entrega prontinha. A própria pessoa deve atualizar os demais documentos tirando as segundas vias de CPF, RG, CTPS, CNH, título de eleitor, passaporte, carteiras de categorias profissionais, como COREN, OAB etc. É um trabalho demorado considerando o tempo que cada órgão demanda para a entrega do novo registro, mas vale muito a pena.

Uma dúvida que muitas pessoas têm é se os números dos documentos mudam. Não, os números de nossos registros na Receita Federal e outros órgãos não sofrem nenhuma alteração.

No cartório, será feito o registro em livro próprio da mudança e será exarada a Certidão de Inteiro Teor para quem dela precisar para solucionar questões que envolvam direito de família, entre outras, após a mudança, resguardando assim todos os direitos da pessoa.

Homens trans que fizerem as mudanças de gênero deverão apresentar o Certificado de Reservista com a devida dispensa, visto que no Brasil, por enquanto, pessoas trans não servem às forças armadas.

Essa documentação só deve ser exigida pela empresa caso o colaborador que está sendo contratado ou que já pertença aos seus quadros faça a requalificação civil. Se ele optar por fazer uso do nome social, não será preciso mudar a documentação, apenas fazer a inclusão do nome social com o qual ele se identifica conforme preceitua a legislação.

Esses são os dois primeiros grandes passos, a meu ver, para que homens trans/transmasculinos sejam verdadeiramente incluídos na diversidade das empresas:

• Legitimidade de nossas identidades por meio de abertura de vagas que especifiquem "homens trans, mulheres transexuais e travestis" quando for para fazer o chamamento da população T, que seja abrangente e diversa já no texto.

• O outro passo é o respeito ao uso do nome social pelo colaborador dando capacitação aos demais colaboradores para que a política de diversidade da empresa seja entendida e exercida por todos. Não basta ser inclusivo apenas abrindo vagas, é preciso propiciar um ambiente que seja de boa qualidade para quem está chegando e para quem já faz parte.

Até aqui falamos, embora não pareça, de homens trans/transmasculinos de diferentes idades, pois a dificuldade de acesso à empregabilidade permeia desde os mais jovens até os mais velhos, gente que nunca teve a experiência de ter uma carteira assinada e a certeza de um salário que propicie melhores condições de moradia, saúde, alimentação, enfim, de vida. João Nery sempre nos disse que, "Ser o que somos não tem preço, a mentira nos enlouquece". Por escolher ser de verdade quem sempre foi, ele teve que abrir mão de seus diplomas de psicólogo e professor permanecendo sem registro formal até depois de seu falecimento, quando em homenagem póstuma lhe foi devolvida a Carteira de Psicólogo, ainda que de forma simbólica. Ele morreu velho, aos 68 anos, por complicações de saúde e nos deixou lindas e preciosas mensagens, pois pouco antes de partir terminou o livro *Velhice Transviada*, em que decidiu escrever sobre os "transvelhos", termo que criou para falar de nós que conseguimos ultrapassar a marca dos 50 anos, o que é sinônimo de vitória.

Apesar das pesquisas apontarem que a média de vida dos brasileiros é em torno de 76 anos, as mesmas pesquisas também apontam para a redução drástica da nossa juventude, ou seja, nossos jovens em idade produtiva não estão chegando ao mercado de trabalho por inúmeras questões, entre elas a violência que ceifa futuros. Essa pesquisa fala sobre pessoas cis (cisgênero), pois nós, pessoas trans (transgênero), não aparecemos em nenhuma pesquisa oficial. Tudo que sabemos são informações baseadas no trabalho sério de ONGs, Associações e Coletivos que pautam as questões LGBTQIA+ no Brasil e no exterior, por elas ficamos sabendo da nossa realidade sem filtros.

• O Brasil é responsável por mais de 50% de todos os assassinatos de pessoas LGBTQIA+ que ocorrem no mundo.

• A idade média de vida de uma pessoa trans é de 35 anos; apesar de termos uma parcela envelhecendo, essa média vem caindo.

Não temos estatísticas oficiais, porque não fazemos parte de nenhuma pesquisa oficial, não estamos inseridos nos questionários do IBGE como pessoas trans (leia-se homens trans/mulheres transexuais/travestis) que somos, pois ele foi formulado dentro do binarismo de gênero pautado pela anatomia dos corpos, por isso nos tornamos invisíveis para quaisquer políticas públicas que nos atendam integralmente.

É de conhecimento do universo corporativo que a necessidade dos mais velhos estarem de volta ou darem continuidade às suas atividades laborais é o que nos permitirá uma economia menos difícil doravante. Mas de quais pessoas estamos falando quando nos referimos à empregabilidade?

Será que, em pleno século XXI, pessoas iguais a mim ainda terão que enfrentar as mesmas dificuldades que eu e tantos outros enfrentamos para sobrevivermos até aqui?

Minha proposta, atendendo ao convite para estar nesta obra com tantos nomes importantes, é trazer um pouco de humanidade e falar da importância da primeira chance verdadeira que deve ser acolhedora, respeitosa, dignificante e servir para educar, ensinar e preparar uma pessoa trans para que seja mão de obra qualificada, começa pelo reconhecimento da sua existência como humana que traz uma bagagem diversa como qualquer outra pessoa e pode estar cheia de erros, acertos e sonhos, mas também de vontade de aprender e crescer.

O caminho pode ser longo, mas muitos já o estão trilhando e quantos mais o percorrerem maiores serão as chances de sermos mais produtivos, úteis e felizes.

Aos nossos velhos

Como é envelhecer nessa sociedade majoritariamente cisheteronormativa? Diria que não é fácil, mas ainda é melhor do que a outra opção. Considerando que somos a única espécie vivente que sabe que seu tempo é finito e que começamos a morrer no dia em que fomos concebidos, envelhecer é um privilégio que poderia ser mais bem aproveitado se os velhos e velhas em nosso país fossem vistos como pessoas que guardam histórias, memórias e experiências que ajudam a entender o presente. Os mais velhos do meu país chamado Brasil se tornam obsoletos e sem valia com toda a bagagem que os anos lhe deram. Essa é a realidade dos velhos e velhas cis e trans, mas para nós há sempre algo a mais, sempre uma dor e um choro acrescentado numa existência que nunca, ou quase nunca, é tranquila.

Ser trans no país que bate o recorde de assassinatos LGBTQIA+ já não é nada fácil. Ser trans e velho representa resistência por mais tempo e exige outras estratégias para continuar a existir. São tantas as dúvidas que envelhecer se torna outra grande batalha, exigindo a descoberta de reservas de força para lutar, quando o único desejo deveria ser viver um pouco em paz na vida que nos resta.

23

TODOS SOMOS A DIVERSIDADE

O preconceito é um fator historicamente construído que interfere diretamente em toda a sociedade para manutenção de privilégios a um pequeno grupo dominante. Empresas, enquanto células da sociedade, são diretamente afetadas por ele e precisam compreender seu papel social por maior justiça e equidade.

MÁRCIA ROCHA

Márcia Rocha, empresária e advogada. Eleita a primeira Conselheira Seccional trans da OAB/SP, com assento no Comitê de Direitos Sexuais da World Association for Sexual Health, pós-graduada em Educação Sexual e fundadora do Projeto Transempregos.

Márcia Rocha

Contatos
marciademais@yahoo.com
Instagram: @marciarocha.oficial
Facebook: marcia.rocha.33
LinkedIn: Márcia Rocha
11 99900 3081

Descrição: Márcia Rocha tem pele branca, olhos verdes, cabelos negros compridos, blusa com estampas e renda, brincos com pedras.

E aqueles que foram vistos dançando foram julgados insanos por aqueles que não podiam escutar a música.
FRIEDRICH NIETZSCHE

Para todos, andar na rua, ir à escola, conhecer alguém, namorar, casar-se, ter filhos, ter um emprego, ir a um hospital, morrer e ter um enterro digno são acontecimentos comuns de nossas existências.

Para a maioria das pessoas trans, cada uma dessas práticas significa riscos, sofrimento e demanda luta. Nenhuma pessoa que não faça parte desse grupo é capaz de imaginar como é ser uma travesti, desde a primeira infância sendo recriminada, exposta e excluída. Ter sua identidade divergente dos padrões gravada na carne como um estigma, transforma a pessoa em permanente alvo de possíveis violências, de um olhar de desaprovação ao seu assassinato com requintes de crueldade.

Na ONU, 94 países reconhecem direitos LGBTQP+, 100 países não defendem e para 54 desses a prática homossexual ainda é crime, muitos deles com pena de morte. Apenas intersexos e assexuais não são perseguidos em razão dessas características serem consideradas "naturais".

Em razão dessa profunda incompreensão, no Brasil, há uma parcela imensa de pessoas LGBTQP+ que permanecem ocultas. Eu mesma, tantas vezes chorei pensando que eu não queria ser assim, sentir o que sinto e ter que lutar contra meus desejos, minha verdade.

Ninguém escolhe ser gay, lésbica ou transgênero, como não se escolhe a cor da própria pele, dos olhos, dos cabelos. Se há alguma escolha, é assumir-se ou não, seja para si mesmo ou para o mundo.

Aos treze anos tomei hormônios femininos no desespero de adequar meu corpo à minha identidade, para viver a menina que havia em mim. Meu pai, percebendo meus seios crescendo, me levou a um médico e tive que contar. Apesar de minha resistência, acabaram por me convencer a parar com a hormonização.

Terminei o ensino médio, a faculdade de Direito e consegui meu primeiro emprego como advogada em uma grande imobiliária. Morei fora, abri minha primeira empresa, casei-me e tive uma filha.

Hoje tenho três empresas, sou advogada, apresento trabalhos acadêmicos no mundo todo, sou pós-graduada em Educação Sexual e fundadora do Projeto Transempregos. Falo três idiomas e conheço dezenas de países. Mas naquele dia, com meu pai e o médico à minha frente me convencendo a parar minha transição, se eu tivesse insistido em me hormonizar, eu hoje não seria nada. Não teria terminado o colegial, não teria cursado Direito, jamais teria meu primeiro emprego como advogada, não teria morado fora, não seria empresária... provavelmente, eu sequer estaria viva.

Preconceito

> *Se posso dizer que sou mais feliz hoje, depois de assumir? Sinceramente não sei, pois troquei a mentira, a hipocrisia e a repressão de mim mesma pela mentira, hipocrisia e repressão do mundo sobre mim.*
> MÁRCIA ROCHA – TCC da Pós-graduação em Educação Sexual, 2016.

Como opera o preconceito

Minha história demonstra a forma como o preconceito age como instrumento de controle para a manutenção de uma estrutura social que privilegia um pequeno grupo dominante.

É importante ressaltar que, ao denunciar os privilégios de um grupo dominante, não estarei repercutindo discursos radicais que se apropriam das questões de raça, etnia, de gênero e LGBTQIAP+ envolvendo-as na "luta de classe" como se fossem questões análogas, quando não o são. Simplesmente não há país onde tenha ocorrido a "Ditadura do Proletariado" que acolha pessoas LGBTQIAP+ com igualdade e respeito.

O preconceito existe nas favelas tanto quanto nos bairros mais ricos. Filhos transgêneros são expulsos de casa por famílias pobres assim como pelas mais ricas. O preconceito existe entre líderes sindicais assim como entre diretores de empresas, está dentro de cada um de nós.

Em ditaduras, os vieses inconscientes em seus dominantes transformam-se em imposições à população, algo que ocorre tanto nas ditaduras de direita como nas de esquerda, nas quais as populações LGBTQP+ e outros grupos minoritários não têm voz. Somente nas democracias é possível se agrupar, se manifestar e demandar direitos às minorias.

O preconceito não tem classe social, não depende de ideologias, não é uma questão econômica. Vai muito além, permeia todos os grupos de uma sociedade, todas as classes sociais, todas as instituições e é preciso ter isso muito claro para seu combate ou corremos o risco de lutar muito para nada mudar ao final.

Nossa luta é pelas minorias.

Preconceito generalizado

É importante lembrar que ser trans não é a única característica humana valorada negativamente ou condenada em nosso país. Há muitas outras características humanas consideradas menos aptas, menos capazes, menos dignas, com consequentes direitos e oportunidades restritos.

Mulheres, negros, indígenas e outras minorias étnicas, assim como imigrantes, obesos, pessoas com nanismo, pobres, LGBTIQIA+, pessoas com deficiência, minorias religiosas e tantos outros grupos de indivíduos com características em comum se unem para lutar por seus direitos.

Entretanto quem não é "minoria" no Brasil?

O homem, cisgênero, branco, heterossexual, adulto de idade mediana, trabalhador, de classe média ou alta, católico, fisicamente perfeito, sem quaisquer desejos sexuais considerados "desviantes", bom pai, bom marido fiel, e por aí vai.

Esse "modelo ideal de ser humano" é inverossímil, mas há um pequeno grupo de pessoas que, podendo ocultar características, como eu fiz, obtém todos os privilégios e oportunidades.

Não há uma categoria humana melhor e outras piores. Há apenas uma imensa diversidade humana necessária e essencial. Somos todos absolutamente perfeitos em nossas subjetividades, capazes em nossas diferenças, brasileiros que deveriam ser tratados igualmente.

O preconceito existe dentro de cada um de nós e faz parte de todo um sistema de controle em que vieses inconscientes atuam na opressão de indivíduos que divergem do modelo a ser privilegiado. Vejam as pessoas que estão na liderança das empresas, do judiciário, líderes de partidos políticos de todas as ideologias.

Além de impedir a expressão e a liberdade plena, com sérias consequências para cada um dos indivíduos, esse sistema opressor construído historicamente garante a manutenção de oportunidades, estudo de qualidade, direitos e consequente poder nas mãos daqueles que têm as características tidas como "desejáveis".

Essa estrutura se autoalimenta em uma sucessão hereditária de privilégios em detrimento da maioria da população, algo prejudicial à própria sociedade, pois a maioria não tem acesso a direitos e oportunidades plenos.

Entretanto, tal estrutura começou a se desmantelar a partir do momento em que as diferentes sociedades interagem com a globalização, suas diferentes crenças se chocam e o conhecimento científico se torna cada vez mais acessível à população global com o avanço nos meios de comunicação e da internet.

Após os horrores sangrentos da Segunda Guerra Mundial, a Declaração Universal dos Direitos Humanos trouxe a ideia de igualdade, possibilitando que as minorias demandem e conquistem direitos, desmontando estruturas de poder constituídas sobre valores baseados em características físicas, identitárias, ideológicas ou comportamentais.

Em meu ideal, inexiste seres humanos melhores ou piores, certos ou errados. Todos vivem e exercem seu papel social com respeito mútuo às diferenças e visando ao bem comum.

Vamos continuar avançando!

Privilégios

Como disse, se eu tivesse insistido na minha hormonização aos treze anos, hoje eu nada seria por conta do preconceito. Por outro lado, quantas outras pessoas poderiam ser brilhantes cientistas ou profissionais se lhes fossem dadas as ferramentas necessárias para seu desenvolvimento pleno?

Por ter sido criada como um homem branco de classe alta, tive todos os privilégios. Tenho um corpo saudável, esforcei-me e abracei todas as oportunidades que tive, enquanto via outros com os mesmíssimos privilégios desperdiçando-os e, por vezes, dilapidando seu patrimônio à total ruína.

Privilégios e preconceitos agem dando todas as oportunidades a um pequeno grupo em detrimento da maioria. Mas existem casos de privilegiados fracassados, assim como existem pessoas menos privilegiadas que conseguem vencer todas as barreiras e obter sucesso.

Pensando em termos de país, da forma como nossa estrutura existe hoje, muitas vezes criamos pessoas inteligentes e capazes para serem líderes de facção criminosa, enquanto gastamos fortunas na educação de indivíduos socialmente inúteis. Privilegiamos alguns inutilmente em detrimento de muitos outros que poderiam contribuir imensamente se lhes fossem dadas oportunidades.

Não somos iguais! Somos todos seres humanos com características únicas e histórias singulares. A dita *meritocracia* seria o "predomínio numa sociedade, organização, grupo, ocupação etc. daqueles que têm mais méritos". Entretanto, *meritocracia* somente teria sentido com igualdade de oportunidades o que absolutamente não ocorre.

Se desejamos um país menos desigual, mais produtivo e mais justo, é imperioso combatermos os vieses inconscientes do preconceito, distribuindo oportunidades igualitariamente, para então poder selecionar por mérito.

Empresas

Papel social

Empresas são formadas por pessoas. Sem seus colaboradores, uma empresa é uma entidade vazia e inútil, por isso entender seu papel social é fundamental.

Empresas contratam seus profissionais com base em currículos e entrevistas. Currículos são fotografias estáticas da história acadêmico-profissional do indivíduo que não demonstram as dificuldades e barreiras superadas. Mas são nas entrevistas que o preconceito é ainda mais nocivo. Conheci pessoas trans com currículos excelentes que, inexplicavelmente, não eram contratadas.

Se não é saudável para uma sociedade impedir a maioria de sua população de um desenvolvimento pleno, não é inteligente a uma empresa escolher e promover seus profissionais baseada em preconceitos.

Observando empresas percebemos se sua estrutura administrativa reflete a estrutura de privilégios da sociedade, encontrando no topo apenas homens, brancos, héteros, da classe média etc.

Em uma sociedade que privilegia um pequeno grupo, profissionais já prontos virão desse grupo. Entretanto, se somente cerca de 10% de toda a população é privilegiada, as empresas se digladiam por uma escassa mão de obra qualificada, enquanto no restante da população indivíduos capazes são preteridos.

Para selecionar os melhores profissionais, não basta olhar o currículo ou a apresentação. É essencial que se desenvolvam ferramentas capazes de averiguar o potencial subjetivo. Encontrar diamantes brutos que seriam apenas pedras rejeitadas, lapidando-os para sua organização e para o mundo, é um caminho essencial.

Benefícios da Diversidade

Nos últimos anos, várias pesquisas vêm demonstrando que empresas mais inclusivas, com mais diversidade, são mais produtivas e lucrativas.

Existem algumas explicações para esse fato:

• O ambiente de trabalho implica diretamente a *performance* individual, e um ambiente acolhedor à diversidade humana torna-se mais confortável, favorecendo o foco no trabalho.
• Quando um trabalhador percebe que, apesar de seu esforço e habilidades, não tem sua capacidade reconhecida por mero preconceito, essa é uma situação muito desestimulante.
• Diversidade traz diferentes visões de mundo e experiências diversas, o que enriquece o ambiente corporativo. Pouca diversidade incorre em semelhantes formas de encarar problemas e criar soluções, além de limitar a criatividade.
• Se uma empresa vende ou presta serviços a todos, por que não ter representatividade de toda a população em seus quadros? Uma empresa brasileira em que noventa por cento de seus funcionários são homens e não existem negros em cargos de liderança, terá sua imagem afetada.

Somos o país mais diversificado do planeta, com povos nativos e grandes proporções de imigrantes. A miscigenação de raças, culturas e crenças, ao mesmo tempo em que nos traz choques culturais, nos faz ricos em variedade genética e de ideias.

Ignorar isso não é bom para os negócios.

O futuro

Ao criarmos o Projeto Transempregos em 2013, percebemos que aproximadamente quarenta por cento dos currículos recebidos apresentavam curso superior e outros trinta por cento possuíam segundo grau completo. Muitos transgêneros fazem a transição depois de formados e com experiência profissional. No entanto, mesmo qualificada, a maioria dessas pessoas não consegue um emprego, unicamente em razão do preconceito.

Hoje há pessoas trans trabalhando em empresas de diversas áreas e ocupando cargos de diretoria em multinacionais.

Por meio da inclusão da Diversidade no meio corporativo, estamos fazendo nossa parte na luta contra o preconceito, por um mundo mais justo e igualitário.

Referências

ACADEMIA. M. R. Disponível em: <https://independent.academia.edu/M%-C3%A1rciaRocha9>. Acesso em: 13 fev. de 2022.

24

CAMINHOS PARA A EQUIDADE LGBTQIAP+ NAS EMPRESAS

O capítulo tem o objetivo de fornecer dicas práticas para apoiar profissionais de Diversidade, Equidade e Inclusão na construção de ações afirmativas focadas na equidade LGBTQIAP+. Para guiar a organização dessas dicas e evidenciação da amplitude de temas a serem considerados nessa construção, são utilizados os "10 Compromissos para a Promoção dos Direitos LGBTI+" do Fórum de Empresas e Direitos LGBTI+.

PAULO HENRIQUE CURZIO

Paulo Henrique Curzio

Profissional especialista na área de Diversidade, Equidade e Inclusão, desde 2016, em empresas de segmentos diversos, como Avon, EY, GPA e Grupo 2TM. No ambiente corporativo, também possui experiência em projetos com foco em CRM, treinamento e desenvolvimento, incentivos, vendas e *trade marketing*. Mestre em Administração de Empresas pela Fundação Getulio Vargas/EAESP, desenvolveu, na área acadêmica, estudos acerca do comportamento do consumidor, explorando temas como satisfação, valores pessoais e experiência do consumo. Foi selecionado, em 2018, pelo *Out & Equal Executive Forum* como um "*Young Global Leader*" e, desde então, é colaborador voluntário dos eventos da organização no Brasil.

Contatos
curzioph@gmail.com
LinkedIn: Paulo Henrique Curzio
11 94186 8101

Descrição: Paulo é um homem branco, com cabelos e olhos castanhos-escuros, usando bigode e brincos de argola. Ele aparece, na imagem, dos ombros para cima, sorrindo, e vestindo uma camisa estampada com pequenos tucanos.

É crescente o número de empresas que reconhecem o poder de transformação da Diversidade, Equidade e Inclusão (DEI) e promovem uma cultura de valorização a perspectivas e repertórios diferentes. Estrategicamente, elas têm focado em ações afirmativas que atendem a grupos minorizados, reconhecendo sua responsabilidade na reparação de prejuízos e desvantagens observados na sociedade – um desses grupos é o de pessoas LGBTQIAP+.

De acordo com a Declaração Universal dos Direitos Humanos (ONU), todas as pessoas nascem livres e iguais em dignidade e direitos, com a garantia de igualdade e não discriminação. Ainda assim, as pessoas LGBTQIAP+ são comumente afetadas por violações de direitos humanos como tratamentos discriminatórios em diversos espaços, diariamente.

Para apoiar no enfrentamento à discriminação desse público no ambiente de trabalho, indicando oportunidades para que as empresas contribuam propositalmente com mudanças sociais positivas, o Fórum de Empresas e Direitos LGBTI+, movimento com a participação de empresas engajadas no respeito e na promoção dos direitos humanos, desenvolveu os "10 Compromissos para a Promoção dos Direitos LGBTI+".

Esses compromissos serão utilizados a seguir para guiar dicas práticas sobre como avançar na equidade LGBTQIAP+ no ambiente de trabalho. Vamos lá?

1. Comprometer-se, presidência e executivos, com o respeito e com a promoção dos direitos LGBTQIAP+

A alta liderança engajada é essencial para que a pauta de DEI seja reconhecida como parte dos valores da empresa. Quando inclusiva, ela promove valorização, tratamento respeitoso e justo, e senso de pertencimento às pessoas. Bourke e Espedido (2019) evidenciam que equipes com lideranças inclusivas têm mais probabilidade de relatar que são colaborativas, possuem alto desempenho e tomam decisões de alta qualidade; e a importância de comportamentos inclusivos como compromisso visível, humildade e curiosidade. Confira as dicas a seguir:

- Compromisso visível: a liderança inclusiva demonstra repúdio e não tolerância à discriminação e assume compromissos públicos com a promoção dos direitos LGBTQIAP+. De acordo com Voegtlin et al. (2019), sobre questões sociais, CEOs que demonstram publicamente apoio a elas atraem mais talentos para a empresa em comparação com CEOs que se opõem ou permanecem neutros. Contribua para que o tema seja incluído em falas, documentos, políticas e ações efetivas da empresa.

• **Humildade:** ter modéstia em relação a capacidades, reconhecer erros e criar espaços colaborativos fazem parte da liderança inclusiva que, por sua vez, apresenta diferentes fases de desenvolvimento – inconsciente, consciente, ativa e defensora (BROWN, 2019). Que tal apoiar esse desenvolvimento promovendo treinamentos para formar a liderança como porta-voz em DEI?

• **Curiosidade:** para estimular esse comportamento relacionado à mentalidade aberta, a ouvir sem julgamento e procurar compreender as pessoas com empatia, promova ações que possibilitem a interação entre a alta liderança e pessoas colaboradoras LGBTQIAP+, como sessões de mentoria reversa.

2. Promover igualdade de oportunidades e tratamento justo às pessoas LGBTQIAP+

Identificar preocupações, percepções e experiências de pessoas colaboradoras LGBTQIAP+ é importante para a construção de ambientes de trabalho mais inclusivos (COX *et al.*, 2017), para impactar positivamente no desempenho profissional e, no fim, os resultados do negócio (WILEY *et al.*, 2010). Mas como fazer isso quando não estamos acostumados a coletar dados específicos da comunidade LGBTQIAP+? Uma das formas é incluindo campos específicos em censos e pesquisas de clima de forma opcional e voluntária. A empresa deve explicar a necessidade da coleta e como os dados serão utilizados, garantindo a confidencialidade e respeitando as leis vigentes de proteção de dados. Além das pesquisas, revise a adequação das políticas de benefícios a pessoas LGBTQIAP+ (por exemplo, licenças parentais, plano de saúde e coberturas para pessoas trans) e a de sistemas e registros internos ao nome social para pessoas trans.

Já para a atração de novos talentos LGBTQIAP+, considere as orientações a seguir:

• Ao anunciar vagas, deixe claro que as pessoas LGBTQIAP+ são respeitadas e valorizadas pela empresa.

• Crie um Banco de Talentos com foco em DEI que permita a identificação de pessoas LGBTQIAP+.

• Garanta que o time de recrutamento e seleção conheça as diretrizes da empresa sobre DEI.

• Estimule a participação da empresa em feiras de recrutamento focadas na inclusão LGBTQIAP+ (por exemplo, a "FEIRA DIVERS/A", promovida pela consultoria Mais Diversidade).

• Estabeleça metas para apoiar a empregabilidade LGBTQIAP+, especialmente a de pessoas trans. Seja uma empresa parceira da TransEmpregos, anunciando vagas no portal.

Para se inspirar: busque informações sobre a campanha #PrideSkill lançada pela P&G com o objetivo de alavancar a contratação de pessoas LGBTQIAP+.

3. Promover ambiente respeitoso, seguro e saudável para as pessoas LGBTQIAP+

Implemente ou aprimore o canal de ouvidoria da empresa – essa é uma ação essencial para garantir um ambiente com segurança para pessoas LGBTQIAP+. Ele ajuda a fortalecer a inclusão, fornecendo um recurso seguro e confidencial para que sejam reportados incidentes que prejudicam uma cultura inclusiva e segura (HUGHES; TROIANO, 2020). Considere que muitas pessoas ainda não pedem ajuda ao time de recursos humanos da empresa ou à liderança por principais motivos (BARIL, 2020):

- Medo de retaliação.
- Receios sobre sua própria segurança psicológica e/ou física.
- Falta de confiança nas habilidades do RH ou da liderança direta para ajudar.
- Desejo de evitar conflitos.

4. Sensibilizar e educar para o respeito aos direitos LGBTQIAP+

A importância de treinamentos na sensibilização e educação de DEI é inegável – afinal, não podemos pressupor que todas as pessoas possuem conhecimentos prévios nivelados sobre o tema. No entanto, quando realizados de forma pontual, podem provocar efeitos de curta duração, ativar preconceitos ou provocar reações adversas (DOBBIN; KALEV, 2016). Considere realizar outras ações complementares para maximizar os impactos positivos dos treinamentos tradicionais:

- Mentoria: pessoas em cargos de liderança, ao atuarem como mentoras de pessoas LGBTQIAP+, interagindo diretamente com vivências diferentes das suas, podem reduzir o impacto de seus vieses inconscientes, contribuindo para a ampliação de seu repertório em DEI.
- Diálogo durante todo o ano: defina ou revise o calendário de comunicação interna contemplando datas relacionadas à comunidade LGBTQIAP+. Elas representam uma excelente oportunidade para realizar eventos e atividades educacionais. Lembre-se de também considerar a interseccionalidade com outras datas de DEI, como contemplar mulheres lésbicas e trans no Dia Internacional da Mulher.

5. Estimular e apoiar a criação de grupos de afinidade LGBTQIAP+

Crie um grupo de afinidade LGBTQIAP+ para ampliar o senso de pertencimento e o aprendizado por meio da colaboração ativa e voluntária de pessoas engajadas no tema. Ele ajuda a aprimorar a cultura inclusiva da empresa ao fornecer um mecanismo para que necessidades e preocupações sejam ouvidas (MCNULTY et al., 2018). Pode ter caráter formal ou informal, e ser orientado para questões empresariais e/ou sociais. Geralmente, é predominantemente composto por pessoas LGBTQIAP+, que falam sobre o tema abertamente como forma de reafirmar suas identidades no ambiente de trabalho, e uma rede de pessoas aliadas, que apoiam os direitos da comunidade e desejam aprender mais sobre o tema.

Ele também é importante para representar as vozes não ouvidas das pessoas que continuam "dentro do armário" na empresa. Nesse sentido, é importante considerar mecanismos privados e confidenciais para também incluir a participação dessas pessoas nas ações promovidas (BROWN, 2010).

6. Promover o respeito aos direitos LGBTQIAP+ na comunicação e no *marketing*

Essas são áreas essenciais para disseminar mensagens positivas sobre o respeito aos direitos LGBTQIAP+ que valorizem as pessoas e não reproduzam estereótipos. Nesse contexto, estimular o uso da linguagem inclusiva ou neutra ajuda a garantir uma comunicação mais respeitosa que não assume a identidade de gênero das pessoas. A linguagem inclusiva é aquela que evita o uso do masculino como padrão (por exemplo, "nossas pessoas" em vez de "nossos colaboradores"). Já a linguagem neutra é aquela que desconstrói o sistema binário de gênero (por exemplo, "todes" em vez de "todos").

Vale a pena conferir: o Burger King lançou a campanha "Como explicar?" para mostrar a perspectiva infantil relacionada ao amor e ao respeito às pessoas LGBTQIAP+.

7. Promover o respeito aos direitos LGBTQIAP+ no planejamento de produtos, serviços e atendimento aos clientes

Considere as perspectivas, expectativas e demandas específicas de pessoas LGBTQIAP+ no planejamento de produtos e serviços de forma respeitosa e não oportunista com seus direitos. Ao promover grupos focais de clientes, garanta a representatividade LGBTQIAP+ para que vozes plurais sejam ouvidas.

Pense também no relacionamento com clientes. Ele deve ser pautado no respeito considerando especificidades em ferramentas e procedimentos. Realize treinamentos com o time responsável para acolher e valorizar o público LGBTQIAP+.

8. Promover ações de desenvolvimento profissional de pessoas do segmento LGBTQIAP+

De forma semelhante a programas de desenvolvimento de outros grupos minorizados, pense em como capacitações para pessoas LGBTQIAP+ – sejam elas pertencentes ao público interno da empresa ou não – podem apoiar em sua qualificação profissional, abordando temas como marca pessoal, autenticidade e fortalecimento de redes de contato.

Outra forma de demonstrar o compromisso organizacional com a inclusão nesse tópico é promovendo ações de mentoria (citada no tópico 4) que encorajem o desenvolvimento de pessoas LGBTQIAP+ e ajudem com que se visualizem em posições de liderança e definam seus objetivos para o futuro.

9. Promover o desenvolvimento econômico e social das pessoas LGBTQIAP+ na cadeia de valor

Sobre as cadeias de suprimentos, considere o desenvolvimento de ações com base nos questionamentos a seguir:

- Como garantir que os fornecedores estejam alinhados com a visão e os valores organizacionais de DEI?
- Que ações a empresa pode adotar para garantir que sua cadeia seja diversa e representativa em relação a grupos minorizados, incluindo pessoas empreendedoras LGBTQIAP+?

Definir requisitos contratuais relacionados à DEI ajuda na construção de uma cadeia mais sustentável ao estimular que os fornecedores também pensem sobre como podem construir ambientes de trabalho diversos e inclusivos. Você pode começar implementando uma pesquisa com a finalidade de compreender o cenário atual de seus fornecedores sobre o tema.

10. Promover e apoiar ações em prol dos direitos LGBTQIAP+ na comunidade

A responsabilidade social corporativa é a forma que as empresas posicionam suas políticas organizacionais e conduzem atividades para impactar positivamente a comunidade (FENWICK; BIEREMA, 2008). Garanta que as ações da empresa com a sociedade contemplem pessoas LGBTQIAP+ em parceria com ONGs como Casa 1, Casa Florescer e Casinha.

Vale a pena conhecer: o Itaú Unibanco incentiva iniciativas que auxiliem e estimulem a visibilidade, a segurança e o respeito às pessoas LGBTQIAP+ por meio do Edital LGBT+ Orgulho.

Considerações finais

Agora que você já conhece os 10 Compromissos, busque mais informações no *site* oficial do Fórum sobre como ser uma empresa signatária e contribuir de forma efetiva para a equidade LGBTQIAP+ no ambiente de trabalho. Ao implementar ações de DEI, priorize também fomentar discussões sobre temas ainda pouco debatidos nas empresas, como a inclusão e garantia de direitos para pessoas que vivem com HIV/AIDS, ampliando o acesso ao conhecimento sobre esse assunto que ainda é estigmatizado, e a inclusão de pessoas intersexo. Conto com você na caminhada por espaços com mais Diversidade, Equidade e Inclusão para pessoas LGBTQIAP+!

Referências

BARIL, M. The Silent Ones In Your Workforce. *Forbes*, 2020.

BOURKE, J.; ESPEDIDO, A. Why inclusive leaders are good for organizations, and how to become one. *Harvard Business Review*, 2019.

BROWN, J. Employee resource groups that drive business. *Jennifer Brown Consulting, sponsored by CISCO*, 2010.

BROWN, J. *How to be an inclusive leader: Your role in creating cultures of belonging where everyone can thrive*, 2019.

COX, G. et al. Getting LGBT+ inclusion right in employee surveys. *IBM*, 2017.

DOBBIN, F.; KALEV, A. Why diversity programs fail. *Harvard Business Review*, 2016.

FENWICK, T.; BIEREMA, L. Corporate social responsibility. *International Journal of Training and Development*, 2008.

HUGHES, V.; TROIANO, E. How ombuds programs can promote diversity and inclusion. *Catalyst*, 2020.

MCNULTY, Y. et al. Employee voice mechanisms for lesbian, gay, bisexual and transgender expatriation. *The International Journal of Human Resource Management*, 2018.

VOEGTLIN, C. et al. When CEO sociopolitical activism attracts new talents. *SSRN*, 2019.

WILEY, J. W. et al. Developing and validating a global model of employee engagement. *Handbook of employee engagement*, 2010.

25

DESAFIOS E ESTRATÉGIAS PARA INCLUSÃO DE PROFISSIONAIS LGBTQIAP+ NO TRABALHO

As empresas são ambientes seguros que garantem *performance* laboral de profissionais LGBTQIAP+? Baseados em uma pesquisa global, na experiência e lugar de fala dos(as) autores(as), discutiremos desafios e estratégias para inclusão laboral de profissionais LGBTQIAP+, trazendo informações que promovam boas práticas para o processo de inclusão desse público.

EDSON LUIZ DEFENDI E
WALLERIA SURI

Edson Luiz Defendi

Homem, cisgênero, gay. Doutor e mestre em Psicologia Clínica pela Pontifícia Universidade Católica de São Paulo (PUC-SP). Especialista em Psicologia Hospitalar e Reabilitação pelo Hospital das Clínicas da Faculdade de Medicina da Universidade de São Paulo (HCFMUSP). Professor da Universidade Municipal de São Caetano do Sul (USCS) e coordenador técnico da área de empregabilidade da Fundação Dorina Nowill para Cegos. É Embaixador do time Diversidade e Inclusão do HUBRH+.

Contatos
edsondefendi@gmail.com
LinkedIn: Edson Defendi
Instagram: @edsondefendipsi

Descrição: Edson é um homem branco, cabelos castanhos-claros e grisalhos, olhos claros. Ele aparece, na imagem, dos ombros para cima, vestindo uma camisa preta e está sorrindo.

Walleria Suri

44 anos, paulistana, mulher transgênero e com deficiência visual, graduanda em Direito, ativista pelos direitos da comunidade LGBTI+ e das pessoas com deficiência, consultora em diversidade da organização *Diversity Bbox*. Desde 2018, atua com capacitações e *workshop* sobre diversidade, direcionados para corporações empresariais, instituições de ensino e órgãos públicos, abordando temas como capacitismo, transfobia, reconhecimento humano, inclusão e acessibilidade.

Contatos
suri.zafalon@hotmail.com
Facebook: Walleria Suri
18 99811 9734

Descrição: Walleria é uma mulher de pele clara, olhos castanhos, cabelos escuros e longos. Usa um vestido com estampas de desenhos assimétricos com alças pretas. Aparece sorrindo na foto.

A finalidade desse capítulo é discutir os desafios e estratégias para plena participação de profissionais LGBTQIAP+ no mundo do trabalho e apresentar um relato de experiência sobre a complexidade de inclusão de profissionais transgêneros.

A promoção de direito e acesso ao trabalho para o público LGBTQIAP+ precisa ser feita baseada na realidade e experiência de vida desses profissionais e na construção de estratégias que sejam inclusivas, pois a cultura de Diversidade e Inclusão no mundo do trabalho é um axioma global.

Em 2020, a *Mckinsey & Company* realizou uma pesquisa *"LGBTQ+ voices: learning from lived experiences.* Os resultados da pesquisa buscaram responder à seguinte pergunta: sua empresa é segura e está realmente preparada para incluir profissionais LGBTQIAP+? Partindo da experiência e das "vozes" desses participantes (em sua maioria pessoas LGBTQIAP+), a pesquisa revelou os seguintes desafios e estratégias.

Um dos desafios é a realização do *coming-out* de profissionais no ambiente de trabalho, ou seja, "assumir-se" ou revelar a orientação afetivo-sexual é um ponto de muito cuidado e que promove estressores, já que "sair do armário" é considerado um ritual psicossocial de extrema importância na vida de pessoas da comunidade LGBTQIAP+.

Apesar das empresas aparentemente mostrarem-se abertas ao processo de *coming-out*, na prática, a realidade é outra. A revelação pode trazer o medo de retaliação e que a informação possa repercutir negativamente na ascensão de carreira. É como se o fato de ser uma pessoa LGBTQIAP+ desabilitasse esse profissional a assumir posições de liderança, performar e entregar resultados no mesmo nível que seus pares heterossexuais.

O sistema sociocultural cisheteronormativo impõe crenças equivocadas sobre esses profissionais. Além de restringir enormemente a diversidade nos ambientes de trabalho, acabam por determinar a forma como pessoas devem agir. Essas perspectivas produzem medo, insegurança e um ambiente pouco convidativo para que os profissionais LGBTQIAP+ possam falar abertamente sobre si, escondendo ou remediando sua orientação afetivo-sexual, impactando sua produtividade. Profissionais em início de carreira e mulheres LGBTQIAP+ são mais afetados e revelam-se menos, 58%, se comparadas ao índice de 80% dos homens. Apenas 1 a cada 5 entrevistados em posição de liderança se declaravam totalmente "fora do armário".

Outro desafio revelado por esses profissionais é a discriminação que sofrem em seus ambientes de trabalho meramente por serem pessoas LGBTQIAP+. Um profissional relata, por exemplo, que ouviu diversos comentários de colegas, que sua liderança é por vezes questionada tendo como argumento sua orientação afetivo-sexual. As políticas empresariais não consideram muitas vezes parceiros e parceiras LGBTQIAP+ e até relações familiares advindas dessa configuração. Questões de benefícios específicos relacionados à cobertura de seguro-saúde ainda não ofertam assistência adequada a esses profissionais, tais como apoio de saúde à transição de gênero, licenças maternidades/paternidades a casais homotransafetivos, entre outros direitos, não são integralmente contemplados.

A vivência de discriminação pode acontecer no relacionamento com fornecedores, clientes e outros *stakeholders*. Os relatos apontam que muitos profissionais LGBTQIAP+ não se sentem seguros quando necessitam realizar negociações com parceiros externos da empresa e que por vezes ouvem relatos discriminatórios, necessitando se omitirem sobre essa situação para não comprometer ou gerar problemas para si e, consequentemente, para a companhia.

Outro desafio referido pelos participantes diz respeito às "microagressões" vividas no ambiente do trabalho. 60% dos participantes da pesquisa relatam que necessitam corrigir seus colegas de trabalho sobre suposições em relação a suas vidas. Muitas pessoas LGBTQIAP+ não são chamadas por seus pronomes adequados de gênero, *"memes"*, chistes LGBTfóbicos são exemplos cotidianos, que, de forma frequente, vão minando e desmotivando esses profissionais, aumentando a vulnerabilidade e prejuízos à saúde mental.

A diversidade representada por todas as pessoas que compõem as "letrinhas" da comunidade LGBTQIAP+ aponta para desafios específicos em relação à diversidade sexual e de gênero. Os maiores desafios recaem sobre os profissionais transgêneros, como relatado na história de Walleria Suri a seguir.

Uma jornada, muitos enfrentamentos

O meu maior medo em assumir minha identidade de gênero, dentre tantos, era o de ficar sem trabalho e não ter mais como garantir o meu sustento. Performar conforme os padrões dos homens heterossexuais era uma questão de sobrevivência em quase todos os ambientes profissionais em que já estive como colaboradora contratada. Consegui me manter inserida no mercado de trabalho por todos os anos em que permaneci escondida dentro do armário. Mas esse sufocamento da minha própria identidade me custou, ao longo desse tempo, imensos impactos psicológicos e emocionais. Eu era obrigada a anular todos os dias minha própria essência para poder ter as minhas habilidades e experiências profissionais vistas com credibilidade e merecer ocupar uma posição de trabalho remunerado. Essa autoviolação que eu mesma exercia contra minha identidade de gênero, junto ao medo constante de cometer algum deslize e ser descoberta, comprometia não só minha produtividade laboral, mas também atingia meu desempenho acadêmico, minhas relações sociais e minha saúde física e mental. Com o tempo, eu passei a ser afastada do trabalho com frequência, por apresentar quadros depressivos, sem explicações aparentes, fazendo meses de tratamentos com antidepressivos para conseguir retornar aos meus compromissos cotidianos. Muitas vezes, eu tentava reunir coragem para deixar o armário e assumir minha identidade trans, mas os espaços laborais que sempre se constituíam pelos comportamentos e relações que se estabeleciam de maneira claramente machista e LGBTfóbica me davam a certeza de que, naquele ambiente, não haveria margem nenhuma de tolerância com uma mulher trans.

Nessa época, em que eu cumpria expedientes sem revelar meu gênero e fingindo ser um homem, tinha que ouvir como cúmplice muitas manifestações preconceituosas contra pessoas LGBTQIAP+. O medo de descobrirem que eu também pertenço à comunidade dessas pessoas tão desprezadas e ridicularizadas nas piadinhas do café, nas charges e frases cotidianamente compartilhadas entre os membros das equipes em que eu fazia parte, me desencorajava de tomar qualquer posição em defesa dos meus. Eu sabia que já tinha que lidar com implacável estigma do capacitismo, por ter uma deficiência visual severa, que restringia em grande medida minhas oportunidades de colocação e ascensão profissional. E, por isso, para mim era impensável afirmar minha transgeneridade, pois a compreensão que eu tinha era de que essa revelação atingiria ainda mais minha credibilidade profissional e restringiria ainda mais minhas já tão escassas chances de prosperar e ascender no trabalho.

Mesmo sendo essa minha conclusão reforçada constantemente pelos debochentes e isolamentos que eram dirigidos aos gays e afeminados das equipes em muitos lugares onde trabalhei, chegou um momento em que eu não mais aguentei viver escondida. Num período em que eu já estava prestes a ser novamente afastada por problemas emocionais e alimentava fortes pensamentos suicidas, tomei a decisão de assumir minha transgeneridade em meu trabalho. Em uma reunião particular com o líder da minha equipe, revelei ser uma mulher trans e disse que iniciaria um processo de terapia hormonal para transição de gênero. Mostrando-se compreensivo e sensível à questão por mim exposta, o líder me tranquilizou dizendo que eu continuaria sendo avaliada somente pelo meu desempenho profissional, garantindo-me que não haveria nenhuma influência referente a esse fator na avaliação de minhas *performances* no trabalho. Segundo ele, não haveria nenhuma diferença para a empresa com relação à minha transição de gênero. Aquela declaração me deixou muito feliz na ocasião, pois acreditei finalmente existir de verdade sem correr o risco de ser demitida por causa da minha identidade de gênero. Depois desse dia, passei a trabalhar usando roupas femininas e me apresentando para as pessoas com um nome também feminino.

No entanto, o fato da minha revelação de ser uma pessoa trans não fazer diferença institucional alguma, conforme declarou o líder em nossa reunião, acabou fazendo toda diferença para impedir minha afirmação e aceitação coletiva enquanto mulher trans. Como não houve nenhuma ação institucional para que minha identidade feminina fosse reconhecida e legitimada nos espaços onde eu cumpria meu expediente laboral, permaneci tendo que utilizar um nome masculino no *login* do sistema, no endereço de e-mail e no crachá. Eu também fui informada de que não poderia utilizar os banheiros femininos para evitar constrangimento às outras mulheres, fui "orientada" a utilizar os banheiros reservados às pessoas com deficiência, que são sempre unissex. Continuei a ser tratada com respeito e cordialidade pelas pessoas, mas ninguém utilizava os artigos de gênero feminino quando se referiam a mim, ainda que eu estivesse todos os dias usando brincos, batom, esmaltes e salto alto. Muitos simplesmente deixaram de falar comigo e sequer me cumprimentavam quando por mim passavam, sobretudo aqueles que me tinham como cúmplices de suas piadas debochadas contra gays e travestis. Depois de alguns meses trabalhando, ou melhor, vivendo num limbo em que eu tentava afirmar minha identidade feminina num ambiente que o tempo todo obstruía esse reconhecimento, fui desligada sem maiores explicações, sob a justificativa de cortes de funcionários para diminuição de custos, mesmo ocupando uma vaga reservada à lei de cotas para pessoas com deficiência.

Hoje eu entendo que, para me proporcionar um ambiente de trabalho saudável não basta simplesmente que a empresa se coloque numa posição neutra, escolhendo não interferir no meu processo de transição. É preciso que sejam adotadas ações institucionais que assegurem a plena afirmação do gênero de uma pessoa trans. E nesse processo, a utilização do nome social em todas as identificações, o uso do banheiro de acordo com a identidade de gênero e o tratamento adequado, respeitoso e amistoso dos demais colaboradores são elementos fundamentais, que só podem ser garantidos de forma eficaz por meio de estratégias e campanhas corporativas concretas que promovam o reconhecimento e a legitimação das identidades trans nos ambientes de trabalho.

Quando assumi minha transgeneridade, acabei sendo demitida como eu tanto temia, mas a minha saída do armário foi uma decisão sem volta e me deixou mais forte para ir em busca de meus sonhos e de minha realização profissional. Finalmente eu tinha vencido o medo e a vergonha de ser quem sou e de me apresentar de forma inteira e autêntica em todos os lugares. Desde então, eu tenho me dedicado a desenvolver ações de conscientização que possam contribuir para que as organizações empresariais ofereçam ambientes de trabalho capazes de reconhecer, acolher, legitimar e respeitar profissionais que pertencem à população LGBTQIAP+.

Estratégias e caminhos

Realize programas educativos para reduzir as microagressões no dia a dia, informando sobre terminologias adequadas, uso de pronome de gênero (ao final da assinatura do e-mail corporativo mencionando ela/dela, ele/dele ou ile/dile, por exemplo).

Torne a empresa uma aliada e faça uma comunicação ampla e contínua sobre a importância e o respeito a profissionais LGBTQIAP+. Exiba símbolos e linguagem inclusiva representativos da comunidade, incentive as trabalhadoras e trabalhadores a participar de eventos sobre orgulho.

Fortaleça a liderança para que apoie iniciativas e incentive profissionais LGBTQIAP+ a se desenvolverem de forma equânime a outros. Incentive a criação de grupo de afinidade.

Selecione profissionais LGBTQIAP+. Reserve posições e vagas exclusivas para esse público.

Envolva a alta liderança e implemente políticas empresarias que torne o ambiente de trabalho diverso e seguro para profissionais LGBTQIAP+.

Desenvolva um ecossistema interseccional, ou seja, compreenda as pessoas que trabalham na companhia em sua totalidade. A história de Walleria ilustra bem essa situação. Uma mulher trans cega necessita de acessibilidade, principalmente atitudinal para que todas as competências estejam à disposição da companhia.

Atente-se para as legislações específicas que garantem proteção e acesso ao trabalho digno a profissionais LGBTQIAP+. Uso de nome social ou retificado, uso de banheiro, tipificação de assédio por conta da orientação afetiva sexual e identidade de gênero considerado pela lei que tornou a LGBTfobia crime, entre outros.

Realize atualizações e *benchmarking* com empresas que possuem o mesmo desafio ou têm um programa implantado.

O acesso e direito ao trabalho decente ou digno é legado a todas as pessoas. Mesmo considerando os avanços e maior visibilidade, profissionais LGBTQIAP+ ainda permanecem à margem, sem muitas vezes conseguir destinar todo o seu talento, competências e habilidades a serviço da empresa e da sociedade.

Referências

BAILINSON, P.; DECHERD, W.; ELLSWORTH, D.; GUTTMAN, M. LGBTQ+ voices: learning from lived experiences. *Mckinsey & Company*, 2020. Disponível em: <https://www.mckinsey.com.br/business-functions/organization/our-insights/lgbtq-plus-voices-learning-from-lived-experiences>. Acesso em: 30 set. de 2021.

26

SEXUALIDADE HUMANA E A COMUNIDADE LGBTQIAP+

A sexualidade humana ainda é um assunto tratado como tabu e os diálogos sobre o tema parecem sussurros inaudíveis, principalmente dentro das empresas. Mas tenha coragem e abra-se para entender que a sexualidade está presente na vida de todas as pessoas, independente de sexo biológico, identidade de gênero, orientação sexual, classe e raça. Contribuir com um ambiente de respeito às individualidades é dever de todos, inclusive seu.

JOSEPH KUGA

Joseph Kuga

Especialista e palestrante nos temas de gênero, sexualidade e transexuais no mercado de trabalho. Também atua como especialista generalista em equidade de gênero, pessoas com deficiência, étnico-racial e LGBTQIAP+. A partir de experiências pessoais e profissionais sendo homem trans, tornou-se ainda mais engajado socialmente nas causas de transexuais, produzindo conteúdo e realizando diversas ações sociais para incentivar a inserção desse público nas organizações.

Contatos
josephkuga@hotmail.com
Instagram: @JosephKuga
LinkedIn: @Josephkuga
Podcast: Jô & Ju Fora da Caixinha
11 982010842

Descrição: Joseph é um homem de 31 anos, com pele branca, cabelos castanhos, usa topete, tem sobrancelhas castanhas e olhos castanho-claros, bigode fino e barba curta castanhas. Veste uma camisa branca e está sorrindo.

A **sexualidade humana** é um conjunto de fatores internos e externos e faz parte da vida de todas as pessoas, desde o berço até o túmulo, não é uma característica única da comunidade LBGTQIAP+. Todo ser é composto por características biológicas, identidade de gênero, orientação afetivo-sexual e expressão de gênero. Esses quatro pilares da sexualidade humana transcendem à existência para além do instinto e da necessidade de reprodução, são fatores básicos que contribuem para a formação da personalidade individual e permeiam, mesmo que de forma inconsciente, o modo de ser e viver.

Há bilhões de pessoas no mundo e cada uma busca experienciar a sexualidade à sua maneira, construindo uma subjetividade singular desde a infância até a velhice. Mas a cobrança social impõe padrões aos corpos, à psique e ao modo como a vida e as relações sociais são sentidas. Assim, entende-se que a sexualidade humana é um dispositivo que complementa a existência e o comportamento em sociedade.

O **sexo biológico** é composto por hormônios, cromossomos e grupos de órgãos internos e externos, portanto trata-se de uma característica fisiológica. De maneira bem simplória, pode-se definir três tipos de sexo biológico: masculino, feminino e intersexo. Pasmem, são três tipos e não dois como costuma-se tratar no senso comum. Muitas vezes, toda a existência é pautada somente nessas características fisiológicas, mesmo que não estejam em conformidade com a psique.

O **gênero** é uma construção social criada para impor padrões sociais e de comportamento pautados no sexo biológico. Quando a criança nasce, é comum o médico analisar as características biológicas e dizer "é uma menina!" ou "é um menino!", a partir desse momento a vida dessa pessoa é direcionada para exercer um papel de gênero de acordo com a cultura e a sociedade em que está inserida. Então, as pessoas são produtos do meio em que vivem e não de sua fisiologia.

A **identidade de gênero** é fruto da construção gradativa da subjetividade a partir das experiências vividas *versus* as imposições culturais e sociais, é como a pessoa se reconhece e deseja ser tratada dentro dos papéis de gênero ou independente deles. Então, não é correto fundamentar a identidade de gênero nos genitais feminino ou masculino, pois pode não haver um consenso entre ambos e somente a própria pessoa pode definir como se reconhece enquanto indivíduo. É incutido na construção do indivíduo e cobrado um modo de ser padrão denominado cisgênero, as pessoas perpetuam esse *modus operandi* sem nem saber que o fazem ou o seu significado:

- Cisgêneros são pessoas que se identificam com o sexo biológico e "gênero de nascença".

Mas há outras formas de ser e se reconhecer como pessoa que sobrepujam esse padrão normativo e cumprem uma função política de identificação, vivência e reconhecimento da diversidade da existência individual.

A **orientação afetivo-sexual** não é automática e não se alicerça nos genitais, pois sofre influência sociocultural, é volátil e melhor definida como uma inclinação involuntária de como cada pessoa sente ou não atração sexual, afetiva e/ou emocional por indivíduos de identidade de gênero oposta, da mesma ou de ambos os gêneros. A maneira mais coerente e respeitosa é delinear a orientação afetivo-sexual a partir da identidade de gênero, ou seja, como a pessoa se reconhece e se autodeclara, e não se basear na genitália. Há dois conceitos básicos que todos(as) deveriam ter conhecimento:

- Heterossexuais são pessoas cuja orientação afetivo-sexual tem sua inclinação involuntária direcionada para o gênero oposto ao que se identificam.
- Homossexuais são pessoas cuja orientação afetivo-sexual tem sua inclinação involuntária direcionada para o mesmo gênero que se identificam.

A **homossexualidade** existe desde a antiguidade e por muito tempo foi tratada com naturalidade em vários povos e sociedades. Mas desde a Alta Idade Média, o ideal cristão influenciou na configuração de casamentos e uniões exclusivamente heterossexuais, tornando as relações entre pessoas com a mesma identidade de gênero ilícitas e impuras. Até hoje esse tema é tratado como um tabu.

A **expressão de gênero** está diretamente ligada aos papéis socioculturais e sua influência nos gestos, comportamentos, atitudes, modo de se vestir, falar e agir de uma pessoa. Há pessoas que expressam o gênero masculino, outras o feminino, outras que transitam entre ambos ou que se expressam de forma neutra. Tais singularidades não definem identidade de gênero ou orientação sexual.

Comunidade LGBTQIAP+

A comunidade LGBTQIAP+ é um movimento de identidades políticas e sociais por direitos, empoderamento e representatividade. A sigla transita nos aspectos de sexo biológico, identidade de gênero, orientação sexual, expressão de gênero e cada letra tem seu respectivo significado.

Lembrando que a sexualidade humana faz parte da vida de todas as pessoas e há necessidade de elucidação dos conceitos que não são ensinados na formação do indivíduo:

- **Lésbicas** são pessoas que se identificam com o gênero feminino e sentem atração sexual, afetiva e/ou emocional por outra pessoa que também se identifica com o gênero feminino.
- **Gays** são pessoas que se identificam com o gênero masculino e sentem atração sexual, afetiva e/ou emocional por outra pessoa que também se identifica com o gênero masculino.
- **Bissexuais** são pessoas que sentem atração sexual, afetiva e/ou emocional por indivíduos de ambos os gêneros.

- **T (Trans)** são pessoas que não se reconhecem em seus corpos, ou seja, não são cisgêneros, pois sentem uma não conformidade entre psique e sexo biológico, não se enxergam no gênero imposto no nascimento baseado em sua genital e passam a viver como verdadeiramente são, em busca de se sentirem melhores consigo mesmas. Mulher trans vem ao mundo com pênis, hormônios, cromossomos e órgãos internos masculinos, ou possuem características biológicas intersexuais, mas se entende como mulher. Homem trans vem ao mundo com vagina, hormônios, cromossomos e órgãos internos femininos, ou possuem características biológicas intersexuais, mas se compreende homem.
- **T (Travesti)** são pessoas que foram intituladas como homens no nascimento, mas que, ao decorrer da vida, na construção do seu eu, se identificam na figura feminina. Por muitos anos, o termo "travesti" foi tratado como algo negativo e pejorativo, e até hoje é perceptível o estigma ao falar desse recorte populacional, por isso atualmente o termo foi ressignificado adquirindo peso político em busca de acesso ao poder social, econômico, político ou religioso, apartando-se do sofrimento, da discriminação e da intolerância. Tecnicamente é difícil diferenciar trans e travesti, a distinção é mais política e social. Para ser trans ou travesti, não há necessidade de realizar nenhum tipo de alteração corporal, basta que a pessoa se autodeclare e, a partir disso, o melhor caminho é entender como a pessoa se vê, respeitar e usar os artigos e pronomes adequados.
- *Queer* é um termo guarda-chuva e representa pessoas que não seguem o padrão normativo de sexualidade humana. Já foi usado como ofensa, hoje o termo foi ressignificado para romper com as barreiras e estereótipos compulsórios. Permeia sexo biológico, identidade de gênero, orientação sexual e expressão de gênero;
- **A Intersexualidade** rompe o binarismo de sexo biológico masculino e feminino, a pessoa intersexo nasce com variadas características fisiológicas, como hormônios, órgãos reprodutivos e anatomias sexuais ambíguos, e não se encaixam na típica definição de homem ou mulher. Ser intersexual não torna alguém imediatamente homossexual ou transexual, são coisas distintas.
- **Assexuais** não sentem atração sexual por nenhuma identidade de gênero. Obviamente, há níveis de assexualidade e tal aspecto não impede a pessoa de ter sentimentos afetivos, emocionais, amorosos e vivê-los. É uma orientação afetivo-sexual.
- **Pansexuais** se relacionam com pessoas independente do sexo biológico, identidade ou expressão de gênero. É uma orientação afetivo-sexual.
- O **+** engloba todas as outras formas de sexualidade humana que existem e não foram citadas acima e outras singularidades que ainda estão sendo descobertas.

Travestis e trans – utilização de banheiros e vestiários

Mesmo sendo uma necessidade fisiológica básica, para pessoas travestis e trans usarem o banheiro público, seja no trabalho, em instituições de ensino ou em qualquer outro lugar, se torna um martírio, pois essa pauta ainda é considerada um tabu.

A Coordenadoria Nacional de Promoção da Igualdade de Oportunidades e Eliminação da Discriminação no Trabalho (Coordigualdade) do Ministério Público do Trabalho (MPT) recomendou na nota técnica 02/2020, princípio 3°, o seguinte:

> Garanta o uso de banheiros, vestiários e demais espaços segregados por gênero, quando houver, de acordo com a identidade de gênero de cada pessoa, sendo vedada a criação de espaços de uso exclusivo para pessoas LGBTIQ+.

Essa recomendação visa defender os direitos individuais e coletivos, assim como o princípio da dignidade da pessoa humana, independente das suas individualidades. As empresas/organizações podem se alicerçar nessa norma técnica para adotar ações afirmativas, tais como:

- Conteúdo informativo para desmistificar a temática e elucidar que a pessoa pode usar o banheiro correspondente à sua identidade de gênero.
- Alocar de forma inclusiva (cores adequadas para daltônicos, *braile* e libras) informativo salientando que ações/atitudes discriminatórias não são toleradas, caso tenha código de conduta, política de diversidade, canal de ética e/ou ouvidoria ressaltar também nesses meios.
- Banheiro e/ou vestiário individual sem gênero.

Além de promover boas práticas, as ações citadas ainda corroboram para a empresa/organização não cometer LGBTfobia, crime inafiançável e imprescritível.

Dicas para fazer a diferença:

- Observe o potencial e as habilidades para desempenhar a função.
- Se tiver dúvida de como tratar ou abordar alguém da comunidade LGBTQIAP+, pergunte a ela.
- Não use termos como "desvio sexual". A homossexualidade não é considerada "desvio sexual" desde 1985.
- Não use termos como opção sexual, pois ninguém opta, trata-se de um fator involuntário.
- Não faça nem contribua com comentários ou piadas que reforcem e propaguem o preconceito e discriminação contra as pessoas LGBTQIAP+.
- Acima de tudo, o respeito às individualidades é a chave para o sucesso, pois a humanidade é diversa e singular em sua pluralidade.

Referências

BORRILO, D. *Homofobia: história e crítica de um preconceito*. Tradução de Guilherme João de Freitas Teixeira. Belo Horizonte: Autêntica Editora, 2010.

BRASIL. Ministério Público do Trabalho. Coordenadoria de Promoção da Igualdade de Oportunidades e Eliminação da Discriminação no Trabalho – Coordigualdade. Recomendação n. 2, de 26 de novembro de 2020. Nota Técnica para a atuação do Ministério Público do Trabalho para a defesa de direitos da população LGBTIQ+ no trabalho. Brasília, 2020.

BUTLER, J. Corpos que pesam: sobre os limites discursivos do "sexo". In: LOURO, G. (Org.) *O corpo educado: pedagogias da sexualidade*. Tradução: Tomaz Tadeu da Silva. Belo Horizonte, 2000.

CECCARELLI. P. R. Sexualidade, identidade e contemporaneidade. In: CORRÊA, R. (Org.). *O discurso sobre o outro e as práticas sociais*. Belo Horizonte: PUC Minas, 2012.

DIAS, M. B.(coord.) *Diversidade sexual e Direito homoafetivo*. São Paulo: Ed. Revista dos Tribunais, 2014.

FARO, J. P. A note on homosexuality in history (Uma nota sobre a homossexualidade na história). *Revista Subjetividades*, Fortaleza, 2015.

FOUCAULT, M. *As palavras e as coisas*. 6. ed. São Paulo: Martins Fontes, 1992.

FOUCAULT, M. *História da sexualidade*. Vol.I. 14. ed. Rio de Janeiro: Graal, 2001.

FOUCAULT, M. *Microfísica do poder*. 4. ed. Rio de Janeiro: Graal, 1984.

FREUD, S. *Um caso de histeria, três ensaios sobre sexualidade e outros Trabalhos*. 1901-1905. Edição Standard Brasileira das Obras Psicológicas Completas de Sigmund Freud Volume VII. Rio de Janeiro: Imago Editora, 2006.

PEREIRA, R. da C. *A sexualidade vista pelos tribunais*. Belo Horizonte: Del Rey, 2001.

SCHREIBER, A. *Direitos da personalidade*. São Paulo: Atlas, 2011.

27

PESSOA COM DEFICIÊNCIA
CONHECER PARA INCLUIR

Quem atua na área de Diversidade e Inclusão sabe que, apesar dos avanços, esse ainda é um tema bastante desafiador, repleto de dúvidas e inquietações. Se antes a pergunta era: por que incluir? Agora é: como incluir, garantir equidade, igualdade de oportunidades, oferecer produtos e serviços acessíveis, combater o capacitismo e promover ações que respeitem e valorizem a diversidade humana?

MARINALVA CRUZ

Marinalva Cruz

Graduada em Gestão de Recursos Humanos e pós-graduada em Gestão Pública. Diretora de Relações Governamentais e Empregabilidade na Associação Turma do Jiló, consultora em políticas para inclusão de pessoas com deficiência e docente do curso de Pedagogia, da Feduc (2021), do curso de Inclusão Escolar e Diversidade: questões conceituais e instrumentalização de práticas, do Instituto Singularidades (2019) e do curso de pós-graduação em Gestão Estratégica em Diversidade e Inclusão, do Instituto Mauá de Tecnologia (2016). Ex-secretária Adjunta da Secretaria Municipal da Pessoa com Deficiência da Cidade de São Paulo e coordenadora de projetos sociais do Programa de Apoio à Pessoa com Deficiência (PADEF). Membro do Comitê Diversidade e Inclusão da ABPRH e da Câmara Paulista para Inclusão da Pessoa com Deficiência, líder do Comitê Inclusão da Pessoa com Deficiência do Grupo Mulheres do Brasil, conselheira da *Specialisterne* Brasil, educadora voluntária da Escola Municipal de Administração Pública de São Paulo, do Espaço da Cidadania e do Fórum Anual "Diversidade e Inclusão" da ABRH-SP.

Contatos
incentiva@incentivainclusao.com
11 95429 1281

Descrição: Marinalva Cruz, mulher branca, cabelos castanhos com luzes, olhos verdes, veste um vestido escuro e um casaco branco com listras escuras.

Com o objetivo de eliminar desigualdades historicamente acumuladas, garantir a igualdade de oportunidades e tratamento, reparar injustiças sociais históricas provocadas em grande medida pela discriminação decorrente de raça, etnia, religião, gênero, deficiência, entre outros motivos, há no Brasil diversas ações afirmativas, sendo a Lei 8.213, de 24 de julho de 1991, conhecida como Lei de Cotas, uma dessas ações afirmativas e a grande responsável pelo emprego formal de quase 500 mil pessoas com deficiência, dados de 2019 da Subsecretaria de Inspeção do Trabalho.

A Lei 8.213 dispõe sobre os Planos de Benefícios da Previdência Social e determina, no artigo 93, que empresas com 100 ou mais empregados serão obrigadas a preencher de 2% a 5% dos seus cargos com beneficiários reabilitados ou pessoas com deficiência, na seguinte proporção:

I. de 100 a 200 empregados: 2%;
II. de 201 a 500: 3%;
III. de 501 a 1.000: 4%;
IV. de 1.001 em diante: 5%.

Apesar da sua importância, vale lembrar que a Lei de Cotas por si só não garantirá oportunidade de emprego formal para todas as pessoas com algum tipo de deficiência, visto que de acordo com os dados do Censo 2010 do Instituto Brasileiro de Geografia e Estatística (IBGE), 45,6 milhões de brasileiras e brasileiros informaram ter algum tipo de deficiência. Desse total, mais de 8,9 milhões têm entre 18 e 64 anos de idade e disseram ter um comprometimento mais significativo em razão da deficiência e da falta de acessibilidade. Mesmo entendendo que nem toda pessoa com deficiência será considerada para o cumprimento da Lei de Cotas, é nítido que há mais pessoas com deficiência do que vagas disponíveis nas empresas com 100 ou mais empregados. Por esse motivo, é fundamental ampliar o olhar e gerar oportunidades para pessoas com deficiência também em programas de aprendizagem, estágio ou *trainee*, por exemplo. Nesse sentido, vale ressaltar que não há limite máximo de idade para aprendizes com deficiência e que a Lei 11.788, de 25 de setembro de 2008, que regulamenta o sistema de estágio no Brasil, determina no art. 17 que 10% das vagas de estágio devem ser preenchidas por estudantes com deficiência. Além de compreender que as pessoas com deficiência somam mais de 1 bilhão de pessoas a nível mundial e que também são clientes e consumidores em potencial, exigindo assim ações internas e externas de todo e qualquer segmento empresarial.

Além de gerar novas oportunidades para clientes e colaboradores com deficiência, é importante compreender que o conceito de deficiência avançou ao longo do tempo, passou de um modelo estritamente médico, no qual a deficiência era entendida como uma limitação da pessoa, para um modelo biopsicossocial mais abrangente, que compreende a deficiência como resultado dos impedimentos nas funções e na estrutura do corpo e na interação com as diferentes barreiras sociais e ambientais.

De acordo com o art. 2º da Lei 13.146, de 06 de julho de 2015 (Lei Brasileira de Inclusão – LBI), pessoa com deficiência é aquela que tem impedimento de longo prazo de natureza física, mental, intelectual ou sensorial (auditiva e visual), o qual, em interação com uma ou mais barreiras, pode obstruir sua participação plena e efetiva na sociedade em igualdade de condições com as demais pessoas.

A relação com detalhes relacionados aos diferentes tipos de deficiência constam nos Decretos 3.298 de 1999 e 5.296 de 2004, na Lei 12.764 de 2012, que institui a Política Nacional de Proteção dos Direitos da Pessoa com Transtorno do Espectro Autista, e na Lei 14.126 de 2021, que classifica a visão monocular como deficiência sensorial, do tipo visual.

Em resumo, significa que a limitação existente é resultado da falta de acessibilidade nos equipamentos, na metodologia, na tecnologia, na comunicação, nos ambientes de trabalho e nos espaços públicos e privados que não oferecem os recursos necessários para que a pessoa com deficiência possa exercer sua cidadania e realizar suas atividades com segurança e o máximo de autonomia. Por isso é importante construirmos uma sociedade cada vez mais acessível.

Para melhorar o processo de inclusão profissional de pessoas com deficiência, é necessário saber quais são as barreiras existentes para então eliminá-las. De acordo com a Lei Brasileira de Inclusão, barreiras são qualquer entrave, obstáculo, atitude ou comportamento que limite ou impeça a participação social da pessoa, bem como o gozo, a fruição e o exercício de seus direitos à acessibilidade, à liberdade de movimento e de expressão, à comunicação, o acesso à informação, à compreensão, à circulação com segurança, entre outros.

As principais barreiras são as urbanísticas: existentes nas vias e nos espaços públicos e privados abertos ao público ou de uso coletivo; as barreiras arquitetônicas: existentes nos edifícios públicos e privados; as barreiras nos transportes: existentes nos sistemas e meios de transportes, públicos e privados; as barreiras na comunicação e na informação: qualquer entrave, obstáculo, atitude ou comportamento que dificulte ou impossibilite a expressão ou o recebimento de mensagens e de informações por intermédio de sistemas de comunicação e de tecnologia da informação; as barreiras atitudinais: atitudes ou comportamentos que impeçam ou prejudiquem a participação social da pessoa com deficiência em igualdade de condições e oportunidades com as demais pessoas; as barreiras tecnológicas: que dificultam ou impedem o acesso da pessoa com deficiência às tecnologias; as barreiras metodológicas: obstáculos nos métodos, técnicas e processos de trabalho; a barreira instrumental: obstáculos nas ferramentas e instrumentos de trabalho, barreira programática: impedimentos invisíveis existentes em legislações, normas e regulamentos; e a barreira natural: relacionada a obstáculos da natureza.

Desenvolver ações para eliminação das barreiras e promoção da acessibilidade é parte do processo, mas a contratação de profissionais com deficiência não pode ser pautada apenas no cumprimento de normas e leis. A inclusão verdadeira requer uma política de inclusão e implantação de medidas sistêmicas e estruturadas que sejam capazes de garantir que as pessoas com diferentes especificidades possam desempenhar suas funções como qualquer pessoa, deve ser vista como uma oportunidade de aprendizado e enriquecimento de todo o ambiente profissional e da sociedade em geral, considerar a interseccionalidade das pessoas com deficiência, permitir que todas as vagas sejam para todas as pessoas, buscar profissionais com foco em suas competências, e não no tipo de deficiência, compreender que não há vaga certa para profissionais com determinados tipos de deficiência, ter consciência de que cada ser humano é único e que a deficiência é apenas uma entre tantas outras características.

É sabido que as dificuldades enfrentadas pela população com deficiência para garantia e efetivação de seus direitos, sobretudo o direito ao trabalho, são semelhantes às dificuldades enfrentadas por outros grupos historicamente excluídos, porém mais significativas quando a deficiência se sobrepõe a outras características, como raça, etnia, gênero ou orientação sexual. A mulher com deficiência, por exemplo, muitas vezes é duplamente excluída, tem mais dificuldade de ocupar cargos de liderança, ser eleita ou ter voz ativa. Isso ocorre devido à exclusão histórica das mulheres e à existência do capacitismo, racismo e outras formas de preconceito e discriminação.

No Estado de São Paulo, levando em consideração os dados da Relação Anual de Informações Sociais (RAIS) de 2019, do total de vínculos empregatícios da população com deficiência de todo Estado, 61,69% são ocupados por homens e apenas 38,31% por mulheres. Um estudo realizado em 2016 pelo Instituto Ethos, com as 500 maiores empresas do Brasil, aponta que apenas 0,6% das pessoas com deficiência ocupam cargos de nível executivo e, lamentavelmente, em nenhum desses cargos há mulheres com deficiência. Esse cenário reforça a necessidade de empresas, públicas e privadas, atuarem de forma transversal, considerando as diferentes características da população com deficiência, inclusive nos demais temas relacionados a diversidade e inclusão.

Atualmente, pautas como governança ambiental, social e corporativa, diversidade e inclusão e a nova Lei Geral de Proteção de Dados têm sido uma preocupação recorrente das organizações e um diferencial para os negócios. Mas será que nesse processo de rever conceitos, avaliar a consciência coletiva da empresa para os fatores sociais e ambientais, mudar práticas, adaptar sistemas, buscar formas de se relacionar com os clientes, consumidores e fornecedores garantindo a privacidade está sendo considerada a importância da acessibilidade, a aplicação do conceito de desenho universal e as adaptações razoáveis para contemplar e assegurar o direito de participação do público com deficiência? Qual tecnologia assistiva ou ajuda técnica está sendo pensada para não deixar ninguém para trás?

Nesse processo de mudança é extremamente importante pensar em produtos, ambientes, programas e serviços que possam ser usados por todas as pessoas, sem necessidade de adaptação ou de projeto específico, incluir os recursos de tecnologia assistiva e, quando necessário, promover adaptações, modificações e ajustes necessários e adequados, a fim de assegurar a participação da pessoa com deficiência em igualdade de condições e oportunidades com as demais pessoas, considerando todos os direitos e liberdades fundamentais.

Outro fator crucial é garantir representatividade na empresa, nas campanhas publicitárias e nos demais espaços, estabelecer uma comunicação neutra, acessível e inclusiva, possibilitando assim que todas as pessoas, com as mais diversas características, se sintam parte da organização ou se identifiquem com a cultura organizacional, com os produtos e/ou serviços oferecidos e, quando colaborador, tenham condições de desempenhar suas atividades, serem respeitadas, igualmente reconhecidas e remuneradas e possam ocupar diferentes posições em todos os níveis hierárquicos.

Para tornar tudo isso possível, há um longo caminho a ser percorrido e claro que não é uma tarefa fácil, mas é totalmente possível, basta atuar de forma prática na mudança cultural da organização, estabelecer prioridades e metas, investir tempo em formação de todas pessoas da organização para que possam compreender e trabalhar os seus vieses inconscientes, olhar acessibilidade e tecnologia assistiva como investimento em novos talentos, fazer uma boa gestão das diferenças e estar sempre disponível para mudar atitudes e estratégias, pensando não apenas na lucratividade, mas principalmente no impacto das ações na sociedade.

Referências

BRASIL. Decreto n. 5.296/2004. Regulamenta as Leis nos 10.048, de 8 de novembro de 2000, que dá prioridade de atendimento às pessoas que especifica, e 10.098, de 19 de dezembro de 2000, que estabelece normas gerais e critérios básicos para a promoção da acessibilidade das pessoas portadoras de deficiência ou com mobilidade reduzida, e dá outras providências. Disponível em: < http://www.planalto.gov.br/ccivil_03/_ato2004-2006/2004/decreto/d5296.htm>. Acesso em: 25 fev. de 2022.

BRASIL. Lei n. 8.213/91. Dispõe sobre os Planos de Benefícios da Previdência Social e dá outras providências. Disponível em: <http://www.planalto.gov.br/ccivil_03/leis/l8213compilado.htm>. Acesso em: 25 fev. de 2022.

BRASIL. Lei n. 11.788/2008. Dispõe sobre o estágio de estudantes; altera a redação do art. 428 da Consolidação das Leis do Trabalho – CLT, aprovada pelo Decreto-Lei no 5.452, de 1o de maio de 1943, e a Lei no 9.394, de 20 de dezembro de 1996; revoga as Leis nos 6.494, de 7 de dezembro de 1977, e 8.859, de 23 de março de 1994, o parágrafo único do art. 82 da Lei no 9.394, de 20 de dezembro de 1996, e o art. 6o da Medida Provisória no 2.164-41, de 24 de agosto de 2001; e dá outras providências. Disponível em: <http://www.planalto.gov.br/ccivil_03/_ato2007-2010/2008/lei/l11788.htm>. Acesso em: 25 fev. de 2022.

BRASIL. Lei n. 12.764/2012. Institui a Política Nacional de Proteção dos Direitos da Pessoa com Transtorno do Espectro Autista; e altera o § 3º do art. 98 da Lei nº 8.112, de 11 de dezembro de 1990. Disponível em: <http://www.planalto.gov.br/ccivil_03/_ato2011-2014/2012/lei/l12764.htm>. Acesso em: 25 fev. de 2022.

BRASIL. Lei n. 13.146/2015. Institui a Lei Brasileira de Inclusão da Pessoa com Deficiência (Estatuto da Pessoa com Deficiência). Disponível em: <http://www.planalto.gov.br/ccivil_03/_ato2015-2018/2015/lei/>. Acesso em: 25 fev. de 2022.

ORGANIZAÇÃO INTERNACIONAL DO TRABALHO. *Tornando Inclusivo o Futuro do Trabalho das Pessoas com Deficiência*. São Paulo: Santa Causa Boas Ideias & Projetos, 2021.

28

ACESSIBILIDADE E TECNOLOGIAS ASSISTIVAS PARA O SUCESSO DA INCLUSÃO DE PESSOAS COM DEFICIÊNCIA NO TRABALHO

O trabalho com autonomia, saúde, segurança, bem estar e em igualdade de oportunidades deve ser o foco de todos nós profissionais que atuamos com o tema da inclusão. Embora pareça algo usual, são premissas que requerem engajamento, colaboração, difusão de conhecimentos e práticas para atingir esses objetivos, e a acessibilidade e a tecnologia assistiva tem papel essencial nessa construção.

LILIA HALAS

Lilia Halas

Técnica de Segurança do Trabalho, formada pelo Centro Paula Souza, fisioterapeuta graduada pela Universidade São Judas Tadeu, pós-graduada em Ergonomia pelo Centro Universitário SENAC. Profissional atuante há mais de 10 anos nas aréas de Saúde e Segurança do Trabalhador, Ergonomia e em equipes multi e interdisciplinares, incluindo desde a adequação de postos e de ambientes de trabalho a projetos com a revisão e a implementação de soluções de acessibilidade, tecnologias assistivas e inclusão em ambientes de trabalho para pessoas com deficiência, além da participação e contribuição em *Squads* de Diversidade & Inclusão com foco em promover a inclusão com respeito, autonomia, saúde e segurança.

Contatos
matos.lilia@gmail.com
LinkedIn: Lilia Matos Di Genova Halas

Descrição: Lilia é uma mulher branca de 36 anos, com os cabelos curtos na altura dos ombros, encaracolados e de cor castanho-escuro. Usa óculos, brincos, correntinha no pescoço e sorri. Está de braços cruzados. Usa blazer e uma camisa social.

A inclusão de pessoas com deficiência nas empresas e ambientes de trabalho é um tema que requer engajamento e participação de toda a sociedade civil, a sua relevância é tamanha que a agenda 2030 da ONU que tem por objetivo guiar as nações para um caminho de desenvolvimento mais sustentável com dezessete objetivos estabelecidos (chamados ODS), entre eles a busca pelo trabalho inclusivo e decente para todos.

Embora o tema seja atual e possa ser considerado simples, a inclusão no mercado de trabalho só ocorre de maneira efetiva quando se viabiliza o acesso da população aos direitos básicos de ir e vir, educação de qualidade, oportunidades de aprendizado e de profissionalização, combate ao capacitismo e com a ampliação de ofertas que promovam a implementação de soluções de acessibilidade e de tecnologia assistiva.

Quando falamos em deficiência é importante sinalizarmos que se trata de um conceito em evolução, especialmente desde as conquistas que foram obtidas pela Convenção de Direitos da Pessoa com Deficiência (CDPD) e pela Lei Brasileira de Inclusão (LBI), que resultaram em um marco social. Atualmente sabemos que as deficiências são aquelas que geram impedimentos de longo prazo de natureza física/motora, mental/intelectual ou sensorial e que esse impedimento ou restrição ocorrerá durante a interação com uma ou mais barreiras presentes na sociedade e de inúmeras formas, são essas barreiras que efetivamente restringem a participação plena e efetiva das pessoas com deficiência em igualdade de condições com as demais pessoas, logo, a deficiência será sempre o resultado da interação gerada entre as pessoas com os impedimentos presentes.

É importante destacar que antes dessa mudança de paradigma era aplicado o modelo médico da deficiência em que a abordagem era nos aspectos físicos do indivíduo, com essa evolução ampliamos nosso olhar para o modelo biopsicossocial da deficiência utilizado atualmente e se entende hoje que é a existência das mais diversas barreiras, que poderão ser físicas ou não, mas que tem o potencial de gerar a exclusão e a segregação na sociedade.

Em 2018 a nota técnica do IBGE apresentou uma releitura do Censo demográfico realizado em 2010 e identificou um quantitativo que equivale a mais de 12 milhões de pessoas com deficiência ou 6,7% das mais de 190 milhões de pessoas recenseadas em 2010.

Sem dúvida são dados expressivos e demonstram a importância para que de fato haja inclusão na sociedade, para isso é preciso ampliarmos o nosso olhar e sermos capazes de compreender que essa parcela da população requer o respeito aos seus direitos, a políticas afirmativas e ao acesso a recursos de acessibilidade ou de adaptações por conta da existência das barreiras, para que seja possivel assim realizar as suas atividades de vida diária com autonomia e segurança.

As deficiências são variadas com múltiplas causas e sua origem pode se dar em qualquer fase da vida, por isso independente de quando ela ocorrer é necessário estarmos preparados para tomar as ações que se reflitam na manutenção da autonomia e do acesso a um trabalho digno, direitos que devem ser garantidos a todos.

A inclusão e a empregabilidade da pessoa com deficiência ainda envolve muitas questões, sendo muito comum ainda o tema ser associado rapidamente a rampas ou sanitários (sem dúvida alguma de sua importância), porém é preciso que sejamos capazes de compreender de forma profunda a necessidade da eliminação das barreiras e as suas dimensões, as mais conhecidas ainda hoje são as fisicas, arquitetônicas e as presentes nos transportes.

Quando se vivencia o dia a dia em empresas e a realidade que profissionais que trabalham ou buscam colocação enfrentam, percebemos que as camadas são muito mais profundas, e portanto requerem nossa atenção. O professor Romeu Sassaki, destaca que as barreiras que impedem a inclusão podem ser encontradas em sete categorias e nas mais diversas situações como:

- Ruas e calçadas esburacadas, excesso de escadas, degraus, desníveis e obstáculos, ausência de rampas e elevadores, postos de trabalho que não atendem as dimensões antropométricas dos trabalhadores.
- Comunicações que limitam o acesso à informação e à comunicação para todas as pessoas, impedindo o recebimento, compreensão da informação, uso de sistemas, seja pela ausência de recursos como Braille, intérpretes de Libras, ausência de audiodescrição para pessoas cegas e legendas e recursos para pessoas com baixa visão, seja pelo conteúdo comunicado não ser adaptado para o meio utilizado e falta de clareza do que é comunicado.
- Tranportes públicos ou privados em más condições que impedem a autonomia e a independência de todos.
- Comportamentos, preconceitos ou discriminações, esteriótipos adotados e que ainda estão presentes, seja de forma intencional ou não.
- Métodos e técnicas que são utilizados para aprendizagem e que ainda não prevêem as necessidades de todos, seja em processos seletivos, processos internos, procedimentos de trabalho complexos, burocráticos, na falta de clareza das informações e quando exigimos qualificações ou experiências desnecessárias.
- Situações que não contemplam ajustes ou adaptações, quando se fornece equipamentos, ferramentas, instrumentos de trabalho, mas que ainda assim não são adequados para as necessidades do trabalhador.
- Atividades, eventos, encontros e reuniões que são realizadas em locais que não possuem condições que permitem o acesso de todos: e outras tantas inúmeras situações que ainda poderiamos mencionar, infelizmente.

Exemplificamos situações que ainda são atuais e a partir delas precisamos refletir se de fato contribuimos para reduzir as barreiras ou para a manutenção ou a criação delas, que às vezes estão disfarçadas, em outras ocasiões se apresentam como a única alternativa possivel ou por meio de justificativas de que sempre foi feito dessa forma... é mais barato, fácil e rápido, de que não existem pessoas com deficiência qualificadas para essa atividade etc.

Independente da justificativa, as barreiras geram falta de oportunidades, segregam e se refletem em exclusão. É preciso mudarmos a nossa mentalidade enquanto sociedade, sermos agentes de transformação e entendermos que para todas as barreiras mencionadas e quaisquer outras sempre existirão alternativas de acessibilidade e que quando aplicadas de forma efetiva pelas empresas e pela sociedade vão permitir a pessoa com deficiência ser de fato incluida.

Sendo assim devemos buscar as ofertas, opções e as soluções que vão garantir acessibilidade e essa possibilidade de alcance e utilização que é prevista na legislação e que deve estar disponivel ou ser obtida por todos e para todos.

Sempre que possivel, as empresas devem adotar os principios do desenho universal que preveem que o projeto, espaço ou ambiente contemple a diversidade humana com autonomia. Quando um espaço, ambiente ou solução não nasce acessivel a todos é necessário que se trabalhe para ampliar a oferta de uso.

Entre as possibilidades de recursos de acessibilidade existem as ajudas técnicas ou as tecnologias assistivas, nome dado a todos os produtos, equipamentos, dispositivos, recursos, metodologias, estratégias, práticas e serviços que têm como objetivo promover a funcionalidade e serem utilizados para ajudar pessoas com deficiência ou com mobilidade reduzida com as suas habilidades funcionais, tornando a sua vida mais fácil, independente e produtiva, promovendo assim uma melhor qualidade de vida, autonomia, independência e inclusão social.

Nos ambientes de trabalho devem existir inúmeros recursos que quando disponíveis vão permitir a pessoa com deficiência realizar as suas atividades e interagir nesse local com autonomia e segurança em igualdade com as demais pessoas, seja através do uso de muleta, bengala, cadeira de rodas, utilizando um espaço ou trabalhando em um posto de trabalho que respeite suas caracteristicas e que permita a sua aproximação, alcance e utilização pelo público diverso, com diferentes necessidades antropométricas. Pode-se fazer uso de softwares de leitores de tela, intérpretes, serviços ou janelas de libras, legendas ou *closed caption*, *softwares* de ampliação de tela, equipamentos para a produção e reprodução de materiais em Braille, acesso a conteúdos em áudio, materiais impressos e equipamentos que façam a ampliação de fontes, lupas de ampliação, uso de monitores maiores, teclados adaptados com teclas maiores, seja com alto relevo ou Braille e até mesmo com outras cores e diferentes contrastes, o uso de áudio descrição para as imagens, ajustes de jornada de trabalho, emprego apoiado, suporte para a realização das atividades, uso de linguagem clara e objetiva, entre outras diversas opções.

A oferta de recursos é ampla e para atender as necessidades de cada profissional é necessário entendermos as condições do ambiente, as caracteristicas do trabalhador, as atividades que precisam ser executadas e avaliar as barreiras presentes em cargos, funções, tarefas, ferramentas e nos ambientes, além de identificar e buscar as soluções para isso, seja através das opções de acessibilidade e do uso das tecnologias assistivas que vão permitir efetivamente o uso, a interação e a adaptação do trabalho para as pessoas com deficiência. Embora pareça ser caro, difícil ou complexo, não é. Comece mapeando as reais necessidades e as melhorias para facilitar a locomoção, mobilidade e a orientação espacial, as alternativas e ajustes de comunicação que costumam existir e estratégias que facilitem a interação ou a aprendizagem de todos.

O foco desse trabalho deve ser em entender que o essencial para a inclusão com qualidade de pessoas com deficiência no trabalho é em fornecer boas condições e um ambiente de trabalho saudável e seguro para todos.

Para atingir esse objetivo com sucesso é necessário envolver diversas pessoas e times que se tornem aliados nesse processo, a empresa precisa compreender as atividades de trabalho, conversar com o profissional para entender os desafios existentes, as habilidades e os potenciais do candidato ou trabalhador e eliminar as barreiras quando existirem. Para isso pode ser importante buscar o auxílio de especialistas, profissionais de áreas diversas, como arquitetos, engenheiros, ergonomistas, fisioterapeutas do trabalho, terapeutas ocupacionais, consultores de acessibilidade e de tecnologias assistivas. É importante o engajamento de pessoas da empresa e diversas áreas como saúde e segurança do trabalho, equipes de administração predial, alta liderança, líderes e gestores de áreas, RH, membros da CIPA (Comissão Interna de Prevenção de Acidentes) e membros do COERGO (Comitê de Ergonomia).

Aconselhamos a criação de um comitê multi e interdisciplinar que possa desenvolver propostas, estratégias e soluções. É comum ouvirmos que inclusão de pessoas com deficiência é responsabilidade do RH, mas não é algo apenas do RH, por isso requer abordagem e contribuição de todos nós, é necessário que cada vez mais nos apropriemos do tema e estejamos a postos para contribuir, ampliar nosso olhar, sermos criativos e atuarmos como agente de mudança para que a acessibilidade não seja apenas mais uma norma a ser atendida pela empresa, e sim um compromisso e uma realidade de fato presente nas empresas e nas organizações, é assim que a inclusão de fato acontece.

Referências

ASSISTIVA Tecnologia e Educação. *Tecnologia assistiva*. Disponível em: <https://www.assistiva.com.br/tassistiva.html>. Acesso em: 06 jul. de 2021.

GARCIA, D.; CARLOS, J. (Orgs.) *Tecnologia assistiva e a adequação de postos de trabalho para pessoas com deficiência: como se faz*. São Paulo: ITS BRASIL, 2017.

IBGE. *Nota técnica 01/2018*. Disponível em: <https://ftp.ibge.gov.br/Censos/Censo_Demografico_2010/metodologia/notas_tecnicas/nota_tecnica_2018_01_censo2010.pdf>. Acesso em 30 ago. de 2021.

INCLUSÃO com acessibilidade no trabalho. Youtube, 03 dez. de 2020. Disponível em: <https://www.youtube.com/channel/UCbgC8jFuvxIGs7ousig6x0g>. Acesso em: 06 jul. de 2021.

OIT. Tornando inclusivo o futuro do trabalho das pessoas com deficiência livro eletrônico. Tradução Romeu Kazumi Sassaki. – 1. ed. São Paulo : Santa Causa Boas Ideias & Projetos, 2021.

SÃO PAULO, Prefeitura da Cidade de. Secretaria Municipal da Pessoa com Deficiência e Mobilidade Reduzida (SMPED). *Sem barreiras. Inclusão profissional de pessoas com deficiência.* São Paulo, 2008.

UDEMY. *Contratação de pessoas com deficiência e gestão inclusiva.* Disponivel em: <https://www.udemy.com/course/inclusaoprofissional>. Acesso em: 31 jul. de 2021.

VIDA+LIVRE. *Modelo biopsicossocial da deficiência.* Disponivel em: <https://www.vidamaislivre.com.br/colunas/o-modelo-biopsicossocial-da-cif/>. Acesso em: 02 jul. de 2021.

VILELA, R. P. *Ergonomia e acessibilidade: o papel do fisioterapeuta no recrutamento, na conscientização e na adaptação de postos de trabalho de profissionais com deficiência.* São Paulo: Ledriprint Editora, 2016.

29

A IMPORTÂNCIA DOS PROGRAMAS DE CONSCIENTIZAÇÃO

A cultura come a estratégia no café da manhã.
PETER DRUCKER

Essa citação de Peter Drucker mostra que não adianta nada conceber um plano arrojado, com objetivos definidos, se as ações estiverem em choque com a cultura vigente da sua organização. Da mesma forma, tornar a empresa inclusiva passa necessariamente pelas pessoas, e os programas de conscientização são pilares importantes nesse processo.

LILIAN CURY

Lilian Cury

Pós-graduada em Tecnologia Assistiva para Autonomia, Independência e Inclusão da Pessoa com Deficiência pela Fundação Santo André/ITS Brasil/Fundação Don Carlo Gnocchi (Itália/Milão). Psicóloga pela Universidade de São Paulo, com cursos de especialização, congressos e seminários nacionais e internacionais nas áreas de Recursos Humanos e Qualidade & Produtividade. Desde 1991, consultora na atuação junto a empresas dos setores: serviços, indústrias e comércio. Em 2000, no auge da sua carreira como consultora, perdeu a visão por conta de um tumor no nervo óptico e, desde então, milita pela causa da inclusão.

Atuou em empresas como Vasp, Credicard S.A., COFAP e desenvolveu projetos no Senac, Senai e CMGB Fortaleza, Unilever, Unibanco, Siemens, GM, Delphi, Copebras, Bic, Frans Café, InnovapacK. Eleita Presidente Voluntária e Coordenadora de Relações Públicas do CADEVI (Centro de Apoio ao Deficiente Visual) gestão 2008/10. Colaborou com um capítulo do livro *Psicologia do Excepcional* (2009).

É consultora especialista da *Training People* em temas relacionados à Inclusão de Pessoas com Deficiência.

Contatos
lc.inclusão@gmail.com
11 5562 7119

Descrição: Lilian é uma mulher de pele clara, cabelos castanhos escuros e curtos, olhos castanhos. Está vestindo uma blusa escura e, por baixo, uma camisa branca e está usando um colar.

Uma tendência no mercado é a gestão humanizada, que prioriza o bem-estar dos colaboradores e entende que os resultados dependem do quanto eles se sentem parte da empresa, mantêm relações de qualidade e se conectam com os valores organizacionais.

A inclusão de grupos minorizados é um pilar importante da gestão humanizada. Neste capítulo, abordaremos exclusivamente a questão da pessoa com deficiência.

Inclusão não é algo estático, e sim um processo contínuo, que deve ser alimentado constantemente e inserido na cultura da organização; caso contrário, não será pleno.

É comum empresas criarem programas de "inclusão" sem o comprometimento ou apoio da alta direção, enfraquecendo as ações de inclusão, gerando maior resistência e minando o sucesso do projeto.

Para obter apoio da alta direção, é fundamental adequar a linguagem, preparar um discurso baseado em dados que comprovem o que a empresa ganha ao implantar um programa consistente e o que a empresa perde ao não realizar. Esses dados são facilmente obtidos por meio de pesquisas sérias e *cases* de empresas que decidiram apostar em programas de diversidade.

A partir do apoio da alta direção, criar ações de cima para baixo, buscando a conscientização dos gestores, pois serão eles os agentes de disseminação e guardiães dos conceitos de inclusão.

Os gestores têm papel fundamental para a conquista das pessoas e diminuição do *turnover*, independente de ter ou não deficiência. Essa consciência é necessária: a pessoa vem antes da deficiência e como qualquer outra tem seus objetivos, fatores motivacionais, sentimentos e anseios por respeito e empatia.

Há muitas dúvidas sobre a gestão de pessoas com deficiência, um campo desconhecido que cria crenças infundadas e resistências de que a gestão é mais complexa do que de pessoas sem deficiência, rotatividade, capacidade de gerar resultados, chegando ao ponto de alguns gestores delegarem responsabilidades aquém da capacidade das pessoas com deficiência, é o famoso capacitismo, quando a capacidade da pessoa é colocada em descrédito pela deficiência.

Prover os gestores de informações é fundamental para quebrar barreiras, diminuir vieses e treinar o olhar para as potencialidades da pessoa com deficiência, de perguntar se tiverem dúvidas, de apoiarem no desenvolvimento e promoverem por mérito. Ao demonstrar essa confiança, as relações se aproximam.

Trago aqui uma experiência pessoal para ilustrar a importância dessa relação de confiança.

A vida nos traz surpresas e, em 1995, quando me maquiava, notei uma fumaça branca no olho esquerdo. Fui ao médico e foi evidenciado a presença de meningiomas (tumores benignos) sob os dois nervos ópticos.

Após 5 anos e alguns tratamentos, em 2000, passei por uma intervenção cirúrgica, que foi malsucedida. No pós-cirúrgico, tive hemorragias, isquemias, dois estados de coma e fui desenganada pelos médicos. Sobrevivi e renasci das cinzas.

Assim, começou uma "nova vida" para a mulher e várias dúvidas. Como recuperar a lucidez? Memória? E como viver sem enxergar nada?

A resposta veio logo depois, quando percebi o apoio incondicional do meu marido, mãe, irmãos, tios, primos e amigos. Tive que reaprender e todos que conviviam com a Lilian enxergante também.

Em 2006, conheci Luciano Amato, coordenador de um grupo de RH e CEO da *Training People*. Nascia uma grande amizade e parceria conectada por propósito que prevalece até hoje com a realização de vários projetos de conscientização em empresas.

Pessoas que acreditaram na minha recuperação, competência e que pelo acolhimento, construíram comigo uma etapa importante da minha vida, me fortaleceram para compreender que tinha uma missão.

Esse relato mostra o quão importante é o papel das pessoas que passam nas nossas vidas, de acreditar, apoiar e acompanhar. Esse é o papel dos gestores e colaboradores no processo de acolhimento e inclusão da pessoa com deficiência, pois acreditar é o primeiro passo.

A partir desse olhar empático, fica mais fácil liderar uma equipe com pessoas com deficiência, pois crenças são quebradas. Uma delas é acreditar que uma pessoa com deficiência deve ser menos ou não ser cobrada por resultados e metas, ou ainda, que não pode ser demitida.

Atuo há mais de 20 anos com implantação de programas de inclusão, conscientizando líderes nas organizações e muitos gestores resistem em contratar pessoas com deficiência por falta de conhecimentos básicos.

O inverso é verdadeiro, empresas com programas de conscientização com foco em boas práticas criam um grau de conscientização que diminuem as resistências e aumentam a qualidade das relações.

A consciência inclusiva deve ser disseminada em toda a empresa, independente de níveis hierárquicos, assim, os colaboradores também devem ser conscientizados.

Orientá-los sobre as melhores formas de acolhimento, particularidades e regras de convivência de cada tipo de deficiência é promover um ambiente inclusivo e empático.

São atitudes simples, mas que fazem toda a diferença.

Dicas de regras de convivência

Pessoa com deficiência visual

- Evite aproximações abruptas para não causar surpresas.
- Pergunte se a pessoa necessita de ajuda antes de agir.
- Ao conduzir, ofereça o braço para que a pessoa o segure e se posicione um passo à frente.

- Mantenha o volume de voz natural ao dirigir-se para a pessoa.
- Use normalmente expressões como "ver" e "olhar".
- Seja preciso ao indicar objetos e direções. Evite apontar ou dizer "ali", "lá".
- Informe que sairá do lado da pessoa ao encerrar a conversa.
- Não acaricie cães-guia enquanto estiverem com a guia, pois, neste momento, estão a serviço e podem se distrair.
- Evite deixar barreiras físicas pelas áreas de circulação.

Pessoa com deficiência auditiva

- Dirija-se à pessoa com deficiência auditiva, mesmo que esteja acompanhada de um intérprete.
- Mantenha contato visual com a pessoa. Desviar o olhar durante uma conversa em língua de sinais demonstra desinteresse e falta de educação.
- Chame a atenção por meio de um leve toque no ombro ou no braço.
- Acene se a pessoa estiver a certa distância ou pisque a luz do ambiente.
- Evite gritar ou falar exageradamente articulado.

Pessoa com deficiência física

- Não pendure objetos ou se apoie nas cadeiras de rodas.
- Evite mudar de lugar muletas e bengalas ou movimentar a cadeira de rodas sem permissão ou prévio aviso.
- Ao conduzir uma pessoa na cadeira de rodas, fique atento a obstáculos e velocidade.
- Ao ajudar uma pessoa tetraplégica a descer um degrau ou qualquer inclinação, procure sempre fazer de marcha à ré, assim, o cadeirante fica encostado na cadeira e mais seguro com o próprio corpo. No caso de pessoas com paraplegia, geralmente preferem transpor os degraus de frente, mas perguntar sempre é a melhor solução.
- Ao comunicar-se com uma pessoa em cadeira de rodas ou com nanismo, fique frente a frente e no mesmo nível do olhar da pessoa.
- Utilize com naturalidade palavras como "andar", "correr".

Pessoas com deficiência intelectual

- Não subestime a inteligência. Ela tem um tempo diferenciado de aprendizagem, mas pode adquirir muitas habilidades e conhecimentos.
- Valorize seu potencial e apoie nas dificuldades.
- Evite tratar como crianças, com voz infantilizada ou utilizando adjetivos como lindinho, fofinho etc.
- Use linguagem simples, objetiva e direta, certifique-se de que a pessoa entendeu a mensagem.
- Oriente quando perceber que ela está em uma situação duvidosa ou inadequada.

- Explique uma tarefa por vez, diga exatamente como você deseja que seja feita, acompanhe a realização e dê *feedback* positivo quando concluírem um trabalho a contento.
- Permita que faça ou tente fazer sozinha tudo o que puder. Não seja superprotetor.

Um conceito que costumo trabalhar nas organizações é que inclusão é uma via de mão dupla. Então, da mesma forma que as empresas são responsáveis por proporcionar um ambiente inclusivo promovendo a acessibilidade ambiental, políticas e processos inclusivos, conscientizando todos os níveis hierárquicos da organização, as pessoas com deficiência também são.

Ninguém nasce com manual de instrução. É natural que, ao longo do caminho, algumas pessoas esqueçam ou desconheçam regras de convivência. Faz parte da caminhada da aprendizagem as pessoas com deficiência ensinarem no dia a dia as pessoas a lidarem com diferenças, bem como sugerir e propor mudanças em todos os âmbitos para que a empresa se torne mais inclusiva.

Lembro uma vez quando estava no metrô de São Paulo indo para um cliente ministrar uma palestra, e o trem, relativamente vazio, passava pelas estações, e a maquinista anunciava cada uma delas e por qual porta deveríamos sair. Ao anunciar a estação que eu desceria, dei um passo em direção da porta e uma senhora me puxou abruptamente na ânsia de me direcionar para fora do trem e evitar que a porta se fechasse e eu perdesse a estação.

Foi um susto. Com a abordagem repentina, não percebi ela se aproximando nem qual era sua intenção, até que comecei a me situar no contexto. Certamente foi uma abordagem bastante inadequada, mas a intenção foi das melhores.

Se naquele momento eu a tivesse destratado, provavelmente ela pensaria duas vezes antes de ajudar outra pessoa com deficiência. Em vez disso, tratei a situação com humor e sempre conto nas minhas palestras como forma de ilustrar as melhores práticas de abordagem.

Percebe como a postura diante de uma situação delicada gera aprendizagem? Quando cada um assume a sua responsabilidade, muitos caminhos são facilitados.

Como fazer?

São várias as formas de abordagem para implementar programas de conscientização. Quais são elas?

Palestras

Um formato bastante comum são palestras interativas e expositivas levando os principais conceitos sobre inclusão:

- Como lidar com diferenças.
- Regras de convivência.
- Histórias pessoais que remetam a aprendizados.
- Nomenclatura correta a ser utilizada.
- Como gerir equipes com pessoas com deficiência.

Em eventos, seja de qualquer natureza, devem ser considerados recursos de acessibilidade, como intérpretes de Libras e audiodescrição.

Vivências

Gosto bastante desse modelo, pois faz com que as pessoas possam passar pela experiência e, de forma cinestésica, compreender o contexto de uma pessoa com deficiência.

Quando utilizo esse modelo, normalmente faço com parceiros e levamos uma série de materiais: vendas, cadeira de rodas, talas, fones de ouvido etc. A finalidade é representar as limitações dos principais grupos de deficiência.

Numa dessas vivências, com o apoio da parceira Stella Aguiar, baseamos as atividades em aulas de dança, uma experiência única, divertida e efetiva.

Sensoriais

Na mesma linha das vivênciais, os eventos sensoriais propiciam aos participantes entrar em contato com os sentidos, pois disponibilizamos elementos que estimulam paladar, olfato, audição e tato. As pessoas são convidadas a passar pela experiência com vendas nos olhos.

Um ponto em comum dos eventos vivenciais e sensoriais que determina o sucesso dessas vivências é o processamento da dinâmica, ou seja, após sua conclusão, colher como foi a experiência dos participantes e fazer as analogias com os ganhos de se trabalhar com pessoas com deficiência.

Quando esse processamento não é bem elaborado, o efeito pode ser contrário e gerar mais resistências se o participante sair com a visão da dificuldade de interagir com as limitações. É importante desconstruir essa crença. Conduzir atividades como essas pode parecer fácil, mas exige técnica, empatia, sensibilidade.

Quando bem conduzidas, trazem resultados fantásticos. Lembro-me de um caso em que realizamos uma vivência com os gestores e colaboradores de uma grande empresa de logística e o presidente fez questão de estar presente e mostrar seu apoio.

Posteriormente, soube que aquele profissional há alguns anos sofreu um acidente e precisou usar cadeira de rodas por 6 meses e não conseguia acessar a sua sala de trabalho. A partir daí, percebeu a importância de abordar o tema e promover a acessibilidade na empresa. Foi a partir de uma vivência, nesse caso real, que despertou o aprendizado e a atitude inclusiva.

Alguns cuidados importantes em eventos vivenciais e sensoriais são com a segurança das pessoas. Considerando que elas estão vendadas e limitadas do sentido visão, é importante que seja feito em superfícies planas, que desníveis e escadas sejam isolados e pontas de móveis protegidas.

Quando a proposta for que circulem vendadas, é fundamental que monitores apoiem pequenos grupos para evitar acidentes.

Ao propor a atividade, também é essencial explicar o que será feito e permitir que as pessoas se recusem a participar sem ônus, pois nem todos se sentem bem com limitações visuais e/ou físicas e esse contexto deve ser respeitado.

Conclusão

Programas de Conscientização são de grande importância para que um ambiente se torne inclusivo, pois gera aprendizado e torna o ambiente mais empático, respeitoso e acolhedor. Para ser efetivo, deve ser contínuo e realizado em todos os níveis hierárquicos da organização e de cima para baixo.

Existe um ponto de partida, mas não de chegada, pois as ações devem ser contínuas para que façam parte da cultura e dos valores organizacionais.

Então, preparado para tornar seu ambiente mais inclusivo? Mãos à obra e conte comigo

30

MELHORES PRÁTICAS DE INCLUSÃO DE PESSOAS COM DEFICIÊNCIA NO MERCADO DE TRABALHO BRASILEIRO

Compartilharei, neste capítulo, todo o aprendizado adquirido ao longo da minha jornada trabalhando com Diversidade e Inclusão. Todo conteúdo tem embasamento em teorias de autores renomados, sendo customizado especificamente para a inclusão de pessoas com deficiência (PcD) no mercado de trabalho brasileiro.

LUIZA NUNES

Luiza Nunes

Graduada em Comunicação Social, pós-graduada em Gestão Estratégica de RH, com curso de Gerenciamento de Projetos pelo Ibmec, especialista em Neurociências e Comportamento pela PUC-RS, com uma vivência de 6 meses em Auckland, Nova Zelândia, estudando *General/Business English* na WorldWide School of English. Carioca da periferia, negra, filha do Carlinhos e da Rosangela, casada há 10 anos com Carlos, meu grande amor. Nasci com uma deficiência física. Com incentivo da minha grande mentora, Tania Nasser, atualmente tenho 13 anos de experiência na área de Recursos Humanos, tendo atuado em empresas de diversos segmentos, dedicando os últimos 5 anos de minha carreira para Diversidade e Inclusão, principalmente como Gerente de Projetos de Inclusão de Profissionais com Deficiência em empresas globais de tecnologia.

Contatos:
luizanunesdei@gmail.com
LinkedIn: www.linkedin.com/in/luizanunesdei

Descrição: Luiza Nunes é uma mulher de cabelos castanhos, raspados de um lado e comprido de outro lado. Tem olhos castanhos e usa óculos. Está usando uma blusa escura.

Nada Sobre Nós, Sem Nós
TOM SHAKESPEARE

Tudo, tudo, tudo que nós tem é nós
EMICIDA

De Tom Shakespeare a Emicida, essas frases conectadas me fazem refletir que muito mais que protagonismo sobre as decisões que são tomadas em relação à nossa comunidade, de pessoas com deficiência, devemos relembrar a todo momento que somos seres interseccionais, não somos definidos por um único marcador social como raça, gênero ou deficiência, por exemplo. Logo, para garantirmos um futuro inclusivo para o maior número de pessoas, temos que estar **unidos**. Penso que esse está sendo um dos grandes aprendizados dessa pandemia de covid-19. Entender as particularidades de cada grupo é fundamental, mas atender à demanda da sociedade é o que realmente importa e, para mim, é a beleza de se trabalhar com o tema da diversidade. Este capítulo é focado especificamente no marcador Pessoas com Deficiência(PcD), mas gostaria de iniciá-lo com essa reflexão.

Durante toda minha jornada profissional, trabalhando especificamente com inclusão de PcD no mercado de trabalho da América Latina – neste capítulo meu foco será no Brasil – tive a oportunidade de planejar e executar ações nos níveis operacional, tático e estratégico e, sendo uma pessoa com deficiência ativa na comunidade, alguns pontos já estavam intrínsecos em mim, como: conhecer as principais reivindicações do movimento de pessoas com deficiência (protagonismo, direito de escolha, ser considerado parte da diversidade humana, discurso anticapacitista, acessibilidade) e qual a linha de evolução do movimento que servira de alicerce para causar transformações.

A partir daqui, reforço que tudo que for compartilhado não tem relação com nenhuma prática, processos ou políticas de nenhuma organização em que atuei e atuo, e sim a autores, legislação, pesquisas e metodologias teóricas customizadas ao universo da pessoa com deficiência, logo, qualquer semelhança será coincidência.

O que você vai encontrar nas próximas páginas?

- Reflexões do seu nível de consciência sobre o universo das pessoas com deficiência no Brasil.
- Elementos para auxiliar a construção de um estudo de caso, a fim de tornar esse tema relevante na organização.
- Gestão do Talento Humano e conexões com o universo das pessoas com deficiência.

Meu intuito é que, ao término desta leitura, você tenha informações necessárias para atuar como um agente de transformação sobre a inclusão de pessoas com deficiência.

Consciência sobre as pessoas com deficiência

Como abordado neste livro, já entendemos o conceito de vieses inconscientes. Então, vamos falar sobre o conceito e a compreensão da palavra "consciência"? Ela pode ser abordada em diversas áreas do conhecimento, como engenharia, filosofia, sociologia, psicologia, mas minha escolha foi conceituá-la a partir das contribuições do neurocientista António Damásio, que a define como "um estado mental que possibilita aos seres vivos o conhecimento sobre sua existência e sobre o mundo em que estamos inseridos, o ambiente, ou seja, o conhecimento daquilo que está ao seu redor para uma melhor adaptação".

Aprofundando essa definição, Damásio nos diz que o nosso cérebro para estar consciente precisa estar ativo nos 3 estágios a seguir:

1. Autoconhecimento: significa que por meio dele entendemos nosso comportamento, emoções e pensamentos. Logo, ter essa inquietude relacionada a esses pontos é o que nos move para conseguir realizar as adaptações necessárias para viver no mundo.

2. Reconhecimento no espaço e tempo: ter o reconhecimento sobre os aspectos sociais, individuais, políticos, econômicos e coletivos e nossas atitudes em relação a esses aspectos nos insere como seres sócio-históricos no processo de aprendizagem.

3. Interação: importante, pois somente quando interagimos, entendemos e conhecemos o outro, conseguindo de fato agir de forma relevante.

Essa abordagem pode ser o grande diferencial nos processos de inclusão de seres humanos. Dessa forma, temos a capacidade de melhor entender o mundo sob a perspectiva do outro, nos adaptando e indo além da empatia.

Assim, trago alguns itens com intuito de fazê-lo refletir sobre o seu nível de conhecimento (conforme descrito acima) do universo das pessoas com deficiência.

- Definição de capacitismo.
- Lei Brasileira da Inclusão da Pessoa com Deficiência.
- Convenção sobre os direitos da Pessoa com Deficiência.
- Projeto de Lei 6159.
- Dados da Relação Anual de Informações Sociais (RAIS) de 2018 relacionado a PcD.
- Tipos de deficiência x critério para elegibilidade a lei de cotas.
- Ciência que o Censo de 2010 foi revisado? E quando será o próximo?
- % pessoas com deficiência no mundo.
- % de pessoas com deficiência no Brasil.
- Terminologias.
- Entendimento sobre Tecnologia Assistiva e Itens de Acessibilidade.
- Quais são as melhores empresas para PcD trabalharem, segundo a *Great Place to Work* (GPTW)?
- Meu LinkedIn está conectado com essas empresas?

- Quais grupos relacionados à comunidade PcD eu sigo para consumir conteúdo?
- Tenho conhecimento e conexão com Líderes de Grupos de Afinidades de PcD das empresas?
- Eu convivo com pessoas com deficiência? Se não, como posso fazer para conviver com mais pessoas com deficiência para ampliar minha perspectiva de mundo?

E aí? O quão confortável e ciente você está sobre os pontos relevantes e que te conectam com as pessoas **como seres humanos** (seres dotados de personalidade própria, inteligência e profundamente diferentes entre si, com uma história pessoal particular e diferenciada) que você deseja incluir?

Para ser um agente de transformação e conseguir implementar/mudar qualquer ação, em nível operacional, tático e/ou estratégico dentro de uma organização. Essas respostas são essenciais, independentemente de quais ou quantos *stakeholders* você tenha para interagir.

Inclusão de pessoas com deficiência – como tornar esse assunto relevante nas organizações?

Como já contextualizado nos capítulos anteriores, a cada dia que passa Diversidade e Inclusão ficam mais pertinentes na sociedade, tornando-se no mundo atual uma necessidade para sobrevivência dos negócios.

Porém, vale relembrar que D&I está diretamente relacionada à Cultura Organizacional, que muitas das vezes não foi construída levando-a em consideração e, se foi, devido às mudanças constantes da sociedade, precisarão ser atualizadas. Por isso, independente do segmento, porte, faturamento, capilaridade, quantidade de funcionários, entre outros, não podemos esquecer que os profissionais que trabalham nessa área serão desafiados a todo momento em tornar esse tema significativo. Portanto, é necessário compreender que vivemos em uma sociedade de organizações, pois nascemos nelas, aprendemos nela, servimo-nos delas, trabalhamos nelas e passamos a maior parte de nossas vidas dentro delas. E até morremos nelas. Além do que, organizações e pessoas buscam objetivos próprios diferentes, que nem sempre coincidem e se ajustam mutuamente. Então, ter a alta liderança da empresa engajada de forma propositiva e **estratégica** é um diferencial para dar perenidade ao tema.

Nessa situação, penso muito na sabedoria de **Desmond Tutu**, que disse: *Não levante a sua voz, melhore os seus argumentos.* Logo, elaborar um estudo de caso pode adiantar alguns passos na elaboração e/ou melhoria da argumentação sendo um excelente recurso para conscientização estratégica da alta liderança das organizações.

Esse documento deverá ser construído de forma colaborativa com todas as áreas impactadas, no caso de Pessoas com Deficiência, levar em consideração: Gestão de Pessoas, Jurídico, *Compliance*, Finanças, TI, *Branding*, Comunicação, Saúde, Segurança do Trabalho e Infraestrutura. Geralmente, nesse caso, as primeiras áreas a serem envolvidas são Gestão de Pessoas e Jurídico.

Seguindo as orientações do Guia PMBOK® (2018), a linha condutora do pensamento para criar esse documento deve ser:

1. O processo de definição da necessidade

Determinar o que está gerando a necessidade de ação é o objetivo do projeto.

2. Análise da situação

Identificar as estratégias, metas, objetivos organizacionais, causa raiz, riscos, fatores críticos de sucesso. Dedicar-se a esse ponto é crucial, ter um embasamento das análises internas, de mercado, fatores econômicos, contexto da comunidade de PcD, impacto financeiro, na reputação da marca, na retenção de talentos, no engajamento dos funcionários etc.

3. Apresentação de recomendações

A partir das conclusões obtidas no tópico acima, o esperado nesta etapa é a recomendação do projeto, tendo informações suficientes para entender quais são as restrições, premissas, riscos, medidas de sucesso, impacto financeiro, recursos necessários, definindo a abordagem de implementação.

4. Avaliação

Declaração que descreve o plano para a medição de benefícios que o projeto entregará.

Importante:

O autor Ram Charan (2019) reforça a abordagem de trabalho colaborativo e integrado em seu livro *O que o CEO quer que você saiba*. Ele diz que essas habilidades vêm sendo cada vez mais valorizadas no mundo corporativo, pois por meio delas as pessoas tomam melhores decisões e agregam mais valor. Portanto, ser um agente integrador nessa construção é uma habilidade que repercutirá diretamente no impacto dessa apresentação.

Gestão do Talento Humano – Pessoas com Deficiência

Gestão de Talento Humano é o novo termo usado para batizar as novas tendências que estão acontecendo na área de Gestão de Pessoas das organizações. E o mantra atual, muito por conta do contexto da pandemia, reforça que temos que cuidar intensivamente do capital humano, engajá-lo, empoderá-lo e alavancá-lo. Por isso, entramos em uma nova era de gestão humana holística e estratégica para enfrentar o futuro.

Compartilho os 6 processos básicos para se realizar a Gestão do Talento Humano, complementando com algumas reflexões sobre o universo da PcD. Recomendo para entendimento mais profundo a leitura do livro *Gestão de Pessoas: O Novo Papel da Gestão do Talento Humano*, de Idalberto Chiavenato (2020).

1. Agregar talentos e competências.
2. Engajar talentos e equipes.
3. Aplicar talentos e competências.

4. Recompensar talentos e equipes.
5. Desenvolver talentos, equipes e organizações.
6. Monitorar talentos e equipes.

Reflexões

Entender que o comportamento das PcD no mercado de trabalho atualmente tem mudado. Hoje pretensão salarial, acessibilidade das plataformas de divulgação das vagas e do local de trabalho, posicionamento e reputação da organização relacionados às causas de D&I da organização, preparo do time de R&S na condução do processo seletivo, experiência durante o processo seletivo e representatividade no ambiente corporativo são fatores relevantes fazendo com que ocorra uma oscilação na oferta e procura por emprego dos candidatos com deficiência.

As PcDs têm as mesmas expectativas das pessoas sem deficiência quando escolhem uma organização, priorizando por aquelas que têm políticas que reprimem qualquer forma de preconceito, principalmente o capacitismo, tokenismo, que garantam a equidade (por meio de tecnologias assistivas, itens de acessibilidade, processos de conscientizações com a organização), autonomia, ambiente seguro, mensuração de clima organizacional, benefícios, reconhecimento das suas entregas e oportunidades de desenvolvimento de carreira.

Para gerar/aumentar engajamento e ambiente seguro, o ideal é a empresa ter um grupo de afinidades que são formadas por colaboradores com deficiência e aliados. Para esse grupo ter relevância nas ações estratégicas, o ideal é que tenha um *Sponsor*, que é um executivo que será o porta-voz das necessidades da comunidade dentro da organização.

Garantir que, no processo de avaliação de desempenho da PcD, não haja nenhum impacto negativo, relacionado a viés inconsciente, capacitismo ou falta de equidade.

Ter mapeado informações referentes a esses colaboradores é a chave para monitorar e customizar todas as etapas desses processos. Os dados inicialmente mais relevantes para você iniciar/melhorar a governança são: tipos de deficiência, gênero, cargos, área de atuação, quantidade e valor investido em itens de acessibilidade/tecnologia assistiva, tempo de permanência nos cargos, acompanhamento de *performance* (*high* e *low*), *turnover*, mapeamento dos motivos de desligamento, acompanhamento das entrevistas de desligamento, quantidade de treinamentos referentes ao tema fornecidos aos funcionários, quantidade de candidatos com deficiência entrevistados e aprovados. Dependendo do nível de maturidade da sua organização, você pode criar um Censo para que os seus colaboradores se autoidentifiquem como uma pessoa com deficiência.

Importante: Por serem informações sensíveis, é essencial o envolvimento da área jurídica.

Esse é um resumo estruturado dos "trunfos", e ter compartilhado com vocês foi um privilégio. Se eles ajudarem a ampliar sua jornada de conhecimento, aí eu alcancei meu objetivo.

E não se esqueçam de que, apesar da jornada ser intensa, "O sorriso ainda é a única língua que todos entendem". Sejam gentis!

Referências

CHARAN, R. *O que o CEO quer que você saiba*. Rio de Janeiro: Sextante, 2019.

CHIAVENATO, I. *Gestão de pessoas: o novo papel da gestão do talento humano*. 4. ed. Barueri: Manole, 2014.

DAMÁSIO, A. R. *Conceito de consciência: e o cérebro criou o homem*. São Paulo: Companhia das Letras, 2021.

PROJECT MANAGEMENT INSTITUTE, Inc. *Um guia do conhecimento e gestão de projetos – Guia PMBOK®*. 6. ed. São Paulo: Project Management Institute, 2018.

REZENDE, M. R. K. S. *A Neurociência e o ensino-aprendizagem em ciências: um diálogo necessário*. Disponível em: <https://pos.uea.edu.br/data/area/titulado/download/10-9.pdf>. Acesso em: 01 mar. de 2022.

31

DIVERSIDADE RELIGIOSA E ESPIRITUALIDADE NAS ORGANIZAÇÕES

A motivação para a escrita deste capítulo é justamente por considerar um assunto tão relevante, porém pouco discutido nos ambientes corporativos. Com o olhar que o ser humano é socioemocional, corporal e espiritual, e atua com todas as dimensões do seu ser, nos perguntamos: como dissociar essas dimensões? É saudável a não demonstração? A que preço inibir a discussão favorece a saúde mental dos colaboradores e a saúde corporativa organizacional?

CRISTIANE SANTOS E DIEGO CASTRO

Cristiane Santos

Psicóloga atuante há 20 anos em Recursos Humanos com foco em Inclusão, Engajamento e Diversidade. Especialista em Gestão de Projetos pela Esalq/USP. Participante em grupos de estudos sobre o tema e aliada dos direitos humanos e grupos minorizados. Diretora de Conteúdo de Inclusão e Diversidade da ABPR – gestão 20/21. Em diferentes empresas, conseguiu potencializar seu desejo de transformação e impacto positivo na vida das pessoas. Fé incondicional na vida, nas pessoas e no mundo. Principais resultados: premiações referentes a boas práticas dos grupos com marcadores identitários.

Contatos
cristianequitto@gmail.com
LinkedIn: https://bit.ly/3nqf2B9

Descrição: Cristiane Santos é uma mulher branca, cabelos e olhos castanhos-escuros. Ela aparece, na imagem, de lado, com braços cruzados, sorrindo e vestindo um casaco claro com listras.

Diego Castro

Administrador com pós-graduação em Gestão de Pessoas, especialista em marketing, mestrando em Gestão para Competitividade, com mais de 17 anos de experiência. Analista sênior de talentos na área de diversidade, palestrante e *coach* de evolução de carreira com foco em diversidade. Consultor em metodologia ágil com certificação em *Management 3.0*, *Lean inseption* e *Scrum master*. Consultor e palestrante em diversidade, focado nos pilares de Pessoas com Deficiência, LGBTQIA+ e Crenças.

Contatos
dlcastro.adm@gmail.com
LinkedIn: https://bit.ly/3DJsNRj

Descrição: Diego Castro, homem de cabelos curtos. Usa óculos escuros e uma camisa polo escura.

O assunto é importante e toda a seriedade que ele carrega é proporcional aos benefícios que ele traz para o melhor desempenho dos colaboradores. Respeito ao diferente em todas as suas perspectivas já é conhecido como fator contribuidor para melhores resultados organizacionais.

A fim de que possamos entender e provocar um pouco mais as possíveis respostas para a importância da consideração dos conceitos de espiritualidade e distintas religiões na vida dos colaboradores, caminhamos pelas definições que hoje temos, ou melhor, que atribuímos a esses pontos.

A espiritualidade pode ser definida como uma "propensão humana a buscar significado para a vida por meio de conceitos que transcendem o tangível, à procura de um sentido de conexão com algo maior que si próprio". A espiritualidade pode ou não estar ligada a uma vivência religiosa (SAAD *et al.*, 2001; VOLCAN, 2003).

Em revisão narrativa de cerca de 850 artigos, publicados ao longo do século XX, incluindo artigos publicados após 2000 e a descrição de pesquisas conduzidas no Brasil, Moreira-Almeida et al. (2006) verificaram que os maiores níveis de envolvimento religioso estão associados positivamente a indicadores de bem-estar psicológico (satisfação com a vida, felicidade, afetos positivo e moral mais elevados) e a menos depressão, pensamentos e comportamentos suicidas, uso/abuso de álcool/drogas.

Na máxima que o ambiente organizacional é composto por pessoas, não considerar todas as dimensões é ineficaz e tanto quanto equivocado. A sociedade com seus conjuntos de conceitos, crenças entre tantas outras questões que o ser humano está inserido tem contribuição fundamental para sua formação e, na sua maioria, com fatores definidores do seu modo de agir e viver.

O Brasil, conforme o Censo 2010 do IBGE, contempla que as principais religiões do mundo são: Cristianismo, Islamismo, Hinduísmo, Religião Tradicional Chinesa (o Confucionismo, o Taoismo, o Budismo), Sikhismo, Judaísmo e Espiritismo.

Os números também trazem um panorama de como o Brasil é composto:

- Católica: 123.972.524 de adeptos (65% da população brasileira);
- Evangélica: 42.275.440 (22,2%);
- Espírita: 3.848.876 (2%);
- Testemunhas de Jeová: 1.393.208 (0,7%);
- Umbanda: 407.331 (0,2%);
- Budismo: 243.966 (0,13%);
- Candomblé: 167.363 (0,09%);
- Novas Religiões Orientais: 155.951 (0,08%);

- Judaísmo: 107.329 (0,09%);
- Tradições esotéricas: 74.013 (0,04%).

E provocamos mais uma vez. Como não considerar esses números? Como negar a existência da influência dessa característica dos seus colaboradores?

Arriscamo-nos afirmar que o conceito de pertencimento que vem imbuído pelo caminho da inclusão à diversidade religiosa e espiritual tem papel crucial na contribuição das motivações individuais e impacta nas suas entregas e atingimento dos objetivos organizacionais.

Convidamos ainda à reflexão permeada pelos conhecimentos que estamos dividindo o olhar pela perspectiva das empresas que seus fundadores genuinamente são pertencentes às culturas predominantemente fomentadas nas religiões locais. Como dissociar os conceitos das empresas indianas do hinduísmo por mais que valha contemplar que, mesmo sendo a principal não é única, mas também seguidos do islamismo, cristianismo, sikhismo, budismo e jainismo.

Curiosamente, em uma reportagem da Revista Época Negócios (2019), há uma reflexão muito ponderada associando o ambiente organizacional a uma característica da cultura judaica: chutzpá. Chutzpá não tem uma tradução exata para o português, mas o termo que mais se aproxima seria ousadia. Ousadia para desafiar a opinião do outro, para questionar verdades, para discutir sobre algo que não necessariamente é colocado em discussão. Outras palavras comumente usadas na tradução e que ajudam no entendimento são audácia, insolência, afronta e presunção. Quando vamos então para o mundo empresarial, essa atitude tem impacto profundo. Pois a todo momento decisões e processos são colocados à prova. Nada consegue o *status* de permanente. A sobrevivência de produtos, sistemas e estruturas depende da sua capacidade em resistir às críticas e se provar, a todo momento, a melhor solução. Não importa se algo é feito daquela forma há anos ou décadas. Não importa se aquele processo garantiu o sucesso de um projeto. Tudo pode ser colocado à prova a todo momento. Essa dinâmica tende a tornar as organizações verdadeiramente inovadoras, pois ela se consolida no hábito de as pessoas se desafiarem, antes que sejam desafiadas por outros. E como a hierarquia e a estrutura organizacional não são barreiras, os questionamentos podem vir de todos os lados.

O ganha-ganha é real para as empresas e para os colaboradores quando se considera as multiplicidades religiosas bem como os conceitos da espiritualidade dentro do ambiente corporativo.

Segundo o Censo Tanenbaum, há 10 sinais de risco de preconceito religioso para as empresas e que pode ser adaptado.

1. Vestuário: conflitos relativos às vestimentas de um colaborador com as orientações sobre o vestuário da empresa.
2. Devoção: colaboradores solicitarem tempo e espaço para rezar, meditar ou refletir durante o trabalho.
3. Restrições alimentares: queixa dos colaboradores de que a lanchonete oferece opções limitadas de comida vegetariana/vegana/kosher/halal.
4. Feriados: os colaboradores têm dificuldades em garantir tempo de folga para feriados ou pausas religiosas.

5. **Iconografia:** um colaborador solicita que seu gerente retire o presépio que está bem visível na sua mesa.
6. **Redes de relacionamento:** um gerente recebe solicitações frequentes para a formação de um grupo inter-religioso de recursos para colaboradores, o que é proibido.
7. **Preces:** um novo gerente ingressa na equipe e opta por iniciar reuniões com uma oração.
8. **Ridicularização:** um colaborador reclama que seu gerente frequentemente faz piadas sobre quantos dias ele tira de folga por motivos religiosos.
9. **Programação:** uma teleconferência global é agendada para um período de prática religiosa.
10. **Socialização:** um colaborador é rotulado pelos colegas como antissocial porque não comemora aniversários.

O ponto principal a respeito da diversidade de credo dentro das organizações está no conforto de os colaboradores ao poderem expressar suas manifestações religiosas sem o receio de serem julgados por causa ou, em muitos casos, serem obrigados a participarem de algum ato religioso diferente da sua crença.

No Brasil viemos de uma tradição católica, tendo sua maior evidência os feriados nacionais, na maioria das vezes relacionado a um santo da igreja ou crenças tradicionalmente cristãs.

Considerado um país de múltiplas regiões em que essa miscigenação cultural se reflete nos diversos credos, o Brasil, reduto do quilombola e do indígena, constrói crenças oriundas de cada região do país.

Quando falamos no Nordeste, trazemos o catimbó e a Jurema Sagrada com similaridade aos credos de origem indígena que acabou se espalhando pelo país, principalmente em regiões menos popularizadas e com tradições bastante peculiares.

Entre as décadas de 1920 e 1940, principalmente após os momentos pós-guerras mundiais, recebemos também a influência de matriz japonesa, se destacando até os dias de hoje a igreja Messiânica e o Seicho-no-ie, além do Budismo, entre outras religiões orientais. Com essa cultura, os brasileiros começaram a se identificar com diversas filosofias de vida que impactam no seu modo de ver a vida pessoal e profissional.

Ainda existem poucas abordagens sobre a melhor maneira de aplicar a diversidade de credo nas instituições, o maior desafio está diretamente ligado à gestão de conflitos e interesses, afastamentos por datas religiosas comemorativas, o uso de roupas específicas de cada crença.

Conforme a evolução da flexibilidade na concessão de folgas ou ausências no trabalho, podemos futuramente obter mais oportunidades de escolha e adequação no momento da ausência devido ao credor independente de ter um feriado com o famoso *Day off*.

O Brasil é considerado um dos países de maior número de feriados no mundo, o que abre margem para discussão sobre a importância ou necessidade desses dias de ausência coletiva no trabalho.

Não temos ainda tantas práticas sobre diversidade religiosa, credo ou espiritualidade dentro das nossas organizações. A cultura dessa esfera da diversidade como os demais marcadores identitários ainda serão produzidos e/ou vivenciados por meio do acerto/

erro, tentativa e aplicabilidade. Precisamos que o ser humano, nosso colaborador, seja considerado em todas suas vivências. O olhar sistêmico e integrado além de ser mais seguro é, principalmente, respeitoso. O pertencimento integral caminha na contramão de olharmos nossos colaboradores com apenas uma característica identitária e conduz as organizações a um movimento arriscado de intencionalidade da valorização da diversidade atuando por meio dos recortes e vieses, por mais que protegidos pela pele de serem inconscientes, para o fomento de uma cultura mais discriminatória do que temos até o momento.

Se não há, temos que iniciar a fomentação dessa cultura de diversidade religiosa e o ponto inicial é reconhecer a importância disso e contar com os colaboradores que a vivenciam com a contribuição de dividir e disseminar os conceitos da sua religião.

Na maioria das empresas, para iniciar a discussão de assuntos que não há caminhos comprovados de serem os adequados, utilizamos grupos focais de discussão e trabalho em relação aos temas. Nesses grupos as soluções são descobertas de maneira conjunta e cocriada. Ter um *sponsor* para elevar o assunto é de real importância para os avanços. Uma das chaves que pode abrir adequadamente essa porta é o conhecimento e respeito a todas as possibilidades que nós temos de vivenciar nossa crença, espiritualidade, fé, religião, filosofia, ideologia ou qualquer outra nomenclatura que abarcará essa imensidão de possibilidades que o ser humano, ou melhor seu colaborador, é composto e que não é dissociado da sua esfera profissional. A liberdade conduz para a plenitude que transcende para todos os lugares que podemos atuar, o ambiente organizacional que propicia o pertencimento e a valorização da nossa identidade é importante e, quem sabe até decisor nessa caminhada, que as organizações como microssociedades podem influenciar positivamente o mundo em que todos nós vivemos.

Os subprocessos da empresa estruturados para lidar com demais temas de preconceito e desrespeito como canais de denúncia e ouvidoria podem ser utilizados também para lidar com as questões de religiosidade e/ou espiritualidade. Por se tratar de um tema tão delicado e prudente, a empresa que se aventurar nesse caminho pode dar segurança para os colaboradores em todas as esferas, inclusive a jurídica salvo necessário.

Inclusão, diversidade e equidade ressaltam a todo momento o respeito necessário a todas as pessoas dentro ou fora dos ambientes corporativos. Que não seja mais um processo e/ou procedimento a cumprir na empresa e sim legítima empatia pela importância do tema.

32

CORPOS E CORPAS

Este texto propõe uma reflexão sobre como o nosso passado e a nossa linguagem afetam nossos corpos e corpas. Vamos olhar para as tecnologias e biotecnologias de poder como uma forma de algoritmo social programado por um CIS-tema usado para decidir corpos pertences e não pertences, questionar as normas vigentes. Para isso, serão abordadas a comunidade LGBTQIAP+ e suas interseccionalidades, além de opressão sistêmica, traumas ancestrais e coletivos.

PRI BERTUCCI

Pri Bertucci

Artista social, educadore e pesquisador da área de diversidade há duas décadas. Identifica-se como pessoa não branca, transgênero/não binárie. É CEO da [DIVERSITY BBOX] consultoria; fundador do Instituto [SSEX BBOX]; cocriador do pronome de gênero neutro ILE/DILE e responsável pela adaptação de linguagem neutra na língua portuguesa. É fundadore e produtore executivo da Marcha do Orgulho Trans de São Paulo, maior evento Trans da América Latina.

Contatos
www.diversitybbox.com
pri@diversitybbox.com
LinkedIn: https://bit.ly/3CuEZ6W

Descrição: Pri Bertucci, é uma pessoa não branca de pele parda, é uma pessoa não binária, tem cabelos cacheados castanhos e grisalhos com as pontas loiras, olhos castanhos, usa dois brincos largos de argola de titânio. Ile aparece na imagem da cintura para cima, vestindo uma camiseta regata escura, com tatuagens aparentes estilo "black tape" no peitoral e nos dois braços, está com a mão direita ajustando um bigode pintado preto e com o cotovelo apoiado no braço esquerdo. Está com olhar penetrante e profundo, não está sorrindo.

A raça humana sofre com a falta de entendimento sobre a realidade de quem realmente somos e que lugares ocupamos no mundo. A saúde mental de mulheres, pessoas trans binárias e não binárias, toda população LGBTQIAP+, pessoas pretas e não brancas são extremamente afetadas pela compreensão incorreta e falta de linguagem que usamos para definir nossos corpos, identidades, expressões e desejos.

Essa falta de entendimento faz parte de uma necropolítica de poder, que mata pessoas mesmo quando elas estão vivas. Esse instrumento coloca em prática a segregação e o controle de corpos e corpas.

Transtornos mentais crescem exponencialmente em toda a sociedade. Pessoas trans e pessoas pretas são dois grupos minorizados mais vulneráveis ao estresse social. Há relação direta entre o estigma social e o preconceito, que é percebido, antecipado e internalizado. Como humanos, a nossa busca por pertencimento é constante. A falta desse senso, somada à sensação de insegurança e de falta de apoio, afeta massivamente a saúde mental de pessoas pertencentes a grupos minorizados.

Por outro lado, quando existe uma sensação de aceitação, inclusão e identidade, sentimos que podemos manifestar nosso eu autêntico por meio do corpo. Essa autenticidade é a experiência mais rica e saudável que podemos vivenciar – e é no que deveríamos estar focando hoje.

Quando você pode ser você mesmo, todas as suas relações são afetadas. Consequentemente, o ambiente de trabalho a que você pertence também muda. Vários estudos apontam que, quando as pessoas colaboradoras da empresa sentem que não pertencem àquele ambiente de trabalho e àquela cultura, seu desempenho e sua vida pessoal são prejudicadas. Para analisarmos os processos de aceitação e pertencimento do nosso corpo, precisamos olhar para todo trauma coletivo e ancestral causado nele.

Corpas

Quando certas palavras são usadas para se referir a uma mulher ou pessoa transvestigênere, alguns movimentos feministas e LGBTQIAP+ no Brasil adotaram o uso do feminino como forma de provocação política para a famosa generalização no masculino.

Quando falamos a palavra "corpo", precisamos ressaltar o óbvio: acima de tudo, essa é uma palavra que descreve nossa anatomia e nossa biologia. O conceito de corpos e genitais pode ser um grande desafio de compreender para muitas pessoas. Considero que separar corpos/genitais de gênero é uma das maiores mudanças de paradigma do nosso tempo.

Muitas pessoas afirmam que "genital sempre determina o gênero". Essa afirmação não é só incorreta, mas gera um hiato gigantesco em relação à nossa percepção enquanto indivíduos. Por isso, a primeira questão que gostaria de reforçar aqui é de que corpos, corpas e genitais (mais conhecido como "sexo") são diferentes de gênero.

Quando falamos a palavra "sexo" nos referimos às características sexuais e ao corpo genital de uma determinada pessoa, ou seja, que as pessoas podem nascer com corpos classificados como intersexo, fêmea ou macho. Corpos e corpas não podem ser classificados como homem, mulher ou não binário, tampouco como masculino, feminino e andrógino.

Isso quer dizer que quem nasceu com um pênis, por exemplo, não necessariamente vai se reconhecer como homem ou se comportar de maneira considerada masculina. O fato de ter nascido com um pênis não quer dizer que aquela pessoa desempenhará todos os papéis que a sociedade espera ou está acostumada.

Ou seja: a construção da nossa identificação como homens ou como mulheres não é um fator biológico ou anatômico, mas sim um fator social.

Infelizmente, as nomenclaturas e linguagem que são usadas hoje estão incorretas e desatualizadas, seja em documentos oficiais do governo, em manuais de redação ou em artigos na internet. Todes ainda classificam "sexo" como masculino ou feminino, e isso é um de nossos grandes problemas e vieses que temos no meio de D&I. Apesar de pessoas trans estarem mudando seus "sexos" no documento, a alteração é, na verdade, de seus gêneros. Isso porque uma pessoa trans não precisa necessariamente mudar seus genitais para fazer a alteração de gênero nos documentos.

Quando uma pessoa nasce com um pênis, mas se identifica como mulher, essa pessoa é uma mulher trans ou uma travesti. O fato de não ter nascido com uma vagina não torna essa mulher trans "menos mulher" do que uma que nasceu com uma vagina. Mas, infelizmente, ainda presenciamos situações em que pessoas não respeitam e não valorizam mulheres trans simplesmente porque elas não nasceram com uma vagina ou no corpo de uma fêmea. Perceba: ser fêmea e ser mulher são coisas completamente diferentes.

Mas por que esse tópico é relevante para a cultura corporativa?

Segundo o *site* Meio&Mensagem, corporações que não abrem espaço para fazer diversidade e inclusão de forma autêntica não conseguem criar uma cultura de mudança. Consequentemente, essas empresas enfrentam mais dificuldade para evoluir e inovar.

Empresas que não incorporam ou dominam o vocabulário e conceitos básicos incorrem em *"diversity washing"* (empresas que pregam a importância de diversidade e inclusão apenas para aparentar preocupadas com grupos minorizados). A área da publicidade é uma das mais acusadas desse tipo de prática.

Segundo o Infomoney (considerado o maior *site* especializado em mercados, investimentos e negócios do Brasil), a falta de transparência e de posicionamento que vá contra avanços sociais pode ter consequências graves para as empresas, como o cancelamento e até o boicote por parte do público. Alguns exemplos recentes comprovam que a audiência mudou – e espera-se que as marcas façam o mesmo.

Existem mais de 40 tipos de corpos

Intersexualidade é o nome dado às variações do desenvolvimento corporal ou de características sexuais responsáveis por corpos e corpas que tornam impossível a denominação como macho ou fêmea. São conhecidas, até o momento, ao menos 40 variações de corpos diversos com essas características. Pessoas intersexo em muitos países sofrem mutilação genital ainda bebês. É o caso do Brasil, que ainda pratica esse tipo de cirurgia. Esses procedimentos estéticos consistem em encaixar esses corpos na norma binária e lhes atribuir gêneros que nem sempre os representam.

Em minha base de pesquisa, percebi que muitos indicadores apontam para o fato de que, se entendermos melhor a diversidade corporal do ser humano e a questão intersexo, poderemos ter uma chave de conhecimento para perceber a dimensão humana de outra forma e, automaticamente, nos libertar do binarismo compulsório e dos estigmas gerados pela ignorância.

Você com certeza já ouviu falar do termo hermafrodita, não é? Essa palavra não é mais usada atualmente por ser considerada ofensiva e pejorativa. Lembre-se: os termos corretos são "intersexo" ou "pessoa intersexo".

Muitas pessoas perguntam por que a sigla agora é LGBTQIAP+. Minha resposta quase sempre é: porque o que não tem nome não existe. Na sigla, a letra "I" é a que simboliza intersexo. Acredito que essa é uma das letras mais importantes da sigla porque pode nos ajudar a sair da polarização e ajudar empresas a entender que palavras são importantes.

Por exemplo: por muito tempo, nossos ancestrais não reconheciam a cor azul. O nosso reconhecimento dessa cor é relativamente novo se comparado ao de cores como branco, preto, vermelho e verde. Não é que nossos ancestrais eram incapazes de ver o azul, mas como poucas coisas na natureza são de um azul vibrante — como uma borboleta, algumas flores e aves —, os povos antigos não tinham referências suficientes para associar um nome a essa cor. Até mesmo o céu, uma das nossas maiores referências para o azul era, antes da existência dessa palavra, percebido em diversas cores como branco, cinza e amarelo, dentre muitas outras possíveis. Perceba que linguagem e significado são conceitos muito importantes.

Por isso, nomear cada grupo dentro da sigla LGBTQIAP+ é muito importante. Assim, essas pessoas passam a existir na percepção social. Além disso, quem não se encaixa na sigla passa a saber de suas existências. Quanto mais falarmos e sabermos sobre esse grupo, mais natural fica a integração e o convívio com ele e o conceito sobre o que é "normal" começa a perder seu significado.

Cis-heteropatriarquia e falocentrismo

Cis-heteropatriarquia ou cis-heteropatriarcado é um CIS-stema sociopolítico no qual homens heterossexuais cisgêneros, principalmente, têm autoridade sobre outros corpos e corpas, assim como suas orientações afetivo-sexuais e identidades de gênero.

O termo cis-heteropatriarquia enfatiza que a discriminação exercida sobre mulheres e pessoas LGBTQIAP+ tem o mesmo princípio social sexista. É indiscutível que nossa sociedade foi construída por um olhar eurocêntrico (a famosa herança colonial).

A cis-heteropatriarquia criou nossa linguagem, educação, cultura, economia, sistema político e nosso sistema de justiça (esse último baseado no punitivismo). Por exemplo, a criminalização da LGBTQIAP+fobia é legítima, mas talvez seja o momento de olharmos para além do punitivismo do cis-heteropatriarcado. Devemos pensar em outros caminhos e modelos possíveis que reflitam mais a linguagem da natureza, da cooperação e da integração. Organizamos a sociedade excluindo e não dando espaço para pessoas que não se encaixam na cis-heteropatriarquia. Esses corpos e corpas são explorados (as/es), silenciados (as/es) e assassinados (as/es).

Esse antiquado sistema de crenças está desmoronando. Isso porque nós todes estamos renegando esse sistema que nos traiu. Percebemos agora que o tópico central é a reparação desse mundo desigual que foi criado.

O falocentrismo é a percepção que defende a lógica da cis-heteropatriarquia e da superioridade masculina. O conceito é baseado na ideia de que o falo representa o valor máximo e de significativo fundamental na sociedade e veio da ideia freudiana da "inveja do pênis", que faz uma manutenção desse sistema.

Freud se refere à "inveja do pênis" ao falar sobre a inferioridade anatômica da mulher em sua origem, o que a condenaria eternamente à submissão e à passividade.

O "pai da psicanálise" se equivocou ao afirmar que fêmeas humanas são criaturas castradas sexualmente. Da Antiguidade à Modernidade, poucas mudanças ocorreram no que diz respeito à supremacia do falo em detrimento da ausência dele. A mimese construída historicamente requer novas reflexões considerando as potentes vivências não fálicas.

O futuro dos corpos e corpas é o futuro do trabalho

Um estudo realizado por Joy Buolamwini, mulher preta norte-americana pesquisadora do grupo Civic Media, do MIT Media Lab, aponta que o preconceito motivado por gênero e cor de pele já foi transmitido em sistemas comerciais de inteligência artificial. Um exame do *software* de análise facial mostra uma taxa de erro de 0,8% para homens de pele clara e 34,7% para mulheres de pele escura.

Em 2020, a Reuters noticiou que a Amazon estava trabalhando em uma ferramenta secreta de recrutamento de Inteligência Artificial (IA) que evidencia o preconceito contra as mulheres.

Isso pode nos dizer muito sobre como os valores sociais da cis-heteropatriarquia e da branquitude estão afetando nossas vidas neste momento. Se você é uma pessoa que trabalha com gestão de pessoas, essa informação é muito valiosa para o seu desenvolvimento.

Essas descobertas levantam questionamentos sobre como essas novas IAs podem não ser diferentes do nosso atual e doente sistema de organização social. A diferença é que agora programas de computador cascateiam esse aprendizado e realizam tarefas de gestão de pessoas com IAs, buscando por padrões corporais e de comportamento em enormes conjuntos de dados em que pessoas são treinadas e avaliadas.

Acima de tudo, quero provocar reflexões sobre os perigos de um acordo social que estimula a separação para que, dessa forma, possamos pensar nas possibilidades de ir na contramão e criar um processo mais humano e centrado em *accountability* (ou seja, de responsabilidade ética e reparação).

As palavras podem ser usadas para definir e consolidar nossas atitudes e percepções. Elas também devem repadronizar nosso sistema de crenças dentro dos contextos que incorporamos até agora como sociedade. Muitas ações que aprendemos por esse sistema não são necessariamente verdadeiras, como a nossa definição de corpo. À medida que nos tornamos mais conscientes disso, abrimos espaço para novas percepções e para mais possibilidades. É isso que pode gerar grandes transformações pessoais e coletivas. Modificar e atualizar a nossa linguagem é um movimento saudável porque é por meio dessa nova forma de nos comunicarmos que conseguimos interpretar os comportamentos que refletem o mundo no qual aspiramos viver e trabalhar.

> *Pensamentos geram palavras, palavras geram ações, ações viram hábitos, hábitos geram a personalidade e a personalidade gera o destino.*
> BUDAH

Referências

CAROL QUEEN. Carol Queen PhD. Disponível em: <https://carolqueen.com/>. Acesso em: 01 mar. de 2022.

MAKE-SEX-EASY. Charlie Glickman. Disponível em: <http://www.makesexeasy.com/>. Acesso em: 01 mar. de 2022.

MIT MEDIA LAB PEOPLE. Joy Buolamwini. Disponível em: <https://www.media.mit.edu/people/joyab/overview/>. Acesso em: 01 mar. de 2022.

OUT & EQUAL. Toolkits & Guides. Disponível em: <https://outandequal.org/toolkits-guides/>. Acesso em: 01 mar. de 2022.

33

GORDOFOBIA

O capítulo mostra dados sobre a evolução do peso das pessoas, a gordofobia e uma pesquisa específica sobre a gordofobia no ambiente de trabalho. Discutimos os critérios utilizados para definir gordura e obesidade, mostramos como a gordofobia se dá no ambiente de trabalho e elaboramos um pequeno guia de ações antigordofobia nas organizações. Terminamos com um chamado para a ação.

PÁ FALCÃO

Pá Falcão

Sou uma agente de mudanças por meio de diversão, educação, conexão e visão transdisciplinar da vida. Me considero um Ser Brincante no Planeta Terra. Questiono o mundo desde que nasci. Depois de uma infância bastante atribulada, fiz faculdade de Computação, mas detestei o trabalho desde o primeiro dia. Depois de 10 anos, comecei a estudar astrologia e autoconhecimento. Fui para a Escócia fazer uma especialização em facilitação de *workshops* e lá me apaixonei pelos jogos cooperativos. Fiz uma transição de carreira, passando a trabalhar em consultoria e treinamento, especialmente na criação de jogos e *gamification*. Me envolvi em diversos trabalhos voluntários e de apoio a todas às minorias. Atualmente tenho uma pequena empresa de consultoria, a Pá Falcão DHO & Games, onde me dedico a desenvolver competências de liderança, foco e estratégia, principalmente de maneira lúdica. Sou gorda, feminista, ativista de direitos humanos. Choro em filmes. Sou intensa. Amo animais. Sou nerd e adoro ler (e já escrevi uns livros). Medito todo dia.

Contatos
www.pafalcao.com.br
pa@pafalcao.com.br
Redes sociais: @pafalcao

Descrição: Pá Falcão, uma mulher cis gorda e sorridente, 60 anos, pele branca, cabelos curtos grisalhos. Usa óculos de armações claras. Aparece, na imagem, de camisa e colete jeans.

> *Nascida na periferia*
> *corporal,*
> *laboral,*
> *patriarcal,*
> *cultural,*
> *capital,*
> *global,*
> *vicinal,*
> *sexual.*
> *Nascida para gritar.*
> MAGDALENA PIŃEYRO

João, 8 anos, é chamado de "bolo fofo" por seu professor de Educação Física. Laurinha, 9 anos, toma remédios para emagrecer e ouve gritos histéricos da mãe quando come brigadeiro em festinhas de aniversário.

Maria Rita, 15 anos, não é convidada para a balada para não "estragar a festa". Rafael, 17 anos, prefere ficar em casa jogando, assistindo a séries e navegando na internet. Carmem, 24 anos, não consegue achar roupas da moda para comprar. Nenhum deles namora.

Carolina, 21 anos, precisa se espremer quatro vezes por dia para passar na catraca do ônibus. E sempre viaja em pé, para evitar a cara feia de outros passageiros mesmo quando está no assento especial para gordos. Otávia, 42 anos, se sente constrangida de ter que pedir uma extensão de cinto de segurança no avião. A bandeja não se abre completamente e ela precisa comer segurando a bebida com uma das mãos.

Humberto, 22 anos, altas habilidades e um dos melhores de uma faculdade de primeira linha, começa um estágio no banco e seu chefe, como quem não quer nada, sugere uma bariátrica se ele quiser "subir na vida". Claudete, 24 anos, auxiliar administrativa, perdeu a oportunidade de trabalhar como recepcionista em sua empresa pois "não se adequa à nossa imagem e é melhor ficar atrás do computador mesmo".

Henrique, 35 anos, depois de 8 meses participando de vários processos seletivos, conseguiu a indicação de um amigo para uma vaga e foi selecionado. No exame médico admissional, o médico declarou que estava tudo certo com ele, mas que ele (o médico) estava sendo "legal" ao aprová-lo pois estava no limite de peso permitido pela empresa. E fez questão de escrever em letra garrafais em seu laudo "Obesidade Mórbida".

Joana, 51 anos, Artur, 22 anos, Odete, 38 anos, e muitos e muitos outros preferem só ir ao médico em caso de emergência, pois sabem que serão maltratados. Todos eles, quando estão empregados, ganham menos que seus pares mais magros.

Preconceito, intolerância e exclusão

O dicionário Houaiss define gordofobia como "aversão a pessoas gordas que se efetiva pelo preconceito, intolerância ou pela exclusão dessas pessoas."

Segundo a Pesquisa Nacional de Saúde realizada pelo IBGE em 2019 e divulgada em 2020, 61,7% da população brasileira estava acima do peso na época, quase dois terços dos brasileiros. Entre 2002 e 2003, esse percentual era de 43,3%. Entre os adultos, 25,9% podiam ser considerados obesos, totalizando **41,2 milhões de pessoas**, mais que o dobro de 2002 e 2003. Entre adolescentes, um em cada cinco estava com excesso de peso. Um terço dos jovens de 18 a 24 anos estavam com excesso de peso e 70,3% das pessoas de 40 a 59 anos. Portanto, podemos nos considerar um país de gordos.

Essas são estatísticas do Brasil, mas por todo o mundo encontramos outras semelhantes. O mundo está engordando. E quanto mais o mundo engorda, mais aumenta o preconceito.

Uma pesquisa sobre preconceito, realizada pelo IBOPE Inteligência em 2017, com 2002 pessoas de todo o Brasil, mostrou que 92% dos pesquisados já tiveram contato com diferentes manifestações de gordofobia, seja como vítima ou protagonizando o preconceito. A pesquisa mostrou que 72% dos entrevistados já fizeram algum comentário considerado ofensivo ou preconceituoso contra gordos, mesmo que apenas 10% deles se reconheçam como preconceituosos e 8% declarem que têm preconceito estético com outros aspectos da aparência física.

No ambiente de trabalho, uma pesquisa da Catho de 2019 com 31.000 executivos mostra que 65% não contratariam pessoas gordas. Conforme esse mesmo estudo, o mercado paga melhor os magros. Cada ponto a mais de Índice de Massa Corporal (IMC) significa uma redução de 92 reais mensais no salário.

Mas o que é ser gordo? E o que é ser obeso?

A Organização Mundial de Saúde define o grau de gordura corporal por meio de um indicador chamado IMC (Índice de Massa Corporal), o peso dividido pela altura ao quadrado.

Segundo a Associação Brasileira para o Estudo da Obesidade e Síndrome Metabólica (ABESO), o IMC ideal está situado entre 18,6 e 24,9.

De 25 a 29,9, a pessoa já passa a ser considerada com sobrepeso, possivelmente acarretando riscos à saúde.

Acima de 30, a pessoa é considerada obesa. A obesidade acarreta riscos bem maiores e é considerada uma doença crônica.

Porém, se pesquisarmos um pouco mais o IMC, descobriremos que foi criado por Adolphe Quételet, um estatístico belga que, em 1832, escreveu um trabalho chamado "O Peso dos Homens em Diversas Idades", no qual faz essa correlação estatística entre peso e altura para os habitantes de Bruxelas.

Em 1972, o economista Ansel Keys chamou esse indicador de IMC. Nessa época não existiam critérios claros para definir o que era "peso normal", com vários critérios sendo utilizados. Em 1995, o IMC foi adotado pela Organização Mundial de Saúde como o indicador oficial para determinar o grau de gordura de uma pessoa.

Ora, aqui temos pelo menos dois problemas: a curva normal foi traçada para apenas um determinado biotipo, a maioria dos habitantes de Bruxelas no início do século XIX. Podemos sim generalizar que os belgas são altos e magros se comparados com os pigmeus africanos, os indígenas americanos, os corpulentos alemães e escoceses, os chineses, japoneses etc. Lembrando que, na época em que esse padrão foi criado, o mundo era muito menos miscigenado do que é hoje.

O segundo problema é que o indicador foi criado por um estatístico e um economista, nenhum dos dois era médico. Não estou invalidando o indicador, estou apenas constatando a visão limitada de um critério que pode ser o melhor até agora, mas que claramente não leva em conta a diversidade de tipos humanos. Além disso, existem fatores ainda não explicados pela medicina e não porque alguém é gordo que é doente.

Gordofobia e trabalho

Ora, se aproximadamente 60% da população brasileira está acima do peso e 65% dos executivos não gosta de contratar gordos, temos nas mãos um preconceito que gera um enorme problema econômico e social, na medida em que os gordos têm menos acesso ao trabalho e menos acesso a subir em suas carreiras.

A falta de dinheiro engorda as pessoas, pelo simples fato de terem menos acesso a alimentos mais saudáveis e se alimentarem de maneira mais restrita, focando mais em carboidratos do que qualquer outra coisa. A crença de que "o prato do brasileiro é o mais balanceado do mundo" sempre foi um mito. Simplesmente porque para ser balanceado precisaria ter o arroz, o feijão, o bife e a salada de alface e tomate. E os mais pobres nunca tiveram o bife nem a salada, o tal "prato brasileiro" dos mais humildes sempre foi feijão com farinha. E, depois que as comidas industrializadas dominaram o mercado, nem podemos mais dizer que o "prato brasileiro" predomina. Esse fenômeno também é mundial: os mais pobres ficam mais gordos e os mais ricos mais magros. Acesso e educação alimentar são necessários.

Isso pode ativar vários vieses inconscientes tanto do executivo quanto do selecionador na hora da contratação. Um deles pode ser o viés de semelhança, em que tendemos a gostar mais do que se conecta com os nossos interesses. Ora, se o selecionador e o executivo pretendem fazer carreira e serem ricos e bem-sucedidos, podem não gostar de candidatos gordos independentemente de sua aptidão para o cargo, conforme mostra a pesquisa da Catho. Outro viés é o de afinidade: tendemos a gostar mais de quem se parece mais conosco, portanto entrevistador magro pode não gostar de candidato gordo. O efeito de grupo – que faz com que as pessoas sigam o comportamento do grupo em que estão inseridas – pode ser bem forte no momento da contratação, principalmente se a direção da empresa ou o gestor da área forem abertamente gordofóbicos.

Estamos em um momento de mundo em que as organizações lutam para manter a qualidade de vida no trabalho e melhorar os níveis de desenvolvimento humano, pois sabemos que esses fatores afetam fortemente o clima organizacional, portanto a produtividade.

A qualidade de vida no trabalho precisa ser olhada por vários aspectos:

1. Salário justo e apropriado, com benefícios e participação nos resultados.
2. Ambiente seguro e saudável, em termos de salubridade, carga horária semanal, tecnologia, processos definidos e descanso.
3. Desenvolvimento das capacidades humanas, estimulando autonomia e responsabilidades, tarefas significativas e avaliações de *performance*.
4. Crescimento e segurança, oferecendo treinamentos e encorajando estudo.
5. Integração social, estimulando o relacionamento interpessoal, trabalho em equipe, valorizando ideias e desencorajando a discriminação.
6. Governança, respeitando os direitos do colaborador e as normas, sua liberdade de expressão e discussão e valorizando sua individualidade.
7. Vida fora da organização, com o trabalho influenciando a família, a rotina, possibilidades de lazer e tempo de trabalho e descanso.
8. Relevância social, tornando o colaborador orgulhoso do trabalho, da imagem institucional da organização, da integração com a comunidade, da qualidade dos produtos ou serviços e da política de recursos humanos.

Como já vimos pelas estatísticas, a gordofobia afeta diretamente o salário, o ambiente pode se tornar inseguro para o colaborador, diminuir sua integração social, afetar a governança da organização e a relevância social do trabalho.

Uma última coisa, bastante importante, é que gordofobia não é considerada crime, mas pode ser enquadrada como assédio moral, portanto passível de processo judicial.

O que fazer?

O problema é sistêmico, econômico e social. Como todo desafio complexo, não é com apenas uma ação que podemos resolver. Mas seguem aqui algumas sugestões:

- **Conscientização da direção e dos executivos**. Se a direção da empresa for claramente gordofóbica, é necessário conscientizar quem toma as decisões antes de qualquer outra ação.
- **Estabelecer cotas**, antes que uma lei o faça.
- **Posicionar claramente a organização como antigordofóbica**, e aproveitar para melhorar a imagem institucional.
- **Criar políticas antigordofóbicas claras** e fazer com que sejam seguidas.
- **Treinar os líderes** para uma liderança mais inclusiva.

Na hora de contratar:

- **Fazer recrutamento às cegas** para evitar os vieses inconscientes. Existem hoje várias plataformas de recrutamento on-line que ajudam as organizações a não levarem em conta os atributos físicos do candidato ao avaliá-lo.

- **Entrevistas estruturadas** estritamente iguais para todos, com critérios padronizados de avaliação.

Na gestão do colaborador:

- **Estimular hábitos saudáveis** que ajudem na integração entre gordos e magros. Desencorajar iniciativas que coloquem a gordura como o vilão. Perder ou manter peso é uma escolha pessoal, não organizacional.
- **Conhecer os colaboradores**, sabendo o que os deixa confortáveis para realizar um bom trabalho e estimulando um bom ambiente de trabalho.
- **Autoavaliação**, fazendo os próprios funcionários avaliarem seu progresso e determinarem os próximos passos necessários para desenvolver os requisitos para a próxima promoção.
- **Prover uma estrutura de trabalho não gordofóbica:** cadeiras resistentes em que todos caibam com conforto, corredores largos, máquinas que possam ser utilizadas por qualquer tamanho de pessoa.

Para finalizar

A questão aqui é que, além das atividades claramente não saudáveis, a vida moderna é um risco à saúde e traz consequências ao nosso desempenho no trabalho. Respirar ar poluído, dormir menos que o recomendado, trabalhar demais, comer transgênicos, ficar 12 horas por dia absorvendo a radiação de um monitor. Isso só para começar...

Por séculos e séculos, gordura foi associada com prosperidade, e os gordos com beleza e sucesso. Por que isso mudou tanto?

Uma explicação é simplesmente econômica: roupa de magro leva menos pano que roupa de gordo. Cadeira para magro pode ser mais frágil que cadeira para gordo. Um ônibus lotado de magros leva mais gente que um ônibus lotado de gordos, e assim por diante.

As seguradoras dizem que estatisticamente gordos ficam mais doentes que magros e morrem mais cedo, portanto dão mais despesas. Essas estatísticas são verdadeiras e existem inúmeros prejuízos ligados à obesidade, mas também existem prejuízos ligados a todos os tipos de hábitos, por exemplo, as lesões por esforço repetitivo, que também afastam da cadeia produtiva. Segundo o relatório Saúde Brasil 2018, do Ministério da Saúde, a incidência de afastamentos do trabalho por LER/DORT aumentou 184% entre 2016 e 2017. E nem é considerada doença, embora obesidade seja.

De qualquer maneira, a partir da década de 60, o mundo começou a exigir padrões de magreza, muito mais do que saúde. Modelos esqueléticas. Voos baratearam e, para manter o lucro, as companhias aéreas tiveram que colocar mais e menores poltronas. Carros diminuíram de largura. Casas ficaram menores.

Criamos uma sociedade que funciona bem para apenas 40% da humanidade. Além das soluções corporativas, que tal você, caro leitor, rever os próprios preconceitos também?

34

A ESCRAVIDÃO, AS LEGISLAÇÕES E O RACISMO NO PROCESSO DE CONSTRUÇÃO DAS DESIGUALDADES E DISCRIMINAÇÕES NO BRASIL

Não é possível falarmos em raça e etnia sem considerarmos o contexto histórico de quase quatro séculos de escravidão que, combinado com as legislações e fatos históricos na linha do tempo, permite entender o modelo de sociedade atual, repleto de desigualdades e complexidades. Apesar dos recentes esforços, o mercado de trabalho é um ambiente desproporcional quando falamos da representatividade negra, e exemplos são diários para comprovar essa triste realidade.

MELISSA CARVALHO CASSIMIRO

Melissa Carvalho Cassimiro

Advogada, Consultora de projetos no ramo de varejo, profissional com 17 anos de carreira no mercado corporativo com foco no segmento de *real estate* para clientes no mercado de Telecom, com experiências anteriores na Accenture e Telefônica VIVO. Formada em Direito pela Universidade Paulista. Membra do IANB (Instituto da Advocacia Negra Brasileira), Coletivo Caneca na Mesa e percussionista no bloco Afro Ilú Obá de Min. Participações em painéis, palestras e eventos de Diversidade e Inclusão após transição de gênero, com reintegração às atividades em grande multinacional, realizada em 2017.

Contatos
LinkedIn: https://bit.ly/3kL2rH6
Instagram: @cassimiromelissa

Descrição: Melissa é travesti, negra, cabelos cacheados compridos. Aparece na imagem sorrindo, com os dedos da mão direita apoiados sobre o rosto. Usa colar e pulseira.

Neste capítulo, a Diversidade e a Inclusão serão analisadas sob os aspectos de raça e etnia, ao observamos como o processo de exclusão, preconceito e discriminação afetam os descendentes dos povos trazidos da África para o Brasil, ainda que essa mesma população negra seja 56,2% do povo brasileiro, segundo dados da Pesquisa Nacional por amostra de domicílios (PNAD) do Instituto Brasileiro de Geografia e Estatística (IBGE) de 2019, resultado da soma da autodeclaração de pessoas que se identificam como pretas e pardas. No entanto, não encontramos essa mesma proporcionalidade ao acessarmos a realidade corporativa, proporção que se agrava à medida que se elevam os cargos e os salários.

O mercado de trabalho retrata para uma grande parcela da população forma de prosperar e garantir crescimento econômico, social e financeiro. Mas e quando parte dessa parcela não se sente representada, não possui desde a grade educacional as mesmas oportunidades, vendo-se retratada nos subempregos e funções subalternas da sociedade? Por quais motivos não enxergamos representatividade de pessoas negras, homens e mulheres, nas lideranças de grandes empresas, em cargos de confiança e com poder de decisão na mesma proporcionalidade da população?

Esse entendimento é resultado de um conjunto de fatores, dentre eles que o Brasil é um país desigual, naturaliza essa desigualdade à medida que evita enfrentar mazelas em reconhecer a própria identidade. Mas quais são os fatores que contribuíram para que essa desigualdade tenha se estabelecido? A resposta pode ser encontrada nos legados e impactos estabelecidos pelo processo de escravidão, no qual o racismo atua como espinha dorsal, na estrutura e sustentação de discriminações e desigualdades e, por intermédio da atuação das instituições, corroboram de forma a segregar e marginalizar vivências de pessoas negras, criando barreiras que impossibilitam acessos e mobilidades num ciclo que não se rompe. É necessário debruçarmos nessa ferida para gerar incômodo que leve à mudança.

Falar minuciosamente sobre o processo de escravidão no Brasil não será objeto deste trabalho, entretanto alguns dados são essenciais para contexto e entendimento, considerando que em seus elementos encontram-se os pilares da construção do Brasil, com sequelas visíveis nos dias atuais. A escravidão caracteriza-se como o episódio mais sombrio e bárbaro na história da humanidade, sendo que o Brasil foi o lugar do mundo que mais recebeu pessoas escravizadas – cerca de 50% das pessoas que foram sequestradas na África, colocadas em insalubres navios negreiros e nos portos brasileiros tiveram seu destino – quando chegavam vivas, após viagens que poderiam durar meses, realizadas em condições subumanas, conforme "relatos dão conta que as pessoas nas cidades primeiro sentiam o mau cheiro desses navios antes mesmo de os verem no horizonte" (1). A escravidão no Brasil iniciou com os povos nativos, por volta de 1530, e de forma gradativa, substituída pela mão de obra negra africana. O processo do tráfico de pessoas durou cerca de 320 anos, tendo seu auge entre 1831-1850, em desrespeito aos compromissos estabelecidos entre Inglaterra com a Corte Portuguesa, que havia sido escoltada por tripulações inglesas ao fugir de Portugal para o Brasil, em 1808. A assinatura de diversos Tratados, nunca cumpridos pelo Brasil, origina um dos termos mais conhecidos para referenciar dispositivos legais sem efetividade: "leis para inglês ver" (2), vez que ignoradas por traficantes escravistas e pelo próprio Estado, o tráfico seguiu até meados de 1852, após a publicação da Lei Eusébio de Queiroz, em 1850. Com a explosão de movimentos de resistências da população negra, dos movimentos abolicionistas, pressões externas aliadas a interesses econômicos como desdobramento da Revolução Industrial, foi assinada a Lei Áurea, sendo o Brasil a última nação ocidental e do continente americano a abolir a escravidão; com um dos mais simples e descompromissados de toda nossa história legislativa, por conceder garantias, reparação ou planejamento para reinserção à sociedade daquele povo liberto.

Além do processo de escravidão, outros fatores contribuíram para manter a população negra na linha da marginalidade, ou abaixo da mesma, expostas às vulnerabilidades sociais. Assim, as leis surgem de maneira exemplar a institucionalizar o cerceamento de direitos e garantias fundamentais, em atendimento aos interesses e pressões da classe dominante, sustentadas pelo regime da escravidão. Nesse sentido, a Constituição Federal de 1824 trata de forma desumana a população escravizada, que sequer gozava dos benefícios da cidadania. As pessoas escravizadas eram consideradas semoventes, termo que em direito possui natureza de coisa, animais que se movimentam e fazem parte da propriedade e, por esses motivos, poderiam ser vendidos, hipotecados, alugados, doados, emprestados, tornar-se objeto de seguro. Por não possuir personalidade jurídica, não poderiam adquirir terras, o que também foi dificultado pela publicação da Lei de Terras, de 1850, na qual as aquisições seriam realizadas diretamente junto ao estado, que se reservava vender a quem quisesse, e não figurando os negros nesse rol de prioridades. No entanto, de forma contraditória, poderiam ser responsabilizados por crimes e, nesse sentido, as legislações eram rígidas, incluindo a possibilidade de pena de morte aos escravizados que matassem seus senhores. Sim, o Brasil já instituiu a legalização da pena de morte, aplicável somente às pessoas negras escravizadas.

Ao tratarmos de educação, a mesma Constituição Federal de 1824 previa a educação gratuita a todos os cidadãos, no entanto tal condição excluía automaticamente as pessoas escravizadas. O banimento ao acesso era tal que, a partir de 1834, iniciam-se movimentos que de forma expressa e excludente interditavam a presença das pessoas escravizadas nas aulas, movimento iniciado na província de Minas Gerais, em 1835, espalhou-se para as demais províncias. A Lei do Boil, de 1968, garantiu acesso gratuito aos estabelecimentos de ensino médio agrícola e superiores de agricultura e veterinária, mantidas pela União, a candidatos agricultores ou filhos desses, proprietários ou não de terra. Deparamo-nos com as primeiras concessões de cotas direcionadas a uma população economicamente restrita.

Outras legislações, denominadas como abolicionistas, foram publicadas em oportunidades que a escravidão era um processo prestes a ser extinto, com advento da extinção do tráfico negreiro, ainda sim todas as artimanhas possíveis para retardar a liberdade total das pessoas escravizadas eram concedidas em favor aos donos de terras. Assim, na Lei do Ventre Livre, de 1871, os senhores poderiam pleitear indenizações ao governo ou exigir trabalho até os 21 anos para compensar os prejuízos. A Lei dos Sexagenários de 1885, com pouca aplicabilidade prática, em que pese ausência de dados oficiais, difícil imaginar uma pessoa escravizada chegar nessa idade após anos extenuantes e forçados de trabalhos em péssimas condições, mesmo após obter liberdade, deveria trabalhar por um período extra para indenizar o senhor. Quando publicada a abolição em 1888, cerca de 5% da população negra encontrava-se sob a condição de escravizada, no entanto não se realizou nenhum planejamento para reinserção dos escravizados na sociedade ou concessão de direitos reparatórios. Resta a essa população sem trabalho, sem terras, renda, vivendo na subalternidade, arrastada para as periferias, a invisibilidade, o início do encarceramento em massa, planejamento das políticas estatais, como forma de limpeza urbana, para retirá-los das ruas por praticarem o "crime" de jogar capoeira. O código penal de 1890 imputou condutas criminosas específicas: "Dos mendigos e ébrios" e "Dos Vadios e Capoeiras".

Os debates sobre as questões raciais predominam as discussões da classe dominante acerca dos impactos no futuro do Brasil ao final do século XIX, com fundamento que a manutenção da população negra e escravizada seria socialmente um atraso. Assim, com a formulação das teses de branqueamento e fomento em ideais eugênicos que predominavam os Estados Unidos e a Europa, o Brasil comprometeu-se que, antes do século XXI, seria um país de maioria branca, com alguns indígenas e mestiços, eliminando por completo a presença negra no país. Isso seria possível por intermédio da adoção de políticas de incentivos financeiros para custear a imigração de populações de origens europeias, também institucionalizadas por lei, enquanto a eugenia recebeu amparo na Constituição Federal de 1934, nos pilares da educação, com efeitos na medicina, arte, estética, dentre outros.

De forma mais recente, sempre acompanhada de acaloradas discussões, as legislações brasileiras iniciaram movimentos para trazer justiça social em prol da população negra. Assim, a já extinta Lei Afonso Arinos, de 1951, previa como contravenção penal a discriminação racial. A problemática acerca dessa norma foi tratar como contravenção penal e não crime a discriminação racial. A atual Constituição Federal de 1988, em suas garantias fundamentais prevê que o racismo constitui crime, imprescritível e inafiançável, com pena de reclusão; em 1989, foi publicada a Lei 7.716/89, que criminaliza condutas de discriminação ou preconceito de raça, cor, etnia, religião ou procedência nacional, tendo como ofendida toda uma coletividade indeterminada, um crime mais amplo, com aplicabilidade rara, comumente tipificada no crime de injúria, por atingir o indivíduo, sendo passível de fiança e possibilidade de prescrição. Importantes evoluções têm a publicação do Estatuto da Igualdade Racial (Lei 12.288/2010), nas palavras do Senador Paulo Paim: "Essa lei é a mais completa norma jurídica para a promoção da igualdade racial. É um conjunto de ações afirmativas, reparatórias e compensatórias, que garante direito à saúde, à educação, à cultura, ao esporte e ao lazer; o direito à liberdade de consciência e de crença e ao livre exercício dos cultos religiosos. O texto prevê acesso à terra e à moradia adequada; o direito ao trabalho e aos meios de comunicação, entre outras" (3). A Lei de Cotas (12.711/2012) garantiu nos últimos anos aumento da inclusão de estudantes negros nos espaços de graduação. Tal política necessita ser mantida a fim de possibilitar a continuidade no acesso com consequente migração para o mercado de trabalho.

Diante desse cenário construído por tantas desigualdades, como as empresas, os profissionais de RH, grupos de diversidade e outros podem pensar soluções que visem diminuir desigualdades e promover a inclusão dentro do mercado de trabalho? Inicialmente é necessária intencionalidade e adequação das práticas de inclusão ao planejamento estratégico da empresa. Quanto às ações na prática, iniciamos com as ações afirmativas, com embasamento legal na CF/88 e no Estatuto de Igualdade Racial; a contratação de consultorias específicas especializadas em recrutar negros; a busca desses profissionais em não lugares, por exemplo, com divulgação de vagas em universidades, consultorias localizadas nas periferias; a contratação com base em experiências e habilidades, o que não significa "baixar a régua", e sim romper com estereótipos em contratar profissionais que estejam no mesmo ponto de partida, enaltecendo a pluralidade de vivências que não devem ser descartadas. Com o profissional contratado, importantes são as ações para engajar e potencializar carreiras, com objetivo que esses profissionais possam alcançar cargos de liderança, por meio de ações práticas tais como patrocinar treinamentos e capacitações dedicadas ao profissional, estruturar plano de carreira, programas de mentoria, retenção de talentos e estabelecer metas (curto, médio e longo prazo), para inclusão de forma interseccional em todos os níveis, são na prática aplicações possíveis para construção de um futuro com maior equidade.

Referências

ALMEIDA, M. A. B. de.; SANCHEZ, L. Os negros na legislação educacional e educação formal no Brasil. *Revista Eletrônica de Educação*, v. 10, n. 2, p. 234-246, 2016. Disponível em: <http://www.reveduc.ufscar.br/index.php/reveduc/article/viewFile/1459/500>. Acesso em: 13 fev. de 2022.

ANDRADA, A. As dores de vidas e palavras sequestradas. *The Intercept Brasil*, 18 jul. 2019. Disponível em: <https://outraspalavras.net/outrasmidias/as-dores-de-vidas-e-palavras-sequestradas/>. Acesso em: 13 fev. de 2022.

BAQUAQUA, M. G. *Biografia de Mahommah Gardo Baquaqua*. Tradução: FURTADO, L. M. São Paulo: Uirapuru, 2017.

CAMPELLO, A. B. *Manual Jurídico da Escravidão: Império do Brasil*. São Paulo: Paco Editorial.

COTA, L. G. S. *Não só para inglês ver: justiça, escravidão e abolicionismo*. Disponível em: <https://www.ifch.unicamp.br/ojs/index.php/rhs/article/view/912>. Acesso em: 13 fev. de 2022.

MANFREDO, M. T. *Impactos de séculos de utilização da mão de obra escrava repercutem nas dimensões social e econômica do país*. Portal Geledés, 20 set. 2012. Disponível em: <https://www.geledes.org.br/desigualdade-como-legado-da-escravidao-brasil/>. Acesso em: 13 fev. de 2022.

PAIM, P. *Dez anos do Estatuto da Igualdade Racial*. Portal Geledés, 06 ago. 2020. Disponível em: <https://www.geledes.org.br/dez-anos-do-estatuto-da-igualdade-racial/>. Acesso em: 13 fev. de 2022.

SANTOS, R. R. dos. *As políticas de branqueamento (1888-1920): uma reflexão sobre o racismo estrutural brasileiro*. Disponível em: <http://www.pordentrodaafrica.com/educacao/as-politicas-de-branqueamento-1888-1920-uma-reflexao-sobre-o-racismo-estrutural-brasileiro>. Acesso em: 13 fev. de 2022.

35

RACISMO INSTITUCIONAL E ESTRUTURAL E SUAS CONSEQUÊNCIAS

Para construirmos uma sociedade igualitária, temos que reconhecer que o racismo faz parte da engrenagem da nossa estrutura socioeconômica. Vivi as consequências do racismo estrutural durante meu desenvolvimento profissional, sem ter a oportunidade de entender o que estou prestes a apresentar. Dar nomes aos obstáculos iluminou meu caminho; hoje dedico meu propósito de vida a expandir essa luz para a construção de corporações mais diversas e inclusivas.

LUANNY FAUSTINO

Luanny Faustino

Especialista nos temas equidade de raça, inclusão e diversidade e viés inconsciente. Formada em Relações Internacionais, estudou *Applied Meetings and Convention* na Harold Washington University, em Chicago, e se especializou em Negociações Internacionais na USP, em Marketing na FGV e tem formação em Racismo e Política e Neurociência. Desenvolveu sua carreira em multinacionais de diversos setores, sendo sempre a única executiva negra nos ambientes corporativos que frequentou. Viveu muitos dos temas que hoje palestra, por isso, há 6 anos, como consultora na CKZ Diversidade e colunista da coluna *Diversificando* no Jornal Brasilturis, utiliza essa vivência para ajudar as corporações a construírem um ambiente mais diverso e inclusivo. Acredita que está transformando o mundo num espaço mais igualitário para todos(as). Paralelo à sua vida profissional, ela foca em aumentar os pins em seu mapa-múndi, o qual hoje marca 17 países visitados.

Contatos
luannyfaustino@gmail.com
LinkedIn: Luanny Faustino

Descrição: Luanny é uma mulher negra, cabelos crespos castanhos na altura dos ombros, e olhos castanhos. Ela está vestindo blazer e brincos dourados, e está sorrindo.

Tendo estudado e entendido, no capítulo anterior, os desdobramentos históricos que nos trazem à realidade das relações raciais contemporâneas, é necessário enxergarmos como essa história reverbera ativamente no nosso dia a dia, tendo direcionado a construção das sociedades como as conhecemos hoje, moldado as estruturas de poder existentes e a distribuição das oportunidades à população.

Entendendo o conceito de raça e etnia

Como primeiro passo nessa trilha de conhecimento, é preciso entendermos que **raça** é um conceito socialmente construído.

Categorizar e classificar é um ato inerente ao ser humano, mas a forma como categorizamos pessoas, dividindo-as em raças, mudou com a história, geografia e a construção social. Segundo Michael Banton, os europeus usavam "raça" para designar qualquer grupo humano com ascendência comum, ou seja, por sua ancestralidade, o mesmo autor diz que somente mais tarde, no século XIX, raça tornou-se um meio de classificar as pessoas por suas características físicas.

A ideia de raças humanas, como conhecemos hoje, é nova historicamente falando, tendo tomado força durante o colonialismo, quando se fez necessária a criação de uma hierarquia racial para justificar a escravidão negra e indígena; sequentemente, perpetuou no neocolonialismo, para defender a manutenção das pessoas brancas, descendentes de europeus, em posições de poder.

Por muitos anos, essas estruturas de poder disseminaram o discurso de uma inferioridade racial dos povos colonizados, a qual foi corroborada pelo racismo científico, que "implicava o uso de 'técnicas científicas' para sancionar a crença na superioridade racial europeia".

Felizmente, com o avanço dos estudos científicos, hoje conseguimos provar que o conceito de raça fora da construção socioantropológica não tem sentido nenhum. Isso porque cientistas têm a capacidade de avaliar o genoma completo do ser humano e, ao compararem os genomas da população humana, distribuída em diversas regiões do globo, concluíram que o ser humano é 99.9% igual entre si, tendo ele pele branca, negra ou amarela.

Biologicamente, para a existência de raças distintas, é necessário haver distinção genética entre os indivíduos. Assim sendo, com as técnicas da biologia molecular moderna, quando nos referimos à nossa espécie, hoje podemos comprovar que geneticamente existe uma raça – **a humana**.

Ao entender os mecanismos para a construção do termo raça, muitos adotam o termo "etnia" em substituição. Mas temos que observar que etnia "(...) é uma categoria social de pessoas baseada em percepções de experiências compartilhadas ou das experiências de seus ancestrais, e que também compartilham tradições culturais e históricas, que as distinguem de outros grupos."

Quando morei em Chicago, Estados Unidos, entendi na prática que a população negra mundial não se autoidentifica como um grupo homogêneo. Os(As) negros(as) norte-americanos(as) não me viam como negra, mas como latina, assim como meus (minhas) colegas de classe nigerianos(as). A partir dessa experiência, entendi que a população negra mundial, por ter histórias, culturas, estruturas socioeconômicas diferentes, compõem várias etnias distintas. Assim sendo, não existe uma "etnia negra".

Bem como no Brasil temos 305 etnias indígenas, não somente uma.

É importante entendermos a construção do termo "raça" para que fiquem claras as crenças raciais existentes na nossa sociedade e como o movimento de segregação racial foi arquitetado e intencional. Mas hoje é também necessário mantermos a utilização desse termo, pois o "[...] conceito de Raça passou a considerar um contingente político, de pessoas afrodescendentes – mestiças ou não – que sofrem discriminação pela cor. Passou a ser um componente ideológico na luta contra o racismo, ou seja, de luta contra toda a forma de segregação baseada na cor. Ele se constitui, [...] como um conceito identificador, tanto de um grupo como de uma postura política."

Para finalizar esse tema, é preciso abordar dois subtópicos complementares.

Primeiro, no Brasil, adotamos o sistema de autodeclaração para identificação étnica racial, o qual se assenta na aparência e não necessariamente na ancestralidade. Além disso, essa autoidentificação muda segundo a região e classe social do(a) respondente.

Por isso, para obter um estudo demográfico dos(as) colaboradores(as) da sua empresa para realização de uma estratégia de D&I baseada em dados, é indicada a aplicação de uma pesquisa (Censo D&I), a qual deverá seguir todas as normas da LGPD.

Segundo, quanto mais uma pessoa tem fenótipos (conjunto das características físicas) próximos ao padrão branco, menos ela será estigmatizada. E a isso, Alice Walker deu o nome de **colorismo**.

Racismo individual, institucional e estrutural

Apesar de todas as teorias racistas pautadas na biologia terem sido refutadas pela genômica, não é mais possível apagar as consequências do impacto social que o racismo científico e a política racista sistêmica trouxeram para a nossa sociedade, as quais são severas e fatais, como podemos ver no quadro a seguir.

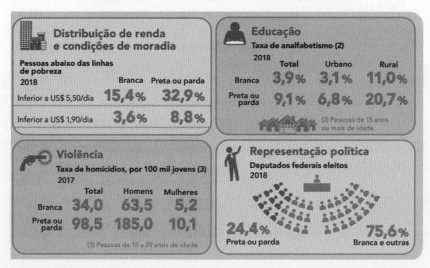

É difícil identificar os perpetuadores da política racista quando olhamos no aspecto individual, pois hoje, no conceito geral, ser racista é visto como algo imoral e ilegal. Devido a isso, é raro vermos pessoas se assumindo racistas.

Descrição da imagem: 4 quadros com fundo cinza que trazem informações sobre Desigualdades sociais por cor ou raça no Brasil 6 (título). O primeiro quadro está na parte superior esquerda e tem desenhos estilizados de prédios e casas e ao lado dos desenhos lê-se: Distribuição de renda e condições de moradia no Brasil – Pessoas abaixo das linhas da pobreza 2018: inferior a US$ 5,50/dia são 15,4% de pessoas brancas e 32,9% de pessoas pretas ou pardas. O segundo quadro está na parte superior direita, traz o desenho de uma pessoa estilizada com um livro aberto e ao lado do desenho lê-se: Educação – Taxa de analfabetismo (2) 2018: Branca – total de 3,9%; urbano 3,1%; rural 11,0%; e Preta ou parda – total 9,1%; urbano 6,8%; rural 20,7%;. Abaixo dessas informações, há um desenho estilizado de edificações e ao lado o seguinte texto: (2) pessoas de 15 anos ou mais de idade. O terceiro quadro, na parte inferior esquerda, mostra um desenho de um revolver e ao lado do desenho lê-se: Violência – Taxa de homicídios por 100 mil jovens (3) 2017. Branca – total 34,0; homens 63,5; mulheres 5,2; preta ou parda – 98,5; homens 185,0; mulheres 10,1. (3) Pessoas de 15 a 29 anos de idade. Na parte inferior direita, o quarto quadro traz o desenho estilizado de uma pessoa de corpo inteiro, e em pé e ao lado do desenho lê-se: Representação política – deputados federais eleitos 2018. Abaixo do texto, imagem estilizada de várias pessoas sentadas, dispostas em meio círculo, com uma pessoa na frente sentada em uma mesa, representando as pessoas que compõe o congresso nacional, na qual lê-se: 24,4% preta ou parda; 75,6% branca e outras.

Luanny Faustino | 271

Uma pesquisa do Instituto Locomotiva revelou que 84% dos brasileiros reconhecem que vivemos numa sociedade racista, mas apenas 4% se consideram racistas.

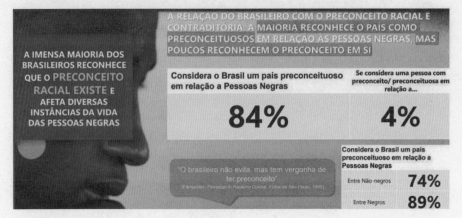

A explicação para essa discrepância é, além do viés de *blind spot*, o fato de o racismo não se estabelecer apenas por ações individuais conscientes, mas também pela reprodução inconsciente de processos racistas considerados normais na nossa sociedade.

O racismo não se resume a comportamentos individuais, mas também a práticas e processos das instituições, que têm uma dinâmica, mesmo indiretamente, que confere desvantagens e privilégios com base na raça.

As corporações não precisam ter ações claramente racistas, mas quando não tomam providências para coibir o racismo, automaticamente deixam que as barreiras excludentes se perpetuem, apoiando a política de descaso com a população negra.

Como disse Silvio de Almeida, as instituições (escolas, empresas, órgãos públicos e governamentais etc.) "são racistas porque a sociedade é racista". Ou seja, elas reproduzem o racismo em seus processos, por isso vemos empresas recrutando, selecionando e promovendo baseadas em vieses racistas, utilizando elementos de comunicação totalmente eurocentrados, com dress codes que ignoram a identidade dos indivíduos etc. E a tudo isso Charles V. Hamilton e Kwane Ture, em seu livro *Black Power: Politics of Liberation in America*, deram o nome de **Racismo Institucional**.

Descrição da imagem: quadro de informações. Na parte esquerda do quadro, rosto de perfil de uma pessoa negra. Sobre o rosto aparece escrito: A imensa maioria dos brasileiros reconhece que o preconceito racial existe e afeta diversas instâncias da vida das pessoas negras. Mais a direita do quadro, na parte superior, há o seguinte texto: A Relação do brasileiro com o preconceito racial é contraditória. A maioria reconhece o país como preconceituoso em relação às pessoas negras, mas poucos reconhecem o preconceito em si" (fim do texto). Abaixo, temos um outro texto que diz o seguinte: 84% consideram o Brasil um país preconceituoso em relação a pessoas negras (fim do texto). Próximo texto: 4% se consideram uma pessoa com preconceito/preconceituosa em relação a... (fim do texto). Próximo texto é uma citação que diz: "O brasileiro não evita, mas tem vergonha de ter preconceito" (Fernandez, Florestan in: Racismo cordial, *Folha de São Paulo*, 1995) (fim do texto). Próximo texto: "Considera o Brasil um país preconceituoso em relação a pessoas negras" – entre não-negros 74%; entre negros 89% (fim da descrição).

272 | Diversidade e inclusão e suas dimensões

Avaliando tudo o que foi exposto até aqui, é possível enxergarmos que o racismo é estrutural, ou seja, que o mecanismo de privilegiar um grupo étnico racial em detrimento a outro é a espinha dorsal que sustenta a construção das sociedades, por isso o racismo faz parte da formação de indivíduos e instituições, gerando consequências materiais e imateriais, e a manutenção dessa hierarquia racial. Quando utilizamos esse conceito de Racismo Estrutural, falamos que o racismo vai além das ações discriminatórias dos Indivíduos, do Estado e das Instituições, mas que ele está presente nas relações econômicas, jurídicas, políticas e na construção do que é certo ou errado na consciência social e é normalizado nas nossas relações.

Resumindo, a estrutura de poder que foi construída há séculos, baseada na hierarquização racial (brancos no topo do privilégio) e na exploração de negros e indígenas, se mantém até hoje por meio de movimentos orquestrados por todos os *players* da sociedade (indivíduos, empresas, órgãos públicos, Estado etc.). E a essa condição, estudiosos dão o nome Racismo Institucional, normas e práticas racistas dentro das instituições, e Racismo Estrutural, interações entre essas instituições que resultam em processos racializados contra pessoas não brancas.

As consequências do racismo institucional e estrutural

É fácil ilustrarmos as consequências do racismo institucional e estrutural quando analisamos alguns indicadores da iniciativa privada: apesar de o Brasil ter a maioria da sua população negra, 56% entre pretos e pardos, a participação dessa população no quadro funcional é de 35,7%, decrescendo progressivamente para 25,9% na supervisão, 6,3% na gerência, 4,7% no quadro executivo. O processo de afunilamento hierárquico racial é tal que resulta na diferença, entre brancos e negros, de 94,2% no quadro executivo e 94,8% no conselho de administração.

Essa falta de representatividade de pessoas negras dentro das empresas, principalmente em cargos de liderança, faz com que muitos(as) profissionais negros(as) acreditem que o espaço corporativo não seja para eles(as). Isso porque a representatividade empodera, fazendo com que o indivíduo se torne presente, tendo visibilidade no desenvolvimento de papéis de alto valor social.

As nossas aspirações profissionais se constroem a partir das referências que vamos coletando, "ao se deparar com alguém com características físicas e história parecida, o(a) jovem se identifica e vê (aquele lugar) como uma possibilidade, algo alcançável. A escolha profissional é influenciada pelos meios de comunicação, a família, amigos, as escolas e o contexto socioeconômico em que ele(a) vive." A ausência dessa identificação e a repetição de estímulos negativos dão origem a "crenças limitantes", que são convicções aceitas como verdades absolutas as quais nos impedem de evoluir em algum aspecto da nossa vida pessoal e profissional.

Além disso, uma pesquisa realizada pela Catalyst, nos Estados Unidos, concluiu que 60% dos(as) profissionais negros(as) pagam um Imposto Emocional quando sentem que devem estar em guarda para se proteger contra discriminações raciais o tempo todo. Isso resulta no receio de interação com a equipe, na maior probabilidade deles(as) quererem deixar seus empregadores em favor do seu bem-estar, o que gera uma perda de talentos para as organizações.

Devido a esses fatores, para uma estratégia de equidade racial de sucesso na sua empresa, é importante também ações voltadas ao fortalecimento, desenvolvimento profissional e autoconhecimento dos(as) seus(suas) colaboradores(as) negros(as), tais como, *coaching* individual ou em grupo e mentoria formal.

Caminhos para uma corporação igualitária

Não é porque o racismo é estrutural que ele não pode ser alterado, creio que todos(as) que estejam lendo este livro acreditem nisso, assim como eu.

Para que isso aconteça, existem várias ações que precisam ser tomadas no âmbito individual e institucional. Tentando resumir a gama de ações necessárias para que uma organização seja mais diversa e inclusiva, divido-as em dois pilares:

- **Educação antirracista:** conscientização para que haja engajamento, por meio de treinamentos e rodas de conversas com todos(as) colaboradores(as) e principalmente com a alta liderança.
- **Ações afirmativas:** medidas intencionais, planejadas e temporárias, e metas claras, que visam eliminar as desigualdades raciais. Tais como programas focados na contratação de profissionais negros(as), desenvolvimento de plano de sucessão com olhar racial, dentre outros.

Referências

ALMEIDA, S. L. *Racismo estrutural*. 6. ed. São Paulo: Jandaíra, 2020.

BANTON, M. *The idea of race*. Londres: Tavistock, 1977.

COELHO, W. de N. B. *A cor ausente*. 2. ed. Belo Horizonte: Mazza Edições, 2009. p. 75.

HAMILTON, C. V.; KWANE, T. *Black Power: Politics of Liberation in America*. Nova York: Random House, 1967.

IBGE, ed. (2010). Tabela 2094. População residente por cor ou raça e religião. Disponível em: <https://biblioteca.ibge.gov.br/visualizacao/livros/liv101681_informativo.pdf>. Acesso em: 04 mar. de 2022.

IBGE. *Desigualdades sociais por cor ou raça no Brasil*. Disponível em: <https://biblioteca.ibge.gov.br/visualizacao/livros/liv101681_informativo.pdf>. Acesso em: 27 jul. de 2021.

INSTITUTO ETHOS. *Perfil Social, Racial e de Gênero das 500 maiores empresas do Brasil e suas ações afirmativas*. Disponível em: <https://www.ethos.org.br/wp-content/uploads/2016/05/Perfil_Social_Tacial_Genero_500empresas.pdf>. Acesso em: 03 mar. de 2022.

KUPER, A.; KUPER, J.(eds.) *The Social Science Encyclopedia*. 3. ed. Routledge, 2009.

MEIRELLES, R. *Racismo no Brasil*: uma contribuição do Instituto Locomotiva e do Carrefour Brasil para luta contra o racismo. Disponível em: https://naovamosesquecer.com.br/downloads/pesquisa-racismo-brasil.pdf. Acesso em: 27 jul. de 2021.

PEOPLE, J.; BAILEY, G. *Humanity: An Introduction to Cultural Anthropology*. 9. ed. [S.l.]: Wadsworth Cengage learning, 2010, p. 389.

SAMPAIO, J. D. F. *Recortes de percepções femininas sobre objetos icônicos de feminilidade*. Universidade Federal do Rio Grande do Sul, Porto Alegre , p. 71, 2017.

TEIXEIRA, J. M. *A importância da representatividade negra na construção da carreira profissional dos jovens negros*. Psicologia Viva, 12 nov. 2021. Disponível em: <https://blog.psicologiaviva.com.br/representatividade-negra/>. Acesso em: 13 fev. de 2022.

TRAVIS, D. J.; THORPE-MOSCON, J. *Day-to-Day Experiences of Emotional Tax Among Women and Men of Color in the Workplace*. Catalyst, 2018.

36

DIVERSIDADE ÉTNICO-RACIAL, UMA JORNADA DE DESAFIOS

Neste capítulo, Patrícia Santos traz um pouco de suas vivências com a EmpregueAfro, a primeira consultoria de RH do país com foco em diversidade étnico-racial. As reflexões caminham pela etapa de conscientização, plano de ação corporativo, ações individuais antirracistas e a jornada cíclica de equidade e inclusão.

PATRÍCIA SANTOS

Patrícia Santos

Patrícia Santos é profissional de Recursos Humanos desde julho de 2000. Formada em Pedagogia pela FMU, pós-graduada em Gestão de Pessoas pela USP, com MBA em Administração pela Trevisan Escola de Negócios, cursa pós-graduação em Gestão de Pessoas pela FIA (2021). É CEO e fundadora da EmpregueAfro, a primeira consultoria de RH do país focada em diversidade étnico-racial. Patrícia já atuou como professora no SENAC/SP por 8 anos, foi *TEDSpeaker* 2x e, desde 2017, faz parte do time de especialistas do programa "Encontro com Fátima Bernardes" da TV Globo. É mãe de 4 filhos e se diz "vendedora de talentos ofuscados pelo racismo".

Contatos
www.empregueafro.com.br
patricia.santos@empregueafro.com.br
Instagram: @empregueafro
11 93747 3985 / 11 5021 3885

Descrição: Patrícia Santos é a uma mulher negra de pele clara, cis e *plus size*. Tem cabelo compridos. Na foto, esta sorrindo.

Comecei minha carreira na área de RH (Recursos Humanos) como estagiária em julho do ano 2000. Na época, assim que eu cheguei para fazer a entrevista, já percebi que não tinham negros no mesmo processo seletivo que eu; depois, no dia a dia do trabalho, a mesma inquietude de não ver pessoas parecidas comigo ou com a minha família me acompanhava todos os dias. Foi então que me lembrei de uma conversa que tive aos 16 anos com meu pai, quando disse que queria fazer faculdade de medicina, e ele comentou: "Filha, só quem tem muito dinheiro e não mora onde a gente mora é que consegue fazer medicina". Na época morávamos próximo à favela do Heliópolis, na zona sul da cidade de São Paulo. Foi assim que fui percebendo com minha vivência as desigualdades entre brancos e negros no mercado de trabalho brasileiro. Entendi que, mesmo com 56% da população brasileira sendo negra, de acordo com o IBGE, ainda não conseguimos ocupar os cargos de liderança nas maiores empresas do país, enquanto, por exemplo, 90% dos cargos executivos são ocupados por homens brancos héteros. A maioria da elite é jovem, entre 34 e 45 anos (Instituto Ethos), e as mulheres brancas são 32% desse montante. Nós, mulheres negras, somos apenas 0,4%. Realmente desafiador!

Além das desigualdades estampadas em números, precisamos entender que o futuro do mercado de trabalho, a inovação, o crescimento das grandes empresas e até a manutenção e permanência delas na Bolsa de Valores precisam de fatores diretamente ligados à diversidade, especialmente à diversidade étnico-racial, já que nós, negros, somos a metade da população brasileira, movimentamos 1 trilhão de reais por ano na economia do nosso país (Instituto Locomotiva) e, infelizmente, não temos as mesmas oportunidades que a outra metade da população.

Investir em diversidade étnico-racial é a coisa inteligente a ser feita, disse Barack Obama (ex-presidente dos Estados Unidos em visita ao Brasil em 2019). Quanto mais a população ascende economicamente, mais o país se transforma e todos nós ganhamos, tanto em qualidade de vida quanto em transformação social, ponto sensível do ESG (traduzida do inglês, a sigla significa Governança Ambiental, Social e Corporativa – é uma avaliação da consciência coletiva de uma empresa em relação aos fatores sociais e ambientais.) Para isso, a empresa tem que ter a consciência negra, como costumo chamar, de viver a jornada da diversidade partindo do ponto do contexto ao qual está inserida e quais métricas deseja alcançar em 5, 10, 15 anos. A diversidade deve caminhar lado a lado do planejamento estratégico da empresa como fator fundamental para sobrevivência dos negócios. Depois de um excelente planejamento, eu sempre recomendo que primeiro seja feita a lição de casa, com treinamentos internos para toda a organização, sobre história, propósito e transformação cultural (entre outros temas), ações de atração e seleção de profissionais negros e programas de mentoria pós-contratação, para que essa população, historicamente excluída, tenha condições de entrar, permanecer e ascender profissionalmente.

Essa jornada da diversidade étnico-racial só é possível com o papel da liderança inclusiva, responsável por ser a principal guardiã da agenda da diversidade. Um líder inclusivo demonstra profundo respeito pelo tema, sensibilidade com as questões raciais e, principalmente, uma consciência negra, com conhecimentos sobre a história do nosso país, entendimento sobre os dados estatísticos com muita sensibilidade. Além disso, esperamos que líderes inclusivos também tenham uma postura verdadeiramente antirracista com um posicionamento incisivo ao presenciar situações opressoras.

Algumas dicas de como praticar sua liderança inclusiva com empatia:

- Fiscalize seu viés inconsciente: ao se deparar com uma situação de preconceito, antes de falar qualquer coisa, reflita... perceba seu pensamento imediato... faça para si mesmo perguntas como: por que estou pensando isso? Como esse sentimento se forma dentro de mim?
- Entenda seu lugar de fala: de acordo com Djamila Ribeiro (2017), lugar de fala é o direito à voz da pessoa que tem representatividade referente à pauta. Por exemplo, se a pauta é inclusão de pessoas com deficiência e você não tem deficiência, dê o direito à voz para quem tem deficiência. Na ausência de pessoas desse tipo de diversidade, se pergunte: tenho base sobre o assunto? Minha fala pode ser ofensiva? Tenho algo real a acrescentar à pauta? Se você respondeu *não* para alguma dessas perguntas, diga que está aprendendo sobre o assunto e chame quem tem representatividade para falar.

Importante: independente do seu lugar de fala, todos nós devemos, por ética e *compliance**, nos posicionar em situações de opressão. Se você fica quieto, está do lado do opressor e reforçando a culpa da vítima. Fique atento!

- Leia, consuma e estude autores negros. Compre livros sobre a temática escritos por pessoas negras, siga influenciadores negros, assista a filmes e a séries com protagonismo negro e, depois, me contem como vai ser o seu despertar diário.
- Busque sempre o diálogo: a empresa também é um lugar de aprendizado constante e crescimento tanto pessoal como profissional. Se presenciar alguma piada racista, pergunte para pessoa: "Por que você está falando isso?" ou "O que você quer dizer com isso?" – tente praticar uma escuta ativa, tente dialogar e explicar por que contém racismo. Quando você questiona um piadista, é bem provável que ele não reproduza a piada novamente.
- Se disponha a ouvir a história de vida e de carreira de cada pessoa negra que você conhecer. Cada um de nós vive um contexto social diferente e as histórias são poderosas ferramentas contra a generalização e a falácia da meritocracia.
- Se você tem o poder de decisão (seja num processo de seleção para contratação ou num processo de promoção de um profissional), atente-se aos seus vieses inconscientes, para não cair em nenhuma armadilha e saiba que tudo o que nós precisamos resume-se em uma palavra: oportunidade. A oportunidade transforma

vidas, muda realidades e, pode ter certeza, você tem muito o que aprender com um profissional negro.
- Incentive o desenvolvimento de uma cultura acolhedora. Uma empresa que acolhe todas as diversidades é mais inovadora, mais produtiva e está atenta ao futuro do trabalho.

Precisamos sair da polarização, investir em diversidade não é desprezar grupos privilegiados, é pensar em oportunidades para todos, é poder representar a sociedade brasileira, é dialogar com toda a população de consumidores e clientes da sua empresa/do lugar onde você trabalha.

De acordo com o relatório "O futuro do trabalho", da Unily, até 2030, a cultura deve ser a prioridade da liderança, as pessoas querem trabalhar em empresas que tenham soluções personalizadas e bem-estar com autonomia e inclusão. Tudo muito conectado com o propósito.

E cada vez mais, as seguintes habilidades serão demandadas da liderança:

- gestão de pessoas;
- criatividade;
- negociação;
- pensamento crítico;
- colaboratividade;
- flexibilidade;
- orientação para servir;
- inteligência emocional;
- resolução de problemas;
- gestão de conflitos;
- tomada de decisão.

Pode ter certeza de que todas essas habilidades são aprimoradas quando você faz gestão de times com diversidade.

As dificuldades comuns da inclusão de profissionais negros como fluência em inglês, formação no exterior, elevado grau de especificidade técnica e volume de candidatos no mesmo patamar podem ser um agravante em todo esse processo da valorização da diversidade étnico-racial, mas não podem representar desculpas ou falácias para que essa inclusão, de fato, aconteça.

Para que sua empresa possa viver essa jornada e que você seja peça fundamental nesse grande quebra-cabeça que é o processo de inclusão, pense nessa jornada com todas as dicas que eu deixei aqui e ainda:

- Crie um comitê de diversidade na sua empresa.
- Entenda o contexto da sua empresa, faça o censo demográfico, ouça seus clientes internos por meio de pesquisas aplicadas.
- Trace um plano aliado à estratégia da sua empresa/do seu negócio.
- Primeiro se posicione internamente, crie ações de conscientização, sensibilização e engajamento.
- Atraia a liderança com a participação em todas as fases anteriores.

- Execute seu plano levando em consideração principalmente a contratação de profissionais negros e uma estratégia de retenção, desenvolvimento (com mentoria) e ascensão desses profissionais, inclusive com plano de sucessão (essa etapa é uma das mais complexas, pense num orçamento anual para contratar uma consultoria especializada).
- Traga as áreas de marketing, comunicação, jurídico e RH/Diversidade para compor essa roda que faz a inclusão girar.
- Se posicione publicamente (veja como é essencial primeiro fazer a lição de casa: agir internamente). Quando os assuntos públicos estiverem condizentes às práticas de diversidade e inclusão e se isso estiver na estratégia da sua empresa, faça postagens nas redes sociais, por exemplo. Isso é um forte fator de atração e identificação de profissionais negros com as companhias.

Como toda jornada, diversidade étnico-racial só se vive de forma cíclica, é importante acompanhar a evolução, mensurar os resultados, rever todos os processos de gestão de pessoas com indicadores de cor e raça e melhorar sempre. Se não quisermos esperar mais 150 anos para equidade racial no nosso país (de acordo com o IBGE), precisamos agir agora.

Conte comigo.

37

IMIGRANTES NA SUA EMPRESA
UM GANHO ALÉM DA INTERCULTURALIDADE

A imigração é uma parte fundamental da constituição do Brasil como país e como identidade multiétnica e pluricultural, em que histórias de múltiplos povos deixam suas marcas nas ruas, praças, parques, monumentos, dialetos, gastronomia e formas de entender o mundo. Infelizmente nem todas as histórias têm sido reconhecidas. Neste capítulo, pretendo abordar algumas questões conceituais e práticas para melhor inclusão de pessoas imigrantes e refugiadas nas organizações.

KEYLLEN NIETO

Keyllen Nieto

Keyllen Nieto é imigrante colombiana residente no Brasil desde 2003, antropóloga urbana pela Universidad de Los Andes, na Colômbia, e mestre em Desenvolvimento Internacional Sustentável pela Brandeis University, nos EUA. Trabalhou em instituições como o Banco Mundial, em Washington DC, a Coordenadoria da Juventude da Prefeitura de São Paulo e a ONG Instituto Sou da Paz, dentre outras instituições. Fundadora e consultora sênior da Consultoria Integra Diversidade e integrante da Rede de Mulheres Imigrantes Lésbicas, Bissexuais e Pansexuais – Rede Milbi.

Contato
contato@integradiversidade.com.br

Descrição: Keyllen é uma mulher cis de pele branca, cabelo escuro até os ombros e olhos castanhos. Está sorrindo e tem batom vermelho e um *piercing* no nariz.

Uma das maiores marcas da chegada de povos não nativos no Brasil, e no continente, iniciou-se com a colonização europeia e a posterior migração forçada nos anos de 1531 a 1850, produto do tráfico de pessoas de países africanos que foram tratadas como escravas cuja exploração durou cerca de três séculos e chegou ao fim na legislação com a Lei nº 3.353 (Lei Áurea) de 1888, extinguindo a escravidão formalmente. No final do século XIX, as regiões sul e sudeste começaram a promover a chegada de migrantes europeus para ocupar posições em fazendas de café e outras atividades. Esse tipo de imigração foi impulsionada como parte do projeto de "branqueamento" e "aperfeiçoamento racial" do país executado por elites e governos a partir do final do século XIX.

Em 2017, foi promulgada a Lei de Migração, nº 13.445, que revogou o estatuto do Estrangeiro vigente desde 1980, a Lei nº 6.815, lei que tem entre seus princípios o respeito pelos direitos humanos das pessoas que migram, tendo direitos básicos em pé de igualdade com as e os nacionais, independentemente de seu *status* de imigração ou *status* documental.

As migrações internacionais somam 1,1 milhão de pessoas imigrantes em 2020, procedentes principalmente da América do Sul, em especial da Venezuela, que tem aproximadamente 261 mil pessoas imigrantes, refugiadas ou solicitantes de refúgio no Brasil. Esse número é significativamente menor em relação ao número de brasileiros e brasileiras residentes fora do país que, em 2020, foi de 1,9 milhão.

Quais são as diferenças entre pessoas migrantes, refugiadas e solicitantes de refúgio?

Migrantes: pessoas que se deslocam da região de origem, seja dentro ou fora do próprio país. Geralmente compreendido como um processo voluntário, o deslocamento pode ser motivado por diferentes causas, como a busca por melhores oportunidades de educação, trabalho e conhecimento de diferentes culturas. Nessa categoria se encaixam brasileiros e brasileiras que saem do país em busca de melhores condições de vida.

Emigrante e imigrante: dentro da categoria de pessoas migrantes encontram-se aquelas que saem permanente ou temporariamente do país (aqui não entra quem sai para turismo), chamadas de emigrantes; e aquelas que entram permanente ou temporariamente em um país, chamadas de imigrantes (inclui as pessoas refugiadas).

Pessoas refugiadas: pessoas que deixaram seus países de origem por fundados temores de perseguição política, étnica, religiosa, por orientação sexual e identidade de gênero, por violência ou outras circunstâncias e que precisam de proteção internacional. Enfrentam situações tão perigosas e intoleráveis que se veem forçadas a cruzar as fronteiras para buscar segurança em outros países. O reconhecimento de sua condição se dá no âmbito do Comitê Nacional para os Refugiados (CONARE).

Solicitantes de refúgio: pessoas que solicitam às autoridades competentes reconhecimento de sua condição de refugiadas, mas que ainda não tiveram suas solicitações avaliadas definitivamente pelos sistemas nacionais de proteção e refúgio. O processo pode demorar desde meses até anos.

De acordo com a Constituição Nacional, referendado pela nova Lei de Migração, todas as pessoas dentro do território nacional do Brasil têm os mesmos direitos de proteção social, como o acesso a serviços públicos de saúde, educação e assistência social, independentemente do *status* migratório e de possuir ou não a documentação regularizada, pois esses são Direitos Humanos consagrados na Carta Magna.

Por que contratar esse público?

A Sodexo publicou um relatório sintetizando os benefícios da inclusão de migrantes que, além dos reconhecidos ganhos em criatividade, inovação e *employer branding*, incluíram:

- Aumento da motivação da equipe pelo engajamento de imigrantes.
- O apoio mútuo entre imigrantes e funcionários nativos que provenham de contextos de vulnerabilidade.
- Ganho da equipe, da gestão e da empresa com a multiculturalidade, outros idiomas e culturas, exemplos de resiliência e adaptação.
- Expansão do mercado de atuação e ampliação da estratégia de negócios, possibilitando o empreendimento em novos segmentos nacionais e internacionais.
- Engajamento de consumidores e setores da sociedade sintonizados com os valores da diversidade e dos direitos humanos.
- Melhor atendimento a clientes imigrantes de comunidades que geralmente não têm suas especificidades reconhecidas.

Trabalho digno e qualificado para imigrantes: é mais fácil do que parece

Pessoas imigrantes, refugiadas ou solicitantes de refúgio adultas têm direito ao trabalho e, caso não possuam a documentação regularizada, podem ser orientadas aos órgãos mencionados no final deste capítulo para iniciar o processo. Não possuir documentação regularizada não constitui crime e a pessoa não pode ser expulsa ou deportada por essa causa.

A dificuldade de validar ou homologar os diplomas de estudos no Brasil contribui para o agravamento das exclusões de imigrantes e de pessoas refugiadas, reduzindo as oportunidades de trabalho e carreira, pois não há um procedimento padrão, ficando a critério de cada instituição de ensino e envolvendo custos muito altos que podem chegar a dois salários-mínimos (US$ 380,00).

No entanto, cada vez mais empresas estão diversificando suas estratégias de captação de talentos, criando processos seletivos mais focados nas competências técnicas (*hard skills*) diretamente relacionadas com a vaga específica e atentando-se às habilidades interpessoais (*soft skills*) como forma de superar esse tipo de entrave.

Boas práticas

De acordo com a cartilha elaborada pela OIM e Integra Diversidade, direcionada a profissionais da área de RH, é importante lembrar as seguintes dicas para não perder oportunidades de contratar talentos por causa de critérios muito rígidos:

- Instituições que trabalham com imigrantes. Considerando o grau e vulnerabilidade e a falta de inclusão digital, uma possibilidade são parcerias com instituições que atuem com intermediação de trabalho.
- Traçar conjuntamente as competências fundamentais, as desejáveis e abrir espaço para outras não mapeadas.
- Efetuar convocatórias para posições que tenham competências e experiências alinhadas com migrantes: idiomas, conhecimentos de mercado internacional, trabalho intercultural etc.
- Efetuar seleção de currículos e entrevistas com olhar sensível a competências não mapeadas.
- Realizar entrevistas com perguntas claras, abertas que permitam a pessoa entrevistada expor suas experiências profissionais, idiomas e expectativas.
- Incentive a entrada de jovens aprendizes, posições de estágio e *trainees*, de acordo com a legislação, preservando sua cultura e suas tradições.

Atração, seleção e contratação

Na fase de atração, cuidar para que os anúncios conectem diversos públicos e "furem a bolha" do QI e dos portais que atraem perfis similares é fundamental. O material "Como contratar Migrantes na sua empresa?" detalha o processo.

O que deve ter em um anúncio inclusivo:

- Criar vaga específica para migrantes ou evidenciar a intenção de contratar usando termos "incentivamos candidaturas de pessoas migrantes".
- Utilizar linguagem inclusiva para que, independente de gênero, as pessoas sintam-se à vontade para se candidatarem.

Entrevista de seleção:

- Caso a pessoa tenha dificuldade na escrita do português, faça as perguntas verbalmente com uma linguagem simples e acessível, pois algumas delas estão no processo de aprendizagem.
- Evite perguntas invasivas sobre o passado, evitando evocar experiências traumáticas, por exemplo: como chegou ao Brasil? Por que saiu do seu país?
- Não contrate por ter se sensibilizado pela condição de refúgio ou de vulnerabilidade da pessoa migrante. Adapte o processo, mas priorize as competências técnicas, interpessoais e o perfil da vaga.

Contratação:

O processo é o mesmo do que para pessoas brasileiras, porém há alguns documentos que não se aplicam e outros que têm formato diferente. Atente-se às seguintes particularidades:

1. Título de eleitor **não aplica.**
2. Certificado de reservista **não aplica.**
3. Documento de identidade: **RNE, RNM ou protocolo de solicitação de Refúgio.**

Caso algum documento tenha a validade expirada, isso não retira seus direitos. Só significa que é necessário que as documentações sejam renovadas, podendo encaminhar para algumas organizações listadas nos materiais da ACNUR e da OIM.

- Confira a qualificação cadastral no e-social para conhecer com antecedência qualquer contestação do sistema.
- Informe com clareza o tipo de contrato emitido, as obrigações e direitos, para não criar falsas expectativas.
- A pessoa migrante deverá iniciar suas atividades no dia da assinatura do contrato.
- Recomenda-se registrar o contrato na Coordenação-Geral de Imigração do Ministério da Justiça e Segurança Pública.

Integração

Há resistências na contratação de imigrantes por desconhecimento dos requisitos de documentação, mas também pelo temor de não saber como tratar e integrar essas pessoas na empresa. Seguem algumas dicas:

- Mostre respeito perante as práticas culturais e religiosas, oferecendo alternativas de alimentação – quando possível – e a possibilidade de substituir feriados religiosos específicos com outros dias de trabalho, caso a pessoa assim o desejar.
- No caso de uso obrigatório de uniforme, o requerimento deve estar claro desde o início do processo de contratação, mostrando como é, e verificando o desejo da pessoa em aderir.
- Atividades em que conhecimentos culturais e/ou talentos gastronômicos possam ser compartilhados, que incentivem a integração ao ambiente de trabalho de uma forma construtiva, são sempre positivas.
- Organize feiras da diversidade, eventos de engajamento com as comunidades específicas, celebração de datas comemorativas relativas a cada comunidade e a inclusão de feriados religiosos não cristãos de forma concertada com as pessoas que manifestarem essa necessidade ou desejo, dentre outras.

Interseccionalidades:

O trabalho de adaptação intercultural deve ter atenção às diferenças nos costumes para relações de gênero entre as e os migrantes e seus pares, gestores e equipes, cuidando para promover um ambiente de conhecimento e respeito que observe as particularidades culturais e religiosas mútuas.

- As mulheres imigrantes e refugiadas, assim como crianças, idosos, pessoas com deficiência e LGBTI+, encontram-se em situação de maior vulnerabilidade. Os índices de desemprego entre mulheres migrantes vulneráveis são maiores do que dentre os seus pares homens, fazendo-se necessário um olhar direcionado e atento para sua inserção laboral.
- Ofereça cursos de aperfeiçoamento do português, de capacitação profissional, introdução às leis que protegem a mulher, como a Lei Maria da Penha, e noções de violência doméstica, independentemente do gênero da pessoa contratada.
- Crie ações de apoio em que mulheres locais compartilhem informações e suportem as mães migrantes. Exemplo são as redes de cuidados para as crianças, informações relacionadas com os direitos das mulheres e do Estatuto da Criança e do Adolescente. Incentive horários flexíveis e trabalho remoto que têm se mostrado efetivos em termos de produtividade e engajamento.
- Crie canais de denúncia e intervenção preparados e eficazes para casos de xenofobia, violência doméstica e de assédio sexual e moral como política e compromisso da empresa.

Em suma, acolher a diversidade nas suas especificidades, fazendo dela um valor intrínseco não é só uma boa estratégia de negócios. É também uma forma valiosa de contribuição à sociedade e às comunidades nela representadas.

Referências

ACNUR. *Assistência Jurídica*. Disponível em: <https://help.unhcr.org/brazil/onde--encontrar-ajuda/assistencia-juridica/>. Acesso em: 07 mar. de 2022.

BERTOLDO, J. Migração com rosto feminino: múltiplas vulnerabilidades, trabalho doméstico e desafios de políticas e direitos. *Rev. katálysis* 21 (02), maio-ago., 2018.

BRASIL. Lei nº 581, *4 de setembro de 1850, que estabelece medidas para a repressão do tráfico de africanos neste Império*. Disponível em: <http://www.planalto.gov.br/ccivil_03/leis/lim/lim581.htm>. Acesso em: 03 mar. de 2022.

BRASIL. Ministério da Mulher, da Família e dos Direitos Humanos. Artigo 13 da Declaração Universal dos Direitos Humanos. Disponível em: <https://www.gov.br/mdh/pt-br/assuntos/noticias/2018/novembro/artigo-13deg-direito-a-mobilida-de-internacional-e-domestica#:~:text=O%20artigo%2013%C2%BA%20da%20Declara%C3%A7%C3%A3o,no%20interior%20de%20um%20Estado.>. Acesso em: 03 mar. de 2022.

MAIA, K. S.; ZAMORA, M. N. O Brasil e a lógica racial: do branqueamento à produção de subjetividade do racismo. *Psicol. clin.* [online]. 2018, vol.30, n.2, pp. 265-286.

ORGANIZAÇÃO INTERNACIONAL PARA AS MIGRAÇÕES (OIM) E INTEGRA DIVERSIDADE. *Cartilha de Sensibilização*. 2019.

ORGANIZAÇÃO INTERNACIONAL PARA AS MIGRAÇÕES (OIM) e INTEGRA DIVERSIDADE. *Cartilha para Porfissionais de RH*. 2019.

ORGANIZAÇÃO INTERNACIONAL PARA AS MIGRAÇÕES (OIM) e INTEGRA DIVERSIDADE. *Como contratar Migrantes na sua Empresa*? 2019.

PORTAL DE DATOS MUNDIALES SOBRE LA MIGRACION (2021). *Inmigración y emigración* (año 2020). Disponível em: <https://www.migrationdataportal.org/es/data?i=stock_abs_&t=2020&cm49=76>. Acesso em: 07 mar. de 2022.

SODEXO. *Como as Diferenças nos Tornam um Só*. Disponível em: <sodexobeneficios.com.br/qualidade-de-vida/noticias/diversidade-e-inclusao/como-as-diferencas-nos-tornam-um-so.htm>. Acesso em: 03 mar. de 2022.

PESSOAS EGRESSAS DO SISTEMA PRISIONAL
DA MARGINALIZAÇÃO SOCIAL À INSERÇÃO NO MUNDO DO TRABALHO

Esses escritos são o resultado da interação, reflexões e vivências sobre pessoas egressas do sistema prisional, principalmente no que se refere às oportunidades geradas a elas, e como atitudes humanizadas podem sensibilizar para a mudança de comportamento, contribuindo com a diminuição da criminalidade. A abordagem se concentra na inclusão social dessas pessoas e no respeito à dignidade humana.

CATARINA CESARINO E
KARINE VIEIRA

Catarina Cesarino

Assistente social com *expertise* em promoção da assistência social, direitos humanos, inclusão social e saúde. Atualmente presta serviço como coordenadora do Serviço Social e Acolhimento no Serviço de Verificação de Óbito de Salvador–Bahia; e coordenadora do Monitoramento do Instituto Responsa com sede em São Paulo-SP.

Contatos
catarina.cesarinop@gmail.com
11 95408 0680

Descrição: Catarina Cesarino, mulher cis, 34 anos, pele branca, cabelo loiro escuro, olhos castanhos. Ela aparece na imagem vestindo uma blusa de tricot e está sorrindo

Karine Vieira

Assistente social com experiência em acompanhamento a adolescentes em cumprimento de medida socioeducativa. Com *expertise* em escrita, desenvolvimento e coordenação de projetos sociais. Egressa do sistema prisional, fundadora e CEO do Instituto Responsa, organização que visa à inclusão social de pessoas egressas do sistema prisional por meio do incentivo à inserção no mercado de trabalho e ao empreendedorismo na busca por geração de oportunidades para essas pessoas, sensibilizando sobre a importância da gestão compartilhada e humanizada.

Contatos
responsa.pro@gmail.com
Instagram: @responsapro
Facebook: https://bit.ly/3Duqt01
11 98103 5865

Descrição: Karine Vieira, mulher branca. Ela usa blusa preta, argolas douradas e sorri.

Quem nunca imaginou como seria o mundo se todos tivessem as mesmas oportunidades? Sabemos que percorrer essa linha de pensamento é entender que as benesses financeiras proporcionam às pessoas que as possuem melhores resultados em relação àquelas que, além de não possuírem ou possuírem pouco, não são oportunizadas.

O nosso tema é pessoas egressas do sistema prisional e a importância da inserção no mercado de trabalho como alternativa para inclusão social e para conferir dignidade às mesmas.

A palavra *egresso*, no conceito jurídico, faz referência à pessoa que, após cumprir pena, recebe liberdade e deixa a instituição prisional – porém, isso não significa que a pena foi encerrada ou que a pessoa foi absolvida.

Antigamente não se pensava um sistema de organização social e todas as regras eram pautadas no Direito Penal. Na formação das sociedades, a punição foi instituída como forma de controlar as pessoas que cometiam crimes.

Os suplícios eram rituais realizados em praças públicas, praticados contra a pessoa criminosa. Acreditava-se que esse castigo era uma maneira de fazer a pessoa condenada sentir em seu corpo a mesma dor que causou à vítima.

A sociedade evoluiu e se organizou, o Estado assumiu o papel punitivo de combate e prevenção ao crime e, com o advento do Iluminismo, passou a se defender a posição de um Estado disjunto da religião, dando origem às primeiras buscas pelo conhecimento científico para explicar crimes e punições.

Somente no século XIX é que a prisão recebe atenção, com aplicação prevista no Código de 1830. Ao ditar as punições, o código fazia distinção de penas entre cidadãos livres e escravizados, ainda que os crimes cometidos fossem os mesmos. Às vésperas da Lei Áurea, em 1886, sob pressão de abolicionistas, essa distinção de penas foi revogada.

Muitos estudiosos inferem que a legislação adotada no Império foi um passo para o rompimento com as torturas determinadas na codificação portuguesa, que penalizavam os condenados com amputações, esquartejamentos, açoites etc.

Em 1890, foi entregue pela República um novo Código Penal brasileiro. Atualmente, está em vigor o Código Penal de 1940, que já passou por diversas atualizações ao longo dessas oito décadas. Os códigos atuais defendem a necessidade de afastar da sociedade quem cometeu crimes para "proteger" a população e "reabilitar" a pessoa criminosa para que esteja apta a retornar ao convívio em sociedade.

Com a aliança entre burguesia, Estado e Igreja, nasce o "Estado punitivo de direito", que detinha a competência de determinar quais as condutas humanas reprovadas eram capazes de oferecer risco à sociedade.

Cesare Lombroso, fundador da antropologia criminal, induziu que alterações na estrutura cerebral produzem na pessoa um comportamento violento, concluindo ser possível identificar na pessoa criminosa traços biologicamente determinantes.

Importante lembrar que naquela época não se falava em vulnerabilidade social, portanto a ideia *lombrosiana* defendida pelo discurso de que criminoso tem cara de criminoso não deve ser alimentada, uma vez que fere o princípio da dignidade humana. "Todos são inocentes até que se prove o contrário" é o que apresenta o artigo 11º da Declaração Universal dos Direitos Humanos.

As leis foram revisadas, mas muita coisa ainda precisa de atenção no que diz respeito às pessoas que cumprem penas e às pessoas egressas do sistema prisional. A legislação ainda é caduca para as pessoas encarceradas e quase inexistente para as pessoas egressas.

Segundo o Levantamento Nacional de Informações Penitenciárias, do Departamento Penitenciário Nacional (Depen), no primeiro semestre de 2020 havia 759.518 mil pessoas em situação prisional e monitoradas eletronicamente. Em comparação com o mesmo período de 2019, houve um declínio. Apesar da queda nesse índice, ainda contamos com grande número de pessoas cumprindo pena no Brasil.

Assim, é previsto um numeroso público egresso. Essas pessoas retornarão ao convívio em sociedade e terão que lidar com os estigmas e com a falta de acesso para retomada de vida.

Importante destacar que, depois da passagem pelo cárcere, as pessoas passam a ser vistas apenas como alguém que já cumpriu pena. Esse pensamento invalida todas as demais características e aptidões que esse indivíduo possui.

São grandes os desafios, uma vez que o sistema prisional, que na teoria deveria preparar o sujeito para o retorno social, promove ainda mais a exclusão, vivendo numa espécie de continuidade na punição. O sistema prisional brasileiro, além de não conseguir promover a "reintegração social" prevista na legislação, aponta para graves violações de direitos, em que jovens negros são os principais atingidos.

Esses sujeitos excluídos não têm acesso aos bens produzidos socialmente e acabam optando por subempregos ou até mesmo recorrem a outras formas de sustento. Então, é a própria sociedade que forma o criminoso?

Uma coisa é fato, a falta de oportunidades muitas vezes direciona o sujeito a práticas delituosas como solução de um problema emergente. As necessidades impostas pela sociedade capitalista tencionam para um grande problema social: o sujeito sem alternativas faz do crime uma oportunidade.

As pessoas egressas passaram uma parte da vida na prisão e têm dificuldades de se reconstruir. Elas precisam de auxílio para entender esse "mundo novo" que lhes é apresentado. O efeito punitivo pós-cárcere afeta as oportunidades. Silenciadas e invisíveis, essas pessoas não conseguem movimentar-se em busca de mudança.

O atestado de antecedentes criminais passa a ser um documento que valida ou elimina a aptidão do indivíduo e se torna uma espécie de "licença" que determina o *status* social. Além desses conflitos, as pessoas egressas se deparam com a dificuldade em relação aos seus documentos básicos, que são perdidos quando são presos. Há ainda quem nunca teve acesso a essa documentação.

Gestores de empresas, recursos humanos, ativistas da diversidade, responsáveis por projetos de inclusão, sociedade em geral, esse desafio de transformação social é coletivo. Por meio de boas práticas inclusivas, como incentivo à retomada de vida pela geração de oportunidades, qualificação e inserção dessas pessoas no mercado de trabalho é que alcançaremos resultados significativos.

Sendo assim, além da busca pela inserção profissional, é importante prestar às pessoas egressas auxílio para a construção de novos projetos de vida contando com um acompanhamento psicossocial, que visa também promover o resgate de vínculos afetivos e familiares como parte integrante e essencial do processo de transformação e de desenho do novo propósito de vida.

Sabemos que essa inclusão social de pessoas egressas do sistema prisional vem seguida de muitos desafios e entraves. É válido compreender os fatores individuais, econômicos e sociais que envolvem essas pessoas, as suas relações e as suas dinâmicas de vida.

A inserção social por meio das oportunidades de emprego é de extrema relevância, uma vez que através do trabalho as pessoas têm condições de suprir as suas necessidades básicas, mas é necessário entender alguns princípios. As pessoas egressas do sistema prisional:

1. Não podem ser entendidas como mera força de trabalho ou mão de obra barata.
2. Assim como todas as pessoas, precisam de políticas de garantias e efetivação de direitos trabalhistas.
3. Não devem ser manipuladas como cobaias para experimentos empregatícios, profissionais ou contratuais.
4. Necessitam de um preparo a fim de entender a realidade do mercado profissional.

Observa-se que a vivência na prisão molda essas pessoas que são impostas às leis e regras institucionais e de convivência com os companheiros de cela e com os demais presos. Essas pessoas estão desatualizadas, com informações limitadas e sem um amparo educacional. Será que as implicações do encarceramento estão restritas aos limites das grades?

Sendo assim, a liberdade é um sonho limitado. Devido à realidade do encarceramento, a pessoa egressa vive estigmatizada e impossibilitada de construir uma vida além dos muros, tornando ainda mais difícil o acesso ao mercado de trabalho.

Surge aí mais uma missão para as instituições, empresas e sociedade que buscam fazer diferença na vida dessas pessoas: auxiliá-las na construção de um novo panorama para a vida em liberdade.

Quanto mais pessoas egressas forem inseridas com oportunidades pela geração de emprego e renda, menor será o número de reincidências; por meio disso, é possível pensar na diminuição da criminalidade e da violência.

Muito se fala em *ressocialização, reinserção, reintegração*. Mas será que essas pessoas experimentaram a inclusão? Será que elas já foram inseridas ou socializadas em algum momento?

Vale salientar que o aprisionamento afeta tanto quem está em cárcere quanto seu núcleo familiar. A privação de liberdade acentua o processo de exclusão social, que já acontecia antes da prisão e isso leva a graves consequências.

Como discorremos anteriormente, as pessoas que ocupam as prisões viviam à margem, segregadas dos grandes centros sociais. Destarte, o aprisionamento exacerba o processo de exclusão e marginalização quando separa essas pessoas de seus grupos sociais e núcleos familiares, de modo que os vínculos são fragilizados com a prisão indireta e o estigma de todos os membros familiares envolvidos.

É possível transformar a realidade social de uma pessoa perpetuando a exclusão? Para transformar realidades, precisamos incluir as pessoas em grupos sociais, oferecendo a elas o acesso aos instrumentos que geram conhecimento e que possibilitam oportunidades.

Atualmente muito se fala sobre a temática diversidade e inclusão em várias frentes, no entanto é muito raro encontrarmos debates que tratam sobre "pessoas egressas do sistema prisional". Sabe-se que a população agrega uma diversidade de gênero, orientação sexual, raça e etnia, faixa etária, cultura, nacionalidades, vivências.

A história de vida de cada pessoa constrói o ser social. As peculiaridades são definidas com base nas formações, nos grupos sociais de convivência e nas experiências. Esse conjunto de diferenças é um instrumento facilitador para identificar possibilidades e caminhos para inclusão e inserção no mercado de trabalho.

As pessoas são únicas, mas as suas demandas devem ser vistas em sua totalidade. Enquanto equipe multidisciplinar, atuamos no processo de evolução comportamental e não é possível separar as instâncias sem olhar peculiaridades individuais.

É importante destacar que, durante a realização do trabalho com pessoas egressas, algumas histórias ficam marcadas, mas é impossível não trazer como exemplo o relato de uma mulher egressa, com mais de 40 anos, mãe de sete filhos, que buscou auxílio para sua integração social e inserção no mercado de trabalho.

Após anos no crime, no submundo das ruas e em uso constante de entorpecentes, foi para o cárcere mais de uma vez. Aquela situação já estava insuportável. Decidida, ela optou por transformar sua vida e de seus filhos para melhor. Então, a partir da decisão de mudar, foi acolhida e acompanhada pela equipe psicossocial e orientada em todos os âmbitos.

Gestante de sua caçula, trabalhando a mais de um ano, foi reclusa novamente por posicionamento do Ministério Público que solicitou interrupção da prisão domiciliar e o retorno para a prisão. Entretanto, com a intervenção da equipe técnica, por meio de relatório social e jurídico, conseguimos reverter a decisão em 15 dias.

Passado o episódio, ela retomou sua vida no trabalho. Sem revoltas, sem sentimentos ruins, nem mencionou a possibilidade de recair em razão do ocorrido. O objetivo era cumprir o propósito de mudança. Isso não era mais uma teoria na vida dela, passou a agir em favor de si e de sua família. O processo de mudança rumo ao progresso e desenvolvimento exigiu que ela fosse resiliente, e ela foi e tem sido. Essa ilustração é a prova de que as oportunidades geradas por meio do emprego auxiliam no processo de mudança de vida. Nesse exemplo, o trabalho também a salvou.

Empatia e compreensão das diversidades são caminhos para resultados positivos na inserção de pessoas egressas do sistema prisional no mercado de trabalho e na sociedade como um todo. Como qualquer outra pessoa, elas precisam suprir suas necessidades e prover o sustento de sua família. Dito isso, devemos almejar uma sociedade em que todos encontrem seu espaço de construção de oportunidades.

Estamos trilhando esse caminho e você está convidado para vir conosco.

Referências

BRASIL. Lei de 16 de dezembro de 1830. *Manda executar o Codigo Criminal.* Disponível em: <http://www.planalto.gov.br/ccivil_03/leis/lim/lim-16-12-1830.htm>. Acesso em: 03 mar. de 2022.

BRASIL. Lei n. 7.210, de 11 de julho de 1984. Institui a Lei de Execução Penal. Disponível em: <http://www.planalto.gov.br/ccivil_03/leis/l7210.htm>. Acesso em: 03 mar. de 2022.

BRASIL. Lei Complementar n. 79, de 07 de janeiro de 1994. Cria o Fundo Penitenciário Nacional - FUNPEN, e dá outras providências. Disponível em: <http://www.planalto.gov.br/ccivil_03/leis/lcp/lcp79.htm>. Acesso em: 03 mar. de 2022.

DEPEN (Departamento Penitenciário Nacional). *Depen lança dados do Sisdepen do primeiro semestre de 2020.* Disponível em: <www.gov.br> Acesso em: 25 jul. de 2021.

DEPEN (Departamento Penitenciário Nacional). *Levantamento Nacional de Informações Penitenciárias: Infopen – junho de 2020.* Brasília: Ministério da Justiça e Segurança Pública, 2021.

FOUCAULT, M. *Vigiar e punir.* Petrópolis: Vozes, 2014.

LOMBROSO, C. *O homem delinquente.* [Tradução: Maristela Bleggi Tomasini e Oscar Atônio Corbo Garcia]. Porto Alegre: Ricardo Lenz, 2001.

ONU (Organização das Nações Unidas). *Declaração Universal dos Direitos Humanos.* Disponível em: <unicef.org>. Acesso em: 10 ago. de 2021.

39

O GANHA-GANHA DA INCLUSÃO DE JOVENS EM VULNERABILIDADE SOCIAL NAS EMPRESAS

A pandemia da covid-19 trouxe efeitos significativos na educação e empregabilidade de jovens em vulnerabilidade social no Brasil. Entender a realidade socioeconômica desses jovens e estruturar ações que potencializem a formação profissionalizante e o desenvolvimento holístico deles é fundamental para manter as empresas aquecidas e repletas de talentos diversos e qualificados.

KELLY CHRISTINE LOPES E SALOMÃO CUNHA LIMA

Kelly Christine Lopes

Empreendedora social, professora, gestora no 3º Setor, especialista em Responsabilidade Social Empresarial. É líder do IOS - Instituto da Oportunidade Social, desde 2008, tendo reestruturado o modelo de atuação do Instituto. Atuou por 16 anos como profissional de TI, sendo os últimos 8 anos na TOTVS. Possui MBA em Gestão Empresarial pela FGV e em Gestão de Recursos Humanos pela FMU. Possui especializações em Responsabilidade Social e Sustentabilidade pela FGV e Marketing para o 3º Setor pela ESPM.

Contatos
kellyc@ios.org.br
LinkedIn.com/in/kellyclopes
11 99156 5328

Descrição: Kelly é uma mulher negra de tonalidade parda, alta, cabelos compridos e cacheados na cor preta. Ela está sorrindo na foto, usa brincos de argola e veste um blazer branco.

Salomão Cunha Lima

Empreendedor social e especialista em Diversidade e Inclusão. É *Head* de Relações Institucionais do Instituto da Oportunidade Social. Liderou a implementação do programa global de Diversidade e Inclusão da TOTVS. Premiado pela Câmara dos Vereadores e Assembleia Legislativa de São Paulo. Finalista do Prêmio ODS da ONU como "Jovem Profissional Pioneiro". MBA em Relações Internacionais pela FGV, com certificações executivas por Stanford University, Queen's University e George Washington University.

Contatos
salomao@ios.org.br
linkedin.com/in/salomaocunhalima
11 98333 0325

Descrição: Salomão é um homem gay, cis, branco, tem cabelos curtos e olhos castanhos-escuros, barba e bigode curtos. Ele aparece na imagem da cintura pra cima, vestindo uma camisa de cor clara e está com braços cruzados e sorrindo.

Brasil, 15 de março de 2020. A covid-19 se prolifera globalmente e se torna pandemia. Na periferia da Zona Sul de São Paulo, Carlos assiste atentamente às notícias na TV em sua sala. Jovem negro retinto, prestes a completar seus 18 anos de vida, nunca havia presenciado tal fenômeno. Sua mãe foi cedo trabalhar como diarista e, após sair da escola e buscar sua irmã mais nova na creche comunitária, ele esquenta a marmita que sua mãe havia preparado no dia anterior. As diárias por ela recebidas são a principal fonte de renda da família. Para complementá-la, Carlos vai para o centro da cidade aos finais de semana para vender panos de prato bordados por sua mãe. Ele se vê preocupado. Começa a suar frio ao ver na TV o alerta para que todas as pessoas fiquem em casa, lembrando-se de que a diretora da escola havia avisado pela manhã que as aulas estariam suspensas nos próximos dias.

Naquela noite, ao chegar, sua mãe chora ao comentar que havia sido dispensada de todas as diárias. Os patrões, com medo do contágio, não deram sequer uma expectativa de data de retorno ao trabalho ou de ajuda de custo financeira durante o período da dispensa. Já não vê como conseguirá pagar as contas no mês seguinte. Terá que fazer escolhas difíceis: entre pagar o aluguel e não ter comida na geladeira, ou fazer as refeições e correr o risco de serem despejados. Acuado e com tantas preocupações, Carlos não sabe como ajudar.

O pai de Carlos foi assassinado injustamente quando ainda era pequeno. Sua mãe era sua única referência de vida. Via nela um exemplo de amor e carinho, mas também de determinação, força de vontade e busca constante por uma vida melhor. Carlos brincava muito com um videogame usado que seu pai lhe deu quando ainda era pequeno. Ficava curioso em como o jogo era feito e como aquela tecnologia dava tanta diversão para ele. Ouviu na escola que desenvolver jogos poderia ser uma profissão. Ficou encantado com a possibilidade, mas sem nenhuma direção quanto ao primeiro passo.

Passados dois meses, com a pandemia agravada, Carlos e sua mãe se organizam como podem. Ela começou a fazer marmitas para vender nas redondezas, perto de uma construção que retomou. Carlos, com a bicicleta emprestada pelo vizinho, agora sai todos os dias para fazer entregas por aplicativo, da hora do almoço até as pizzas pela noite. Cruza a cidade e chega exausto em casa, de madrugada. Mesmo correndo inúmeros riscos de vida, não lhe resta outra opção. Ao menos, a feira está garantida.

Assim como Carlos, vários jovens sofreram efeitos consideráveis durante a pandemia, sobretudo pela escassez de oportunidades profissionais. De acordo com dados do IBGE, 31% dos jovens entre 18 e 24 anos estavam desempregados no primeiro trimestre de 2021, mais que o dobro da média nacional (14,7%).

A falta de formação educacional contribui para esse cenário, especialmente para a população vulnerável que, no Brasil, é majoritariamente composta por pessoas negras. Jovens negros de 14 a 29 anos representam 71,7% dos alunos que abandonam os estudos (PNAD Educação, 2019), reforçando a desigualdade racial historicamente estruturada no país.

Por um lado, há uma massa de jovens desempregados e ávidos para ingressar no mercado de trabalho. No outro, empresas com alta demanda de profissionais qualificados, sobretudo em funções relacionadas à área de tecnologia da informação. Essa demanda reprimida intensifica uma grande lacuna, atenuando a disparidade entre o mercado de profissionais e as empresas contratantes.

Como então formar talentos para ingressar no mercado de trabalho e, ao mesmo tempo, reduzir as desigualdades socioeconômicas no país?

Educação para jovens brasileiros: há oportunidades para todos?

O acesso à educação no Brasil pelos jovens em vulnerabilidade social sempre foi desafiador. Se, antes da pandemia, a presença e participação ativa deles nas escolas já trazia dificuldades; com a crise sanitária, outros fatores se agregaram.

A necessidade de complementar a renda familiar, os conflitos sociais e familiares que os jovens enfrentam diariamente e a falta de perspectiva e apoio psicológico para lidar com os ditames da fase adulta são algumas das adversidades vivenciadas.

Com a adoção do ensino remoto, outro fator surgiu para atrapalhar as chances de quem queria estudar: o acesso limitado à internet e a falta de equipamentos – o que tem distanciado ainda mais a população pobre das oportunidades de formação, emprego e renda. Além disso, em sua maioria, as casas são muito pequenas e os cômodos compartilhados, o que dificulta a atenção plena, mesmo que se tenha os dispositivos e conectividade necessários para a aprendizagem. Soma-se aqui o apoio às tarefas domésticas – cuidados diários da casa e a atenção aos irmãos mais novos ou parentes enfermos.

No Instituto da Oportunidade Social (IOS), organização social que, desde 1998, oferece capacitação profissional gratuita para jovens em vulnerabilidade social e pessoas com deficiência, com foco na empregabilidade, vários esforços foram realizados para manter os alunos nas salas on-line. O oferecimento de *chips* de acesso à internet e a doação de cartões de alimentação para apoiarem suas famílias foram algumas das ações realizadas pelo Instituto, com o apoio de empresas parceiras.

No contexto pandêmico, questões de ordem de saúde física e mental se tornaram prioritárias, não sendo diferente para os mais vulneráveis. Segundo pesquisa da Lancet, mais de 130 mil crianças brasileiras de até 17 anos ficaram órfãs em detrimento da covid-19. Lidar com a enfermidade de seus familiares e com o eventual luto exige grandes esforços emocionais. Esse fator pouco era considerado anteriormente, tendo a pandemia trazido à tona o impacto direto de questões de saúde dos familiares no aprendizado dos jovens. Houve, portanto, no IOS um reforço no acompanhamento psicossocial aos alunos, por meio de atendimento individual e de palestras orientadoras e motivacionais para dar o apoio necessário aos jovens para lidar com crises psicológicas, relacionais e familiares. Além disso, a preparação para lidar com a rotina digital, ou seja, o desenvolvimento de habilidades socioemocionais dentro do contexto virtual e do trabalho remoto.

Há vagas, mas exigem qualificação

Dados da Associação Brasileira das Empresas de Tecnologia da Informação e Comunicação (Brasscom) mostram que a demanda anual do setor é de 70 mil novos profissionais, enquanto apenas 46 mil pessoas se formam por ano com o perfil necessário para essas vagas. A entidade alerta para risco de "apagão técnico" no setor, com um *déficit* que pode chegar a 290 mil profissionais em 2024.

Contudo, as exigências adotadas pelo mercado para os candidatos excluem o estudante que passou pelo ensino médio na rede pública. É contraproducente as empresas buscarem jovens com diversas qualificações técnicas, incluindo certificações muito específicas e conhecimento avançado em idiomas, quando 87,4% desses se formaram na rede pública (PNAD Contínua, 2019) e apenas 18% dos jovens brasileiros com até 25 anos estão na graduação (Instituto Semesp, 2021).

O jovem de periferia, em geral, se forma no ensino médio público e precisa primeiramente de um emprego para poder entrar na faculdade, no caso, privada. Prova disso é que 74% dos jovens cursam graduação no ensino particular (PNAD Contínua, 2019). Como, então, contratar pessoas que buscam se qualificar, mas para estar na graduação precisam do emprego para pagar seus estudos? Quantos profissionais são deixados de lado por conta dessas réguas excludentes que, em sua maioria, tiram de cena sobretudo negras e negros, mulheres, LGBTQIAP+, pessoas com deficiência, idosos, jovens, dentre outros?

É necessário que líderes empresariais busquem ajustar as estratégias corporativas com a realidade social no Brasil para lidar com essa "escassez". Em primeiro lugar, implementar a cultura de formação, ou seja, primeiro contratar pelo *match* cultural e, posteriormente, formar conforme sua necessidade.

Em segundo lugar, as empresas precisam reavaliar os pré-requisitos impostos para as vagas. Exigir idiomas ou conhecimentos muito específicos muitas vezes pode ser um requisito "desejável" que no fim exclui aqueles que não tiveram as oportunidades privilegiadas de fazer um intercâmbio para trabalhar na Disney ou fazer curso de inglês em Dublin, por exemplo. Esses requisitos muitas vezes servem apenas para manter o *status quo* dos candidatos em situação de privilégio social, excluindo-se na largada muitas pessoas.

Prefere-se priorizar oferecer salários cada vez mais altos dentro de uma competição canibal por talentos em escala global, sobretudo em áreas de TI, do que apoiar na formação de públicos marginalizados para que encontrem em seu trabalho não apenas renda, mas também a própria dignidade, autonomia e protagonismo.

Quando se dá uma oportunidade de trabalho para um jovem em vulnerabilidade social, esse certamente valorizará ainda mais a empresa, pois possibilitou seu ingresso no mercado de trabalho, gerando impacto direto em sua família. Segundo dados do IOS, o salário de um jovem empregado consegue elevar sua renda familiar em 49%, em média. Essas oportunidades se converterão em maior engajamento do profissional na empresa, com menor *turnover* e maior permanência na companhia.

O preconceito aos jovens vulneráveis, pelo simples fato de morarem nas periferias, é um tema que precisa ser trabalhado nas empresas, evitando que a discriminação, em sua maioria velada, se torne mais latente aos líderes e profissionais. É natural que os vieses de afinidade então fortalecidos façam com que líderes contratem pessoas que cursam as mesmas faculdades, moram nos mesmos bairros, frequentam os mesmos restaurantes e fazem as mesmas viagens. A diversidade, tão essencial para a inovação e desenvolvimento organizacional, não consegue ser efetivada. Todos perdem, inclusive a empresa, sobretudo nos tempos atuais em que a agenda ESG (*Environmental, Social and Governance*) ganha força.

O impacto social, seja interno ou externo, torna-se indispensável para a sustentabilidade das organizações. Investidores e clientes procuram cada vez mais investir e consumir de empresas socialmente responsáveis, isto é, que gerem impacto nas comunidades de seu entorno, que garantam os direitos humanos em sua cadeia de valor e que promovam a agenda de diversidade e inclusão frente aos seus colaboradores.

Perspectivas de futuro para inclusão de jovens em vulnerabilidade social nas empresas

Jovens como Carlos buscam por oportunidades. São jovens potênciais, ávidos para aprender e crescer profissionalmente. Têm vontade, mas precisam de um direcionamento, de acolhimento, de apoio.

Os cursos profissionalizantes e técnicos precisam ser vistos de forma mais estratégica pela sociedade, entendendo que, com esse desenvolvimento holístico, jovens poderão alçar voos maiores, seja em funções tecnológicas ou outras, seguindo a própria vocação.

É preciso que o poder público, por meio de políticas públicas, e a iniciativa privada, por meio de investimento social, fortaleçam iniciativas que ofereçam educação de qualidade para pessoas em vulnerabilidade social para a inclusão produtiva.

Sendo as empresas grandes entusiastas e fortes propulsoras dessa agenda, o efeito ganha-ganha é generalizado. Ganha o país cuja desigualdade se reduz hoje em curta, amanhã em larga escala. Ganha o mercado, pois haverá mais profissionais qualificados para proporcionar sua escalabilidade. Ganha a empresa, pois terá profissionais gratos e engajados com suas funções e metas. Ganham os investidores, que ficarão satisfeitos que a empresa está comprometida com a agenda ESG. Ganham os líderes, que terão a chance de trazerem para suas equipes visões complementares e disruptivas. Ganha o jovem profissional, que terá nessa oportunidade uma melhoria concreta de sua vida. E, assim, ganha todo seu entorno – familiares, amigos, vizinhos, empreendedores locais.

Carlos, que outrora não tivera perspectiva de vida, conseguiu na pandemia frequentar um curso gratuito profissionalizante, e hoje é aprendiz em uma multinacional. Se adaptou muito bem ao trabalho e já faz planos para iniciar a faculdade. Quer ser analista de dados e seguir carreira em tecnologia. Sua mãe continua fazendo marmitas para conseguir cuidar de sua irmã, já que agora Carlos está focado em seu trabalho e estudos. Aos finais de semana, ele ajuda sua mãe nas contas do pequeno negócio e na divulgação das refeições nas redes sociais.

Assim como Carlos, outros jovens esperam por oportunidades. Apoiar organizações sociais que atuam na formação de grupos vulneráveis, como o Instituto da Oportunidade Social, é muito importante. Contratar jovens e apoiar seu desenvolvimento é, mais que uma oportunidade em si, papel social não apenas das corporações, mas de todos nós, que privilegiados somos.

40

ESG: TENDÊNCIA DE DIVERSIDADE TRANSVERSAL

Este capítulo reflete sobre a temática ESG como tendência em diversidade. Esclareço o conceito de ESG e ressalto que se trata do resultado de uma transformação profunda de paradigma empresarial por meio de reflexões de cunho ético que se materializam em decisões empresariais. Utilizo um caso real para mostrar que ESG e Diversidade, Equidade & Inclusão são temas transversais e que a coerência entre discurso e prática é fundamental para a evolução genuína das organizações.

ANGELA DONAGGIO

Angela Donaggio

Profa. Dra. Angela Donaggio é palestrante internacional, consultora, professora, pesquisadora e ativista dedicada ao tema da governança, ESG, ética e diversidade desde 2004. É Doutora em Direito Comercial pela USP, *Visiting Researcher & Scholar* em Harvard e Cornell (EUA), mestra em Direito dos Negócios pela FGV e bacharela pela PUC-SP. Professora nos cursos para conselheiros de administração do Instituto Brasileiro de Governança Corporativa (IBCG) e da Fundação Dom Cabral; e nos cursos executivos da FGV e da FIA. Atuou em consultoria internacional de governança e *compliance*. Fundadora dos Grupos de Estudos em Direito e Diversidade da FGV e da FACAMP. Autora do livro *Governança corporativa e novo mercado* (Saraiva, 2012); é coautora de diversos artigos, incluindo documentos referência em governança, diversidade e ESG no Brasil e no mundo, dentre eles: *Women in Business Leadership Boost ESG Performance* (IFC, 2019) e Agenda positiva de governança (IBGC, 2020). É fluente em inglês e italiano e proficiente em francês e espanhol.

Contatos
www.VirtuousCompany.com
contato@virtuouscompany.com
11 3198 3607

Descrisão: Angela Donaggio é uma mulher cis, branca, de 40 anos, com cabelos castanhos-claros na altura do ombro e olhos castanhos. Ela está sorrindo. Veste um blazer escuro.

> *Nada é mais poderoso que uma ideia cujo tempo chegou.*
> VICTOR HUGO

Tendência é substantivo feminino que indica evolução de algo ou disposição natural num sentido determinado; e não há como falar em tendência em Diversidade sem pensar em ESG.

Análises do termo "ESG" no Google *trends* mostram que o interesse sobre o tema permaneceu baixo e estável até o fim de 2019, quando começou a disparar e permaneceu alto até a finalização deste artigo. O mais interessante é verificar o que mais se pergunta sobre o termo: "O que é ESG?"

Embora muitas pessoas falem sobre o tema, poucas sabem do que se trata com profundidade. Esse brevíssimo artigo visa a esclarecer o conceito de ESG e mostrar, com um caso real, porque ele é tendência em diversidade sob uma perspectiva transversal.

ESG é uma sigla em inglês que serve para resumir três palavras: *Environmental, Social and Governance Practices* – isto é, as práticas Ambientais, Sociais e de Governança Corporativa de uma organização (ou ASG, em português). Se são só 3 letras, não deveria ser muito complicado, mas ESG serve para falar tanto de práticas de gestão quanto de critérios para investimento ou de características de um produto.

Tudo isso é importante, mas, acima de tudo, ESG se refere a uma mudança de mentalidade sobre o papel da empresa e sua forma de operar na sociedade – algo que vem ganhando força em função das imensas transformações tecnológicas, climáticas e sociais pelas quais estamos passando.

Há três maneiras de compreender as práticas "ESG". A primeira resume ESG como sendo simplesmente a divulgação de informações sobre os recursos naturais consumidos na geração de um produto, disponíveis em uma etiqueta. Se fosse assim, qualquer empresa ou produto poderia ser classificado como ESG, mesmo as que produzem itens altamente poluentes ou viciantes.

Como resultado, os gravíssimos problemas climáticos e sociais atuais estariam resolvidos com um passe de mágica e a simples adoção de três letras. Contudo, é preciso mais do que *marketing* para superarmos os enormes desafios que temos pela frente.

A segunda forma de compreender "ESG" entende que o termo abarca um conjunto de indicadores que possibilitam a investidores comparar as práticas e os resultados de desempenho de diferentes empresas.

Atualmente existem diversos indicadores de ESG. É claro que é importante ter indicadores, pois muitas vezes o que não é medido acaba não sendo visto como importante. Ao mesmo tempo, é preciso ter muito cuidado para não reduzir a filosofia e as práticas de ESG apenas a um punhado de números. Como diz a Lei de Goodhart: "Quando uma medida se torna uma **meta**, ela deixa de ser uma boa medida".

A terceira forma de compreender o termo ESG é vê-lo como algo mais abrangente – que é parte intrínseca da maneira como as empresas atuam. Trata-se de uma nova **abordagem** em relação à função das empresas, fruto de reflexão das lideranças sobre seu papel e o conceito de sucesso empresarial.

Infelizmente, ainda é muito disseminada a visão de que: "ou se gera lucro ou se atende à função social". Essa é uma falsa dicotomia, pois não é apenas possível, mas cada vez mais imprescindível gerar lucro ao mesmo tempo em que se gera um impacto positivo sobre a sociedade.

Na realidade, ter uma mentalidade ou abordagem ESG aumentará as chances de uma empresa gerar lucros por mais tempo, já que ela será mais sustentável para todos os seus públicos: de acionistas a empregados, de clientes a fornecedores, da comunidade ao meio ambiente.

Uma mentalidade ESG exige parar de pensar que uma empresa é uma mera máquina, na qual se inserem diversos tipos de recursos em uma ponta (matéria-prima, recursos humanos etc.) para sair dinheiro na outra ponta. Claro que o lucro é fundamental para a existência e perenidade das empresas, mas ele deve ser visto como consequência de inúmeras relações positivas da empresa com diversos atores: clientes, funcionários, comunidade, meio ambiente, sociedade civil.

Empresas são organizações humanas complexas – **não máquinas** – e uma abordagem ESG é justamente a forma de buscar a perenidade dessa organização por meio do desenvolvimento de relações "ganha-ganha" com todos esses públicos.

É importante ressaltar, então, que ESG não se resume ao acréscimo de indicadores, muito menos de uma etiqueta em um produto. Trata-se do resultado de uma transformação profunda de paradigma empresarial por meio de reflexões de cunho Ético, pois trata da **qualidade das relações** que as empresas desenvolvem com seus diversos públicos e dos valores que ela pratica em todas as suas decisões de negócio.

E o que ESG tem a ver com a Diversidade, Equidade e Inclusão (DEI)? Primeiro, porque DEI é um imperativo Ético, assim como as relações ganha-ganha da abordagem ESG. Segundo, porque a DEI é um tema transversal e se relaciona com cada uma das letras de uma abordagem genuína ESG. Terceiro, porque esses dois temas estão diretamente ligados à perenidade e sustentabilidade das organizações no século XXI.

Além de impactar positivamente a inteligência dos grupos, a diversidade está diretamente associada a melhores práticas de ESG, como mostra o artigo publicado pela International Finance Corporation – Banco Mundial, do qual sou coautora. Nesse trabalho, mostramos que conselhos de administração e diretorias com maior diversidade de gênero apresentam melhores práticas ESG. Dentre elas, encontramos melhores indicadores ambientais (ex.: menos emissão de poluentes), melhores indicadores de cultura ética (ex.: maior respeito aos direitos humanos) e melhor qualidade dos processos de governança (ex.: maior qualidade dos controles internos e menor índice de fraudes corporativas).[1]

Verificamos, também, que a relação positiva entre práticas ESG e diversidade de gênero é ainda mais forte nas empresas que possuem de 20% a 40% de mulheres na

---

1 Ver SILVEIRA e DONAGGIO (2019).

alta gestão, o que chamamos de **Teoria da massa crítica**, situação em que as mulheres deixam de ser *tokens* e passam a ser consideradas como pares nos conselhos.

Além da relação de DEI com ESG e outros benefícios financeiros e não financeiros[2], descobriu-se recentemente que a diversidade não apenas aumenta o número de perspectivas de um grupo, mas também é capaz de **mudar a forma de pensar e de decidir** do próprio grupo.[3]

Isso mostra que a diversidade identitária não traz apenas novas perspectivas à alta gestão, mas também transforma a maneira de o grupo pensar e agir, permitindo aos órgãos colegiados considerarem uma maior gama de estratégias de criação de valor de longo prazo para a empresa. E criar valor de longo prazo tem tudo a ver com práticas ESG.

Mas isso é mais fácil de falar do que de fazer. Ser coerente nos valores empresariais e práticas não é tão simples em se tratando de práticas ESG. Por isso, trago um caso para mostrar que as ações genuínas falam mais alto do que palavras: o caso da Mercur.

A Mercur S.A., fundada em 1924 em Santa Cruz do Sul (RS), é uma empresa familiar que foi criada com o objetivo de resolver um problema local da época: consertar pneus em virtude das condições precárias das estradas.

Com o passar dos anos, a empresa passou a utilizar a borracha para criar outras soluções e cresceu tanto que, na visão de Jorge Hoelzel Neto, principal liderança, perdeu sua vocação de proximidade com as pessoas e a solução de seus problemas. O foco tinha passado a ser a geração de lucro.

Em 2008, contudo, a Mercur passou por um trabalho profundo de resgate à essência da companhia, de forma a conciliar metas econômicas com o propósito de priorizar as pessoas. O foco passou a ser suprir as necessidades das pessoas, construindo relações sustentáveis de parceria e cooperação. O lucro passou a ser consequência disso.

Vários são os exemplos da prática de uma abordagem ESG genuína. No plano ambiental, o Projeto Borracha Nativa foi criado em 2010 a fim de preservar a Floresta Amazônica e contribuir com o sustento dos seus povos. A iniciativa tem sido viabilizada por meio de parcerias com organizações da sociedade civil, comunidades indígenas e ribeirinhas.

Com impactos que transcendem as esferas ambiental e social, a empresa garante a compra de borracha natural extraída de seringais nativos da região para a fabricação de diversos produtos, mostrando a transversalidade dos temas ESG e DEI.

A despeito da borracha nativa ser mais cara do que a importada, a Mercur contribui com a manutenção do modo de vida dos seringueiros e a conservação de áreas protegidas no médio Xingu (PA) em área de 8 milhões de hectares.

Os impactos positivos na questão ambiental são óbvios. Mas é importante ressaltar que esse modelo de relação comercial também é de suma importância para as comunidades locais, pois engaja, inclui e motiva a continuidade de seu trabalho, estreitando relações ganha-ganha entre empresa, fornecedores e comunidades.

No plano social, vale mencionar o Projeto Diversidade na Rua, criado em 2011, a fim de melhor atender as necessidades de pessoas com deficiência com produtos

---

[2] Ver DONAGGIO (2020), no qual apresento os principais benefícios de as empresas adotarem práticas de DEI, apresentando também os resultados das pesquisas mais recentes sobre o tema.

[3] Embora POST; LOKSHIN; BOONE (2020) tenham focado na diversidade de gênero nas Diretorias de mais de 160 empresas durante 13 anos, a literatura sugere que outras diversidades gerariam efeitos similares.

eficientes, bonitos e economicamente acessíveis. E a inclusão não está apenas no produto e no cliente.

A Mercur trouxe para dentro de seu processo de inovação as necessidades e ideias de uma rede colaborativa de pessoas envolvidas com a acessibilidade e inclusão: professores de APAES, TOs, fonoaudiólogos, pessoas com deficiência e seus familiares. A empresa passou a desenvolver os produtos para educação inclusiva, comercializados on-line para que o preço seja acessível ao maior número de pessoas.

Ainda no plano social, é imprescindível mencionar uma decisão que relaciona ESG, propósito e inclusão. A decisão da Mercur de descontinuar a comercialização de produtos licenciados com personagens (Disney, Barbie, Hot Wheels etc.), que eram altamente lucrativos.

Após escutar a opinião de especialistas, as lideranças da empresa entenderam que a utilização desses produtos nas escolas gera competição entre as crianças e exclusão, em vez de contribuir para sua socialização e inclusão. No embate claro entre, de um lado, seu propósito e inclusão *versus* um lucro maior de outro, as lideranças escolheram a coerência com seu propósito e a inclusão.

No plano da governança, a Mercur possuía estrutura organizacional tradicional até 2009, com hierarquia composta por conselho, diretorias, gerências etc. Depois do processo de alinhamento ao propósito, a empresa criou um ambiente que favorecesse a liberdade, a autonomia e a inclusão das pessoas, adotando uma estrutura mais horizontal, substituindo diretorias e departamentos por "colegiados".

Esse novo modelo de governança transformou as relações tradicionais de subordinação. Os membros do corpo diretivo, incluindo o presidente, se transformaram em "facilitadores". Desde então, eles não direcionam mais a tomada de decisão: eles apoiam os diferentes colegiados nos escopos de cada um.

A estrutura de colegiados e o envolvimento de um número maior de pessoas proporcionaram maior legitimidade ao processo decisório, descentralizando as decisões e responsabilidades. Foi uma transformação gradativa que trouxe cada vez mais as decisões para os grupos, permitindo ganho de autonomia e inclusão no processo decisório na prática.

Claro que essas iniciativas não teriam gerado efeitos positivos se as lideranças não tivessem investido na criação de um ambiente emocionalmente positivo, psicologicamente seguro, diverso e inclusivo aos funcionários.

Lideranças virtuosas estimulam um ambiente inclusivo, no qual todas as pessoas sintam pertencer, percebem que sua colaboração é necessária e suas ideias são levadas em consideração. A importância das lideranças também está no fato de elas estabelecerem as metas, definirem indicadores de desempenho (uni ou multidimensionais) e os critérios para seleção e promoção de pessoas. São, ainda, as lideranças que demonstram, na prática, quais são os valores da empresa por meio de seu exemplo diário (*walk the talk*) e suas decisões. São elas que promovem a cultura.

Por isso, é crucial uma mudança de mentalidade das lideranças para que as empresas passem a ser genuinamente ESG e possam estar fortalecidas frente aos crescentes desafios do século XXI. Dito de outra forma, uma empresa nunca será "ESG" se sua forma de liderar, decidir e premiar continuar a mesma. Sem mudanças estruturais nessas questões, são fortes os indícios de *greenwashing, pink-washing* ou *ESG-washing*, isto é, de uso do tema como ferramenta de marketing e não como estratégia empresarial.

Assim, uma empresa ser ESG é resultado de uma transformação profunda de paradigma empresarial por meio de reflexões de cunho Ético. Essas reflexões éticas permitem às lideranças identificarem os impactos das atividades empresariais e de suas decisões em cada parte interessada e estabelecerem quais os valores dos quais elas não abrem mão na tomada de decisão.

São esses valores inegociáveis que nortearão a tomada de decisão para termos cada vez mais empresas ESG – coerentes em seu discurso e prática – que sejam instrumentos de transformação positiva da sociedade, da qual a DEI é parte indissociável.

Referências

DONAGGIO, A. Relatório: 10 Motivos para sua empresa adotar práticas de diversidade & inclusão. Disponível em: <https://virtuouscompany.com/10-motivos-para-sua-empresa-adotar-praticas-de-diversidade-inclusao/>. Acesso em: 30 set. de 2021.

DONAGGIO, A. Empresas inteligentes: como estimular a inteligência coletiva dos conselhos? *Revista Análises & Tendências*, Nº 8. IBGC, 2020. Disponível em: <https://conhecimento.ibgc.org.br/Paginas/Publicacao.aspx?PubId=24342>. Acesso em: 30 set. 2021.

POST, C. A.; LOKSHIN, B.; BOONE, C. What Changes After Women Enter Top Management Teams? TMT Cognitions and Strategic Renewal. In: *Academy of Management Proceedings*, vol. 2020, no. 1, p. 175-89. Briarcliff Manor, NY 10510: Academy of Management, 2020.

SILVEIRA, A. Di M. da. Governança corporativa: o essencial para líderes. Virtuous Company, 2021.

SILVEIRA, A.; DONAGGIO, A. Women in Business Leadership Boost ESG Performance: Existing Body of Evidence Makes Compelling Case. IFC/World Bank, 2019. Disponível em: <https://www.ifc.org/wps/wcm/connect/topics_ext_content/ifc_external_corporate_site/ifc+cg/resources/private+sector+opinion/women+in+business+leadership+boost+esg+performance>. Acesso em: 30 set. 2021.

SILVEIRA, A.; DONAGGIO, A. A importância da diversidade de gênero nos conselhos de administração para a promoção da responsabilidade social corporativa. DESC - Direito, Economia e Sociedade Contemporânea, v. 2, n. 2, p. 11-42, 21 fev. 2020.

SILVEIRA, A.; DONAGGIO, A.; SICA, L.; RAMOS, L. Women's Participation in Senior Management Positions: Gender Social Relations, Law and Corporate Governance, 10 out. 2014 Disponível em: <https://ssrn.com/abstract=2508929>. Acesso em: 30 set. 2021.

STOUT, L. A. et al. The Modern Corporation Statement on Company Law, 06 out. 2016. Disponível em: <https://ssrn.com/abstract=2848833>. Acesso em: 30 set. de 2021.

STRUSSMANN, B. et. al. Narrativas Mercur: práticas de uma gestão em constante construção. Santa Cruz do Sul: Mercur, 2017. Disponível em: <https://narrativas.mercur.com.br>. Acesso em: 30 set. de 2021.